pfeiffer

ZU DIESEM BUCH

Seelische und psychosomatische Störungen werden immer mehr als Ausdruck sozialer Schwierigkeiten betrachtet und über die Verbesserung der sozialen Interaktion behandelt.
Rita und Rüdiger Ullrich haben seit 1970 in Forschungskliniken eine neue Form des Selbstsicherheitstrainings entwickelt und experimentell überprüft.
Diese Therapie, das Assertiveness-Training-Programm ATP, ist im klinischen Bereich als ursächliche Therapie bei schweren sozialen Ängsten, Fehleinstellungen und Fehlhandlungen, bei Störungen des Selbstwertgefühls und depressiven Reaktionen allgemein anerkannt. Im weiteren Sinne ist die Therapie dort ergänzend angebracht, wo zwischenmenschliche Probleme und eine verminderte Ansprache die Überwindung primär anders bedingter Störungen verhindern. In beiden Anwendungsbereichen sollte die Therapie nur unter der Anleitung geschulter Therapeuten durchgeführt werden.
Ein dritter Anwendungsbereich des ATP ist dort gegeben, wo sich soziale Probleme noch nicht in akuten Beeinträchtigungen niedergeschlagen haben. Hier kann das ATP ergänzend bei umschriebenen Formen sozialen Trainings – etwa Partner-, Eltern–Kind- und Familientherapien – eingesetzt werden oder auch vorbeugend zur allgemeinen Verbesserung sozialer Interaktion in eigener Regie erarbeitet werden.
Das ATP kann als umfassende Übertragung des bedingungsanalytischen Ansatzes in die Dynamik sozialer Steuerung angesehen werden. Die Therapie basiert auf einer feinen und präzise gefaßten Abstufung sozialer Situationen, die in ihren Steuerungselementen analysiert und systematisch nach ansteigender Schwierigkeit erarbeitet werden.
Das unter dem Namen Assertiveness-Training-Programm (ATP) in Fachzeitschriften des Inlands und Auslands bereits vorgestellte Verfahren ist an mehreren Universitätsinstituten auf seine Wirksamkeit untersucht worden. Das vorliegende Werk besteht aus drei Teilen für die Hand des Klienten (LI Nr. 22, I–III) und einem Band für die Hand des Therapeuten (LI Nr. 23) sowie zwei Bänden mit den wissenschaftlichen Ergebnissen.

Rita Ullrich de Muynck
Rüdiger Ullrich

Das Assertiveness-Training-Programm ATP:

Einübung von Selbstvertrauen und sozialer Kompetenz

Teil I
Bedingungen und Formen sozialer Schwierigkeiten

Verlag J. Pfeiffer · München

Mitglied der »verlagsgruppe engagement«

Nr. 22/I
Reihe »Leben lernen«
herausgegeben von Lorenz Wachinger
und Karl Herbert Mandel

Printed in Germany
Druck: Manz AG, Dillingen/Donau
Umschlagentwurf: Hermann Wernhard

ISBN 3-7904-0181-1

Inhalt

Vorwort der Verfasser

Das Assertiveness-Training-Programm – ATP – stellt eine systematische, kontrollierte und recht umfassende Therapie sozial bedingter Störungen dar. Als sozial bedingt werden die Mehrzahl aller psychischen Probleme, Schwierigkeiten, Leiden und auch die meisten Ursachen psychosomatischer Beschwerden angesehen.

Die Therapie setzt mit ihren Lernzielen wie selbstsicheres Handeln und Gefühl von Selbstvertrauen im individuellen Bereich an. Bei den Entscheidungen, Zielbildungen und der Veränderung von Gedanken, Bewertungen, Gefühlen und Handlungen des einzelnen wird individuelle Therapiearbeit geleistet.

Die Therapie, deren Ziel sich auch mit dem Begriff »soziale Kompetenz« umschreiben läßt, führt aber gleichzeitig zum Neu- und Umlernen von Strategien sozialer Interaktion sowie zur Schulung in der Analyse steuernder sozialer Bedingungen und sozialer Verhältnisse. Verhaltensänderung schafft veränderte soziale Bedingungen und umgekehrt.

Dieser Ansatz geht über die individuelle Therapie hinaus und stellt gemeinschaftliches soziales Lernen dar.

Das Ziel liegt hier in einer Verbesserung zwischenmenschlichen Verstehens und einer Erweiterung des eigenen Handlungsspielraumes, weil weniger Manipulation anderer und durch andere wahrscheinlich wird.

Der Begriff »Assertiveness« im Therapienamen soll abgrenzen gegen unsystematische und nicht wissenschaftlich kontrollierte Therapieformen ähnlicher Zielsetzung. Das englische Wort für solche Therapieformen »Assertiveness« umschreibt ursprünglich einen Vorgang bei der Freilassung von Sklaven, der zwar nicht die Sklaverei insgesamt abschaffen konnte, den einzelnen Betroffenen aber aus extremem Kontrolliertwerden in die Wahrnehmung eigener Rechte entließ (to assert: put one's hand on slave's head to free him . . ., The Concise Oxford Dictionary).

Das ATP umfaßt drei Übungsbücher, eine Handanleitung für

Therapeuten und relevante Meßmittel, wie den U-(Unsicherheits) Fragebogen. Die Forschungsergebnisse erscheinen separat. Eine seit Jahren laufende wissenschaftliche Überprüfung zeigt ausgedehnte und anhaltende Verbesserungen auf allen Zielgebieten. Diese Erfolge konnten von unabhängigen Arbeitsgruppen wiederholt gesichert werden.

Die vorliegenden Übungsbücher zum Assertiveness-Training-Programm – ATP – stellen die überarbeitete und erweiterte Fassung des Manuskriptes von 1970 dar. (Erstmals vorgetragen auf dem zweiten Kongreß der Europäischen Gesellschaft für Verhaltenstherapie als »Die Standardisierung des Selbstsicherheitstrainings für Gruppen«, München 1971.) Die Festlegung der Situationen nach ihren bedingenden Variablen, das grundlegende Konstruktionsprinzip, das erst diese Therapieform ermöglichte, ist durch Hervorhebungen auch im neuen Text ersichtlich. Die Übungen wurden jedoch ausformuliert und durch unterscheidende Hinweise und Begleittexte ergänzt und gemäß der laufenden Forschungsergebnisse zweier Revisionen unterzogen (1973 und 1975).

Der erweiterte Text enthält jetzt auch Erklärungen, die bisher in der Therapie nur mündlich vermittelt wurden und sich damit als zu sehr vom Ausbildungs- und Erfahrungsstand der Therapeuten abhängig erwiesen.

Der Mangel an ausgebildeten Therapeuten und eine oftmals völlig undifferenzierte Anwendung unseres Programms hat uns darüber hinaus veranlaßt, viele therapeutische Anleitungen, Vorbereitungen und Hilfen bereits in die Arbeitsbücher für Klienten mit aufzunehmen. Insbesondere schien uns die schriftliche Fixierung der Therapievorbereitung und der theoretischen Grundlagen (Teil I) notwendig, da gelegentlich in Kliniken einfach darauflos geübt wurde, ohne daß die Patienten über Sinn und Zweck der Übungen ausreichend informiert wurden. Die zugehörige »Handanleitung für Therapeuten« wurde dafür gekürzt. Dennoch sollte ausdrücklich kein neues »Eigentherapiebuch« entstehen. Eine optimale Nutzung des ATP kann in der Regel nur in Zusammenarbeit mit einem geschulten Therapeuten erfolgen.

Wir möchten darauf hinweisen, daß die Therapie in Zielbildung und Wertvorstellungen von der persönlichen Auffassung der Autoren mitbestimmt ist, obwohl sie auf anerkannte Steuerungsprinzipien sozialen Verhaltens Bezug nimmt und objektiv wissenschaftlich erprobt wurde.

Wir danken all denen, die im Bereich der Forschung an der Weiterentwicklung des Programms geholfen haben, besonders unseren Mitarbeitern im Max-Planck-Institut für Psychiatrie in München, Prof. von Zerssen und Prof. J. C. Brengelmann für die Förderung unserer Arbeit, den Arbeitsgruppen an der Universität Hamburg um Dr. K. Grawe, an der Universität Münster um Prof. Margret Reiss und Dr. D. Zimmer, der Arbeitsgruppe an der Landesnervenklinik Salzburg um Dr. G. Crombach. Almut Gernhardt, Susanne und Volker Peikert, Annemarie und Wolfgang Keeser und Hilde Hildebrandt, besonders jedoch Robert Gernhardt und Dieter Hellauer möchten wir unseren herzlichen Dank für die Hilfe bei der Durchsicht des Manuskriptes aussprechen.

München, den 1. 3. 1976 Rita und Rüdiger Ullrich

1 Einführung

1.1 Einführung in das Assertiveness-Training-Programm

Die Autoren suchten ursprünglich nach einer therapeutischen Möglichkeit, die fast regelmäßig vorhandenen sozialen Störungen bei stationären Patienten einer psychiatrischen Klinik (Max-Planck-Institut für Psychiatrie, München) in einer wirksamen, ökonomischen und kontrollierbaren Weise zusätzlich zu den vorwiegend antisymptomatischen Therapien zu ändern. Sie begriffen dabei »Symptome« oder »Krankheiten« mehr und mehr als Folge sozialer Schwierigkeiten, wenngleich auch primäre körperliche Anomalien oder Dysfunktionen unmittelbar als Handikap oder mittelbar über Hospitalisation, Benennungsprozesse, berufliche, finanzielle oder familiäre Folgen in den gleichen Prozeß einmünden.
Die soziale Fehlfunktion bedingt oder perpetuiert die erlebte Störung.

Da es für einen Therapeuten selten möglich ist, die gesamte Umwelt des Patienten positiv zu verändern oder zu beeinflussen, wurde es notwendig, dem Patienten diejenigen Fertigkeiten zu vermitteln, mit denen er soziale Probleme selbst bewältigen kann.
Diese Fähigkeit setzt folgendes voraus:

1. den Abbau handlungsblockierender Ängste und Hemmungen
2. das Neulernen sozialer Fertigkeiten und Strategien und
3. die Änderung der Einstellung zu sich selbst.

Aus Therapien und mit Hilfe von Fragebögen wurden dann soziale Situationen gesammelt, die am häufigsten Angst oder Hemmungen auslösten oder nur sehr schwer bewältigt werden konnten. Diese »kritischen« sozialen Situationen wurden in einer groben Rangfolge nach steigender Schwierigkeit mit Hilfe nachweislich wirksamer Lernprinzipien geübt. Der entscheidende Durchbruch zum Aufbau dieser Therapie gelang dann 1970 durch die Entwicklung des **Konstruktionsprinzips** der sogenannten

Schwierigkeitsmatrix. Die Situationen wurden zunächst in die schwierigkeitsdefinierenden Elemente »Art der Handlung«, »Art der Bezugsperson«, »Reaktion des Handlungspartners« und zum Teil »Handlungsort« zerlegt. Diese Elemente können es je nach Abstufung erschweren, eine Situation zu bewältigen. So kann zum Beispiel die Handlung »Um eine Auskunft bitten« gegenüber einem barschen Beamten (Art der Bezugsperson und ihre Reaktion) erheblich schwerer sein, als wenn man sich an einen sympathischen Rentner wendet. Unabhängig davon ist es leichter, eine einfache als eine sehr komplizierte Auskunft einzuholen. Für die Mehrzahl der Patienten konnten diese Elemente, auch »schwierigkeitsbedingende Variablen« genannt, in eine Rangfolge mit gleichmäßiger Steigerung von sehr leicht bis sehr schwierig gebracht werden. Da jede Situation durch diese vier Elemente im Hinblick auf die auslösende Angst oder die Lernmühe (die »abhängige Variable«) hinreichend zu bestimmen war, konnten nunmehr beliebig viele soziale Situationen aus den Rangfolgen der Elemente zusammengesetzt und in eine inhaltlich ähnliche Feinabstufung sozialer Handlungen gebracht werden.
Solche Feinabstufungen, in der Fachsprache »Hierarchien« genannt, wurden nun für vier Hauptgebiete sozialer Störungen – sie wurden durch entsprechende Fragebögen ermittelt – vorgenommen. Diese Gebiete sind:

- sich Fehler erlauben und Kritik ertragen zu können,
- Forderungen stellen zu können, sich eigene Wünsche erlauben und sie auch durchsetzen zu können,
- Kontakte herstellen und erhalten, und
- ohne negative Gefühle unberechtigte Bitten abschlagen zu können (Neinsagen).

Diese Situationsrangfolgen oder Inhaltshierarchien stellten die 1971 vorgestellte »Situationssammlung« dar. Aus wissenschaftlichen Gründen wurde das Vorgehen der Therapie so festgelegt, daß es auch bei unabhängigen Arbeitsgruppen und bei wieder-

holter Durchführung vergleichbar blieb. Auf diese Weise konnte erstmals auch eine Therapie für Gruppen eindeutig auf ihre Wirkungsweise und Effizienz geprüft werden. Die Therapieeffekte erwiesen sich als anhaltend. Die Behandlungserfolge wurden zum Teil über sechs Jahre kontrolliert. Sie zeigten sich in allen Zielbereichen und ließen sich gegenüber Vergleichsgruppen, die das ATP nicht mitgemacht hatten, überlegen sichern.
Ähnliche positive Ergebnisse konnten von allen Arbeitsgruppen in verschiedenen Städten Deutschlands und in Österreich bei stationären und ambulanten Patienten erzielt werden. Die Resultate zeigten aber auch, daß die Art der Durchführung der Therapie, der Ausbildungsstand der Therapeuten und die Art der Störung beim Klienten oder Patienten eine unterschiedliche Besserungsrate bestimmten. Das unqualifizierte Drauflosüben erfüllt keinen Anspruch auf Therapie. Die strenge, experimentelle Vorgehensweise ohne individuelle Problemberücksichtigung erbringt im Durchschnitt gute Resultate, wird aber manchmal dem einzelnen nicht gerecht. Eine genaue bedingungsanalytische Vorbereitung und flankierende Maßnahmen für Sonderprobleme gehören zur optimalen Therapiedurchführung. Neuzulernende, bedingungsanalytische und konstruktive Verhaltensstrategien wurden nach aufsteigender Schwierigkeit als Begleittext oder in die Übungen mitaufgenommen.
Selbstsicherheitstraining, Selbstbehauptungstraining, die Schulung von sozialen Fähigkeiten, Unabhängigkeitstraining, Training von Selbstvertrauen und sozialer Kompetenz sind Namen für Therapien, die in ihren Methoden, ihrem Vorgehen und in der Auffassung, was Selbstsicherheit oder soziale Kompetenz bedeuten, Unterschiede aufweisen.
Wir haben aus diesem Grund den englischen Namen **assertiveness** für die Benennung der Therapie beibehalten. Die Ziele und Methoden der Therapie werden im folgenden dargestellt und bestimmen damit den Inhalt des Begriffs. Übersetzt bedeutet ›assertiveness‹ etwa Selbstsicherheit. Genauer läßt sich das als Einübung in **Selbstvertrauen und soziale Kompetenz** umschreiben.
Training bedeutet Übung und verlangt vom Teilnehmer einen eigenen Beitrag an Aktivität und Einsatz in der Therapie.

Programm bedeutet, daß diese Therapie ein durchstrukturiertes und systematisch aufgebautes Konzept aufweist. Daraus ergibt sich die Notwendigkeit einer genauen Beachtung der Programmregeln und einer konsequenten Durchführung. Wie bei Lernprogrammen üblich, baut jeder Schritt auf einem vorhergehenden auf. Die Lernstufen reichen von sehr einfachen Handlungen, die niemanden überfordern, bis hin zu komplexen Verhaltensweisen und Handlungsstrategien.

Die **Situationssammlung** selbst ist das **Übungsfeld** für die Erarbeitung von Regeln und zum Verlernen von Ängsten. Sie ist kein Kochbuch für eine starre Einübung von Verhalten in allen sozial kritischen Situationen, was wegen deren Vielfalt auch nicht sinnvoll wäre. Das Übungsfeld ist aber so gewählt, daß es ein ausreichendes Spektrum möglicher sozialer Interaktionen umfaßt und das Gelernte auf alle wesentlichen zwischenmenschlichen Probleme anwendbar ist.

Das Übungsbuch soll die Therapeuten in ihrer Vermittlerrolle entlasten und den Klienten oder Patienten eine Hilfe bei ihren eigenen Aktivitäten anbieten. Es soll weder Therapeuten starr an die vorgelegte Form binden noch Ratsuchende mit erheblichen Schwierigkeiten zum Lernen auf eigene Faust ermutigen.

Viele Selbstheilversuche sind gerade daran gescheitert, daß es eben die Schwierigkeit dieser Personen war, einen solchen Ausweg nicht allein schaffen zu können.

Die optimale Vermittlung des Therapieziels erfordert fachkundige Anleitung. Ein hohes Maß an Sachwissen, Flexibilität und didaktischer Fähigkeit ist auf seiten der Therapeuten erforderlich.

Nur dort, wo eine nicht erhebliche Beeinträchtigung vorliegt, wo »lediglich« ein Mehrlernen, eine zusätzliche Verbesserung sozialer Interaktionen erstrebt wird, kann das Übungsbuch auch für die selbständige Durchführung empfohlen werden. Dies wäre etwa bei Partnern von Klienten (zum Mitüben) oder als gemeinsame Aktivität von Interessengemeinschaften, etwa in Jugendheimen, Altenclubs oder Freizeitheimen, denkbar. Hier wäre eine konsequente Erarbeitung in einer Gruppe von 5 bis 8 Personen oder mit dem in Behandlung stehenden Partner nützlich. Keinesfalls sollten Sie jedoch die Übungsbücher (Teil II und III) einfach nur durchlesen oder auf eigene Faust vorgreifen – es wäre schade um die Mühe.

Soziales Handeln ist weitaus anspruchsvoller als das Erlernen des Autofahrens oder einer Fremdsprache. Auch von daher ist es nicht einzusehen, warum bei einfachen Lernprozessen ein geschulter Vermittler beansprucht wird, bei komplizierteren jedoch auf eigene Faust probiert werden sollte.

Ein Verzeichnis der Fachausdrücke und Fremdwörter finden Sie am Ende des dritten Teiles von Band 22.

1.2 Zweck und Vorgehensweise des ersten Bandes Bedingungen und Formen sozialer Schwierigkeiten

Wir haben die Übungsbücher zum ATP in drei relativ selbständige Einheiten gegliedert:

- die Therapievorbereitung und theoretische Erläuterungen

- einen Grundkurs zum Abbau sozialer Ängste und zum Einüben einfacher Fertigkeiten und – als notwendige Fortsetzung –

- die unterscheidende Anwendung des Gelernten in komplizierteren sozialen Bereichen.

Das erste Buch dient der Einführung in die Ursachen sozialer Störungen und davon abhängiger Probleme und Beschwerden. Es beschäftigt sich mit den sozialen Bedingungen, die das derzeitige Verhalten geformt haben und erhalten. Es weist auf die vielfältigen Möglichkeiten hin, wie komplizierte Probleme nach relativ einfachen Methoden analysiert, beurteilt und behoben werden können. Die Ausführungen sollen Ihr Problembewußtsein schärfen. Das Buch ist so gestaltet, daß Sie wahlweise mit dem vierten Abschnitt, als unmittelbare Vorbereitung, zur Therapie beginnen können, falls die praktische Durchführung im Anschluß gesichert ist. Die schwierige systematische Darstellung der theoretischen Grundlagen in den Abschnitten zwei und drei würde dann zweckmäßig erst als Begleittext zu den praktischen Übungen gelesen. Wenn jedoch die Wartezeit erheblich ist oder dieses Buch zur Vorbereitung anderer Sozialtherapien benutzt wird, empfiehlt es sich, die Darstellung der theoretischen Grundlagen systematisch von Beginn des Buches an durchzuarbeiten.

Wenn Sie mit ähnlichen sozialen Störungen zu tun haben, wie sie im zweiten Abschnitt dargestellt werden, empfehlen wir dringend, sich von einem klinischen Psychologen oder Facharzt beraten zu lassen, ob eine selbständige Durcharbeitung der folgenden Kursbücher ratsam erscheint. Sie werden wahrscheinlich an den Beispielen des ersten Bandes schon sehen, daß es einiger verhaltensanalytischer Schulung bedarf, um die therapeutischen Möglichkeiten voll für Ihre speziellen Probleme nutzbar machen zu können.

Was wir tun und nicht tun, unsere Erwartungen, Ziele, Wünsche, unsere Vorlieben, Abneigungen, Interessen, unsere Einstellungen und Bewertungen, unsere Fertigkeiten und mangelnden Fähigkeiten, unsere Empfindungen, Gefühle, unsere Beschwerden – in all diesen Bereichen ist soziales Verhalten weder starr angeboren noch ein momentanes Zufallsprodukt. Sozialverhalten ist überwiegend erlernt und wird durch situative Bedingungen ausgeformt.

Die Regeln des Lernens, die bei der Kindererziehung wirksam sind, sind mit denen identisch, die auch heute noch das Verhalten formen. Wir nennen diese Regeln Prinzipien sozialer Steuerung.

Nach den gleichen Prinzipien kann ich Zweckmäßiges oder Unzweckmäßiges lernen. Ich kann lernen, Schwierigkeiten und Probleme zu lösen oder ihnen aus dem Wege zu gehen. Im letzten Fall kann ich an weiteren Schwierigkeiten scheitern oder krank werden.

In diesem Buch lernen Sie den Einfluß dieser Regeln

- auf Ihre Lerngeschichte (das, was Sie bislang erlernt haben),
- auf Ihr jetziges Verhalten (das, was Sie aufgrund Ihrer Lerngeschichte und der äußeren Umstände tun),
- auf die Möglichkeiten des Um- und Neulernens im sozialen Verhalten

zu erkennen.

Sie werden besser verstehen, warum Sie mit Ihrem Willen allein viele Probleme nicht lösen konnten: die Prinzipien sozialer Steuerung sind oft stärker. Die äußeren und inneren Anlässe für Ihr Verhalten und die äußeren und inneren Folgen Ihres Tuns und Denkens sind so mächtige Beeinflussungsgrößen, daß die Art Ihrer Lebensführung und Ihre Einstellung dazu weit stärkere Bedingungen schaffen als Ihr freier Wille.

Die **Unkenntnis** dieser Regeln entspricht einem Zustand unwillkürlicher und von Ihnen nicht steuerbarer sozialer Kontrolle – oft als Manipulation durch andere bezeichnet.
Die Kenntnis der Regeln macht diese Beeinflussung bewußt und erlaubt eine Erweiterung Ihrer Entscheidungsmöglichkeiten. Sie wird gezielt durch die Übungen in den folgenden Bänden erarbeitet.
Sie finden dort Hinweise zu den theoretischen Erklärungen des ersten Bandes und wiederholen dann zweckmäßig die entsprechenden Abschnitte.
Viele Regeln werden erst durch ihre Anwendung für Sie persönlich sinnvoll. Sie finden in diesem Buch Erklärungen, Fragebögen, Beispiele und Lösungsaufgaben, bei denen Sie selbst die Antworten erarbeiten sollen.
Diese Einführung in die Bedingungsanalyse menschlichen Verhaltens beschränkt sich auf Beispiele, die bei der Therapie gestörter sozialer Interaktionen wichtig sind.
Der Text soll die Arbeit des Therapeuten erleichtern. In der Regel ist die Durcharbeitung ausschließlich im Selbststudium zu schwierig. Manche Ausführungen können Ihr Verständnis vorbereiten, manche schon konkrete Therapieschritte – vieles jedoch wird erst in der Therapie selbst als sinnvolle Wiederholung voll genutzt werden können.
Dennoch ist gerade dieser Teil der Therapie in seinen Anwendungsmöglichkeiten so umfassend und differenziert, daß Sie mit sachkundiger Hilfe Änderungs- und Beeinflussungskonzepte für zahlreiche Probleme und Schwierigkeiten des Alltags ableiten können. Arbeiten Sie dieses Buch gründlich durch. Lesen Sie die einzelnen Abschnitte wiederholt, suchen Sie selbst ähnliche Beispiele, überdenken Sie Ihre Lösungsvorschläge und versuchen Sie es eventuell von neuem. Fragen Sie nach, wenn Ihnen etwas unklar bleibt.

2 Erscheinungsformen selbstsicheren und selbstunsicheren Verhaltens

2.1 Erscheinungsformen selbstsicheren Verhaltens

2.1.1 Handeln in Selbstvertrauen und mit sozialer Kompetenz als Ziel der Therapie

Diese Therapie soll Ihnen helfen, unangenehme Gefühle, Schwierigkeiten, überstarke Hemmungen, Ängste und daraus resultierende körperliche Beschwerden zu verlieren. Sie können eine verbesserte, ausgeglichenere und zufriedenere Haltung gegenüber anderen Menschen und gegenüber sich selbst gewinnen. Ihr Selbstvertrauen und Ihre Selbstbewertung können sich wesentlich verbessern.
Sie können Ihre eigenen Probleme und Schwierigkeiten besser verstehen lernen und später selbst wirksame Änderungsstrategien entwickeln.
Sie können Ihr Wissen über die Bedingungen und Bedingtheit von Verhalten, Gefühlen, Bewertungen, Einstellungen und Beschwerden zur Hilfe in der Problembewältigung bei Mitmenschen einsetzen.
Sie können auch lernen, welche Ihrer Probleme nicht nur von Ihrem eigenen Verhalten abhängen, sondern von den äußeren Umständen Ihres Arbeitsplatzes, Ihrer Wohnung, Ihres Einkommens, Ihrer Freizeitgestaltung und Ihrer Familienmitglieder gesteuert werden. Wie Sie sich in solchen Fällen dieser sozialen Bedingtheit entziehen oder soziale Reformen sinnvoller unterstützen können, ist ebenfalls Gegenstand des Programms.

► Das ATP soll Sie in Ihren Beziehungen zu anderen Menschen sicherer, geschickter und erfolgreicher machen und partnerschaftliche Lösungen fördern.

► Der Übungskurs soll Ihnen helfen, mehr Handlungsmöglichkeiten im sozialen Bezug zu erlernen und diese sinnvoller und bewußter als bisher einzusetzen.

2.1.2 Zielrichtungen selbstsicheren Verhaltens

Dazu gehört zunächst, sich zu besinnen, daß ein jeder Rechte hat und beanspruchen darf und es statthaft ist, sich eigene Ansichten zu bilden und diese zu vertreten. Ebenso kann sich jeder leisten, eigene Gefühle zu haben und diese auch zu äußern.

Als erstes ist es notwendig, daß Sie **den Willen haben, für sich selbst entscheiden zu wollen** und **Ihre Gefühle und Ansprüche kennenlernen wollen.** Wer sich das Recht einräumt, so leben zu wollen, wie er könnte, der sollte auch in der Lage sein, dies nach außen hin ohne Angst oder Hemmungen äußern zu können.

Als zweites ist es notwendig, **blockierende unangenehme Gefühle, Ihre Unsicherheit, zu verlernen.**

Wenn Sie sich ohne Angst oder Hemmung äußern können, sollten Sie lernen, dies so zu tun, daß Sie Ihre Ansprüche mit wirkungsvollen Methoden durchsetzen können, Ihre Meinungen so zu vertreten, daß Sie andere überzeugen können, und Ihre Gefühle so zu äußern, daß Sie verstanden und akzeptiert werden.

Als drittes ist es notwendig zu lernen, **wie Sie etwas am wirkungsvollsten und zweckmäßigsten tun.**

Wenn Sie sich erlaubt haben, so leben zu wollen, wie Sie es könnten,

wenn Sie sich ohne Unsicherheit äußern können und wenn Sie wissen, wie Sie sich wirkungsvoll ausdrücken und verhalten, dann besitzen Sie die Voraussetzungen zur Verwirklichung Ihrer Möglichkeiten.

Um Ihre Möglichkeiten in bezug auf Ihre Umgebung optimal zu nutzen,

Ist es viertens notwendig, **die Wünsche, Erwartungen und die Forderungen anderer Menschen richtig zu erkennen,** deren Berechtigung abzuwägen **und sie zur angemessenen Zeit zu berücksichtigen.**

Fünftens sollten Sie im Hinblick auf Ihre Umgebung **den Spielraum** und **die Sachzwänge sozialer Strukturen, Einrichtungen und der Rolle deren Vertreter analysieren** und diese Erkenntnisse in Ihr Verhalten **miteinbeziehen können.**

Sie sollten sechstens lernen, **welches Verhalten wann, wo und im Hinblick auf die Erwartungen der anderen, Ihre eigenen Ansprüche und die Möglichkeiten der sozialen Struktur, angezeigt ist.**
Es ist also notwendig, eine genaue Diagnose der Umwelt und ihres Einflusses auf Sie selbst erstellen zu können. Die eigenen Ansprüche klar zu formulieren und fest zu vertreten erbringt Ihnen in der Regel Erfolgserlebnisse und vermindert zwischenmenschliche Komplikationen. Diese jedoch treten dann auf, wenn Sie selbst gleichwertige Ansprüche von anderen verletzen. Selbstsicheres Handeln geht nicht auf Kosten anderer, wohl aber richtet es sich gegen angemaßte, ungerechtfertigte und unnötige Kontrollen durch selbstsüchtige, aggressive und autoritäre Zeitgenossen.
Sie sollten als siebentes lernen, daß **soziales Kompetentsein nichts mit Aggression zu tun hat,** sondern auch Rechte und Gefühle des anderen respektiert.
Schließlich gehört zu einem auf Selbstvertrauen gegründeten Verhalten auch, **sich selbst in seinem neuen Verhalten zu akzeptieren.** Sie sollten lernen, Ihre Übungsfortschritte im Programm, Ihre neuen Verhaltensweisen und Einstellungen, die Anerkennung durch Ihre Übungspartner als echtes Erfolgserlebnis zu akzeptieren. Ständige Selbstbestrafung durch Selbstabwertung steht Ihrem neuen Selbstvertrauen im Wege und muß unterlassen werden.
Zum systematischen Aufbau eines optimalen Selbstwertgefühls gehört, daß Sie den kleinsten Übungsfortschritt als Erfolg erleben, jedes Lob akzeptieren und jede Selbstabwertung unterlassen.
Die Beanspruchung Ihrer eigenen Rechte steht in einem sozialen Umfeld, das durch die jeweilige Gesellschaftsform und ihre augenblickliche wirtschaftlich-organisatorische Verfassung teils fest und zwingend, teils widersprüchlich nach verschiedenen Interessengruppen oder nur noch nach Überlieferungen ohne Sachzwänge bestimmt wird. Niemand wird von Ihnen erwarten, daß Sie sich durch selbstsicheres Handeln im Widerspruch zu ganz besonders gehüteten Interessen nachteilige Konsequenzen einhandeln. Kurzfristige taktische Kompromisse mögen manchmal unvermeidlich erscheinen.

Sie können durch das Erlernen von sozialer Kompetenz Ihre Handlungsmöglichkeiten und Ihre Entscheidungsfähigkeit verbessern. **Wie Sie sich später im einzelnen entscheiden,** hängt aber nicht nur von Ihren Fähigkeiten ab. Vielleicht entschließen Sie sich, bestimmte Wünsche und Ziele aufzuschieben und dafür kurzfristige, unangenehme Situationen zu tolerieren. Sie lernen auch, daß **verschiedene Strategien** zum Erfolg führen können.

2.1.3 Aufgaben zur Definition selbstsicheren Verhaltens

Im folgenden finden Sie zu den genannten Prinzipien von »Assertiveness« praktische Beispiele aus der Behandlung. Versetzen Sie sich ganz intensiv in die Lage des Geschilderten und kreuzen Sie dann diejenige Entscheidung an, die Sie für richtig im Sinne des Therapiezieles ansehen. Wenn Unklarheiten über diese Zielvorstellungen und Voraussetzungen bestehen, diskutieren Sie die Fragen mit Ihrem Therapeuten!

Beispiel 1: **Den Willen haben, für sich selbst entscheiden zu wollen**

Herr A., ein fünfzig Jahre alter Beamter, hat sein Leben lang gelernt zu gehorchen. Er war brav in der Schule, still und artig zu Hause, befolgte selbstlos die zehn Gebote, war ein guter Soldat und wurde im Beruf ausgenutzt. Seine Freunde belächelten ihn.

Herr A. war unzufrieden mit sich selbst und entschlossen, sich zu ändern: Er sah jetzt seine Frau als Partnerin an und respektierte sie in ihren eigenen Gefühlen, Wünschen und Rechten. Er lernte familiäre Schwierigkeiten durch direktes, unmittelbares Äußern von Gefühlen zu vermindern. Er wollte, daß seine Kinder ohne Drill aufwuchsen und ihn respektierten. Er akzeptierte ihre berechtigten Ansprüche und sie akzeptierten die seinigen.
Im Betrieb lernte man ihn als »Mann aus einem Guß« kennen. Er wollte kein Kriecher sein, lehnte unbillige Forderungen ab,

war fest und freundlich in seinem Verhalten und wurde von allen geschätzt und geachtet. Seine Haltung wurde gerade, seine Urteile wurden klar und unbestechlich, seine Meinungen richtunggebend. Die Kollegen suchten seinen Rat, die Vorgesetzten gaben viel um seine Meinung, da sie wußten, daß er ihnen nicht nach dem Mund redete.

In welchem Beispiel wird der Wille, für sich selbst entscheiden zu wollen, am deutlichsten?
Welcher Satz könnte die **Änderung** bei Herrn A. am besten erklären?

a) Herr A. wollte geachtet werden und beschloß, sein Verhalten ganz nach den Ansichten anderer zu richten. Er verzichtete immer mehr auf eigene Wünsche und versuchte ängstlich, immer und überall die jeweiligen gesellschaftlichen Regeln zu befolgen und es jedem recht zu machen.
b) Herr A. strebte nach Achtung und wollte, genauso wie seine früheren Unterdrücker, jetzt selbst alle anderen einschüchtern, sie von sich abhängig machen und ausnutzen. Er erreichte sein Ziel, indem alles vor ihm zitterte.
c) Herr A. hatte erkannt, daß viele gesellschaftlichen Verbote oder Tabus im Widerspruch zueinander stehen, oft vollkommen überflüssige Reste vergangener Zeiten sind. Er sah, daß viele Normen recht willkürliche Dogmen sind, die von einzelnen dazu benutzt werden, ihre Interessen gegenüber den vielen anderen durchzusetzen. Er beschloß, in Zukunft für sich selbst zu entscheiden, seine eigenen Rechte wahrzunehmen, ohne andere genauso zu manipulieren, wie er selbst früher behandelt worden war.

Antwort: Selbstsicheres Verhalten kommt bei ... (a, b, c – Zutreffendes einfügen) zum Ausdruck.

Beispiel 2: **Soziales Hinweiszeichen richtig deuten und die Prinzipien sozialer Steuerung erkennen**

Der Schüler H. hatte von seinen Eltern nie etwas anderes gehört, als daß er später einmal das elterliche Geschäft übernehmen sollte. Deshalb sollte er Erfolg haben, er müsse ja schließlich

»sein Geld wert« sein. Seine sehr guten Schulnoten waren für die Eltern eine Selbstverständlichkeit. Mit Prügeln, Schimpfen, Schweigen und Mißbilligung wurden alle Abweichungen von dieser Leistungsnorm bestraft. Häufige Kontakte zu Mitschülern waren als Spielerei und Firlefanz nicht erlaubt. Weil er nichts anderes durfte – und konnte –, sprachen seine Kameraden nur mit ihm, um Hausaufgaben abzuschreiben. Selten wurde er zu Spielen eingeladen. Als andere längst eine Freundin hatten, war H.'s einziger Kontakt eine gelegentliche Hilfe für seine Mitschüler bei den Lateinaufgaben. H. begann sehr unter dieser Isolation zu leiden und grübelte über die Ursache nach:

Welche der Schlußfolgerungen beruhen auf einer falschen Deutung sozialer Zeichen und welche sind zum Aufbau eines sozial kompetenten Handelns zweckmäßig?

a) H. fand, daß die anderen wohl einfach zu dumm und eigennützig seien, um ihn in seiner Andersartigkeit zu akzeptieren. Er wurde arrogant und abweisend; die anderen zogen sich noch mehr von ihm zurück und H. glaubte schließlich, daß alle Menschen gegen ihn seien. Er wurde aggressiv, zynisch und verletzend.
b) H. glaubte, mit einem Fehler behaftet zu sein, und deshalb entweder zu häßlich oder zu langweilig zu erscheinen. Er deutete seine Isolation als unabänderliches Schicksal. Er resignierte, wurde unsicher, depressiv und ließ nun auch in der Leistung nach. Eine Ansprache blieb jetzt ganz aus.
c) H. fand durch systematische Beobachtung seines Verhaltens heraus, daß er es stets mit der Angst zu tun bekam, wenn ein Kontakt enger zu werden drohte. Daher versuchte er, sich ihm durch seine »intellektuelle«, kühle Distanziertheit zu entziehen. Er erkannte, daß es seine abweisende Art zu sprechen war, die die anderen einschüchterte. Er beschloß, diese Ängste unter Anleitung zu verlernen und andere, neue Verhaltensweisen zu erlernen.

Antwort: Selbstsicheres Verhalten kommt bei ... (a, b, c – Zutreffendes einfügen) zum Ausdruck.

Beispiel 3: **Verlernen unangenehmer blockierender Gefühle**

Mehrere Kollegen setzen sich wöchentlich einmal zu einer Arbeitsbesprechung im Zimmer des Vorgesetzten zusammen. Seit Jahren mißbraucht dieser die Sitzungen. Anstatt sachlich über die Arbeit zu sprechen, benutzt er die Sitzungen, um die Mitarbeiter einzuschüchtern und seine persönliche Meinung über die Welt zu verkünden. Alle Mitarbeiter kennen das und wissen, daß sie die verlorene Arbeitszeit durch Überstunden wieder aufholen müssen. Sie können die Ansichten des Chefs nicht teilen, trauen sich aber nie zu, ihre eigene Meinung zu äußern. So geraten sie jedesmal in Anspannung, fühlen sich wehrlos und verletzt. Einige bekommen Magenbeschwerden, andere kochen innerlich. Sie wissen, daß sie diesen Zustand ändern müssen, aber niemand wagt es, etwas zu unternehmen.

Welche der folgenden drei Möglichkeiten drückt ein Verhalten aus, das frei von Angst und Hemmungen ist – welches ist assertives Handeln?

a) Nachdem der Vorgesetzte die Sitzung verlassen hat, beschimpft ein Kollege die anderen mit den Worten: »Wie könnt ihr euch so behandeln lassen? Ich mache das nicht mehr mit. Ich werde zum Arzt gehen und mich krankschreiben lassen.«

b) Ein Mitarbeiter beginnt, sich in den Sitzungen Notizen zu machen, wenn sachfremde und persönliche Äußerungen des Vorgesetzten fallen. Bei schlimmen Ausfällen sagt er laut und deutlich: »Herr X., ich bin da nicht Ihrer Meinung.«
Er versucht in einer der nächsten Sitzungen dem Chef aufgrund seiner Notizen zu beweisen, wieviel Arbeitszeit dem Betrieb durch die Monologe nutzlos verlorengeht, und erzählt, wie sehr ihn diese Meinungsäußerungen belasten, weil er ihnen – um eine langweilige Diskussion zu vermeiden – nicht widersprechen will. Als der Chef auch nach dieser Grundsatzdiskussion weiter so verfährt wie bisher, reicht er zusammen mit allen Kollegen bei der Betriebsleitung oder dem Betriebsrat ein Gesuch ein, diesen Zustand in bestimmter Frist abzuschaffen.

c) Ein Mitarbeiter, der schon wegen Magengeschwüren operiert werden mußte, faßt den »Mut der Verzweiflung« und brüllt seinen Zorn dem Chef entgegen. Er beschimpft ihn öffentlich und wird, als Folge, entlassen.

Antwort: Selbstsicheres Verhalten kommt bei... (a, b, c – Zutreffendes einfügen) zum Ausdruck.

Beispiel 4: **... etwas wirkungsvoll und zweckmäßig zu tun**

Herr T. steht in einer anstrengenden und entscheidenden Periode seiner Tätigkeit. Seine Frau, die er in all den Ehejahren nie für ihre Mitarbeit lobend beachtet hat, sollte nun – seinem Empfinden nach – mehr Verständnis und Hilfe für seine schwierige Situation aufbringen. Herr T. fühlt sich allein, nicht verstanden und überfordert. Er erwartet täglich das spontane Interesse seiner Frau und wird zunehmend gereizter, da seine Frau die Lage nicht einmal zu bemerken scheint.

Welche der folgenden Handlungsweisen des Herrn T. wäre im Sinne von sozialer Kompetenz?

a) Herr T. äußert sich bewundernd über andere Ehen, in denen die Frau so viel Anteil an der Arbeit des Mannes nimmt und ihm viel Hilfe geben würde. In Gegenwart von Bekannten macht er Anspielungen, daß seine Frau ja leider nur Kleider im Kopf habe und ihre einzige Tätigkeit darin bestehe, zum Friseur zu laufen. Dann klagt er herzzerreißend, daß alle Last und Verantwortung allein bei ihm läge.
Seine Frau fühlt sich jetzt gekränkt und noch mehr abgewiesen. Sie verliert auch die letzte Spur an Interesse und zieht sich vollkommen zurück.
b) Herrn T. platzt eines Tages der Kragen. Er beschimpft seine Frau, sie sei stinkfaul und nur eine Modepuppe. Sie sei von ihrer Mutter verwöhnt und er verstehe nicht mehr, wie er »so etwas« nur habe heiraten können. Seine Frau ist jetzt außer sich vor Wut. Sie hält ihm vor, daß er sie noch nie gefragt habe, ob sie nicht auch Sorgen und Ansprüche habe. Sie beschimpft ihn als Versager und Schwächling, der weder ihr noch seiner Arbeit jemals gerecht werden konnte.
c) Herr T. sieht ein, daß er nicht plötzlich von seiner Frau etwas

erwarten kann, was er selbst in all den Jahren durch zu geringes Interesse zerstört hat. Er sucht in Aussprachen mehr über die Wünsche seiner Frau zu erfahren. Er beginnt, seine Frau systematisch bei ihren Tätigkeiten und Interessen zu beachten, und spendet gezielt Anerkennung für ihre Aktivitäten. Dann äußert er seine Gefühle direkt und ohne Vorwurf. Er sagt etwa: »Ich fühle mich in letzter Zeit sehr überfordert und allein.« Dies ermöglicht seiner Frau, sachlich näher nach den Ursachen dafür zu fragen, ohne sich durch das Gefühl, ins Unrecht gesetzt zu sein oder angegriffen zu werden, zum Gegenvorwurf provoziert zu sehen. Im Gespräch kann Herr T. jetzt Verständnis dafür erwecken, daß ihr Interesse und ihre Hilfe jetzt für ihn entscheidend wichtig ist. Eine konkrete Absprache über die Art der Hilfe wird erzielt.

Antwort: Selbstsicheres Verhalten kommt bei ... (a, b, c – Zutreffendes einfügen) zum Ausdruck.

Beispiel 5: **Assertiv sein im Unterschied zu Aggression auf Kosten anderer**

Frau E. sitzt mit einem Bekannten in einem vollen Restaurant. Sie hat ein Steak »sehr englisch«, keinesfalls durchgebraten, bestellt. Sie bekommt aber ein vollkommen durchgebratenes Steak, was ihr absolut nicht schmeckt.

Welche der drei Situationen entspricht assertivem Handeln?

a) Frau E. winkt die Kellnerin an ihren Tisch und erklärt freundlich, aber bestimmt, daß sie ein Steak sehr wenig durchgebraten bestellt habe. Sie zeigt der Kellnerin, daß das gelieferte Steak sehr durchgebraten ist. Sie sagt dann freundlich: »Bitte, bringen Sie mir ein neues Steak, diesmal sehr englisch und nehmen Sie dieses in die Küche zurück.« Die Kellnerin kommt der Bitte nach. Sie ist selbst zufrieden, daß ihr gezeigt wurde, wie einfach ein Fehler zu beseitigen ist und daß die Gäste jetzt zufrieden sind. Frau E. wird von ihrem Bekannten für ihren Charme und ihre Sicherheit bewundert. Sie ist zufrieden. Es wird ein angenehmer Abend.
b) Frau E. gerät in Zorn und fühlt sich gedemütigt durch die

falsche Ausführung ihrer Bestellung. Sie will ihrem Bekannten zeigen, daß sie sich nicht so behandeln lasse, und beschimpft die Kellnerin sehr von oben herab. Sie sagt sehr laut: »Wissen Sie nicht, was ›englisch‹ heißt, ich habe ein ›englisches‹ Steak bestellt, aber dieser hundertjährige Ochse ist ungenießbar. Können Sie nicht besser aufpassen. Sie sollten mal in einem guten Restaurant versuchen, Ihr Geld zu verdienen.«
Die Kellnerin ist sehr verletzt und beschämt. Sie kann ohne Risiko für ihre Stellung nicht mit gleicher Münze heimzahlen. Verwirrt fragt sie Frau E., ob sie ein neues Steak haben wolle. Frau E. sagt sehr laut: »Das hätten Sie schon längst bringen sollen, statt hier herumzustehen.«
Frau E. bekommt ebenfalls ihr Recht, aber die Bedienung ist unnötig verletzt, ihr Bekannter über ihre Aggressivität befremdet, der Abend endet für sie und andere unbefriedigend.

c) Ohne der Kellnerin eine Erklärung abzugeben, verlangt Frau E. sofort den Geschäftsführer. Sie beschwert sich bei ihm direkt und sagt, mit so einer schlechten Bedienung würde sie es sich überlegen, noch jemals das Lokal zu betreten. Sie bekommt sofort ihr Recht, sie kontrolliert die Situation, die Bedienung wird entlassen, ohne Chance, ihren Fehler zu korrigieren.

Antwort: Selbstsicheres Verhalten kommt bei ... (a, b, c — Zutreffendes einfügen) zum Ausdruck.

Beispiel 6: **Lob akzeptieren und Selbstabwertung unterlassen**

Fräulein F., eine 21jährige Studentin, sieht gut aus und ist intelligent. Sie hat eine Schwester, die in der Schule besser war als sie, leichter Freunde fand und ihr von den Eltern in allem als großes Vorbild hingestellt wurde. Diese Schwester erhielt alle Förderung, wurde täglich gelobt und in der ganzen Verwandtschaft gepriesen. Fräulein F. dagegen wurde kaum jemals gelobt, immer nur angespornt mit den Worten: »Schau doch deine Schwester an, wie sie das meistert.« Da sie aber nicht so war wie ihre Schwester, wurde sie damit getröstet, daß sie es eben schwerer habe, mehr Anstrengungen brauche und auch etwa von den Männern nicht so viel erwarten dürfe. Dies führte

aber nur dazu, daß Fräulein F. nun tatsächlich in der Leistung nachließ und auch auf ihr Äußeres nicht mehr so viel Wert legte.
Mit der Zeit glaubte sie selbst, ein Versager und ein häßliches Entlein zu sein.
Sie fürchtete intensiv, daß andere ihr Vorhaltungen machen könnten, und sie erwartete nur noch Mißgeschicke. Sie begann, sich selbst vor jeder Situation zu sagen: »Das schaffe ich doch nicht, ich bin zu dumm, ich kann ja gar nichts.« Kontakten ging sie aus dem Weg, weil sie sich zu häßlich vorkam und sich aus Angst vor Enttäuschungen immer mehr in ihrer vermeintlichen Unfähigkeit bestätigte. Sie verzweifelte schließlich am Leben, war oft traurig, weinerlicher Stimmung und sah keinen Sinn mehr in ihrem Dasein. Doch dann lernte sie doch einen Kollegen sehr schätzen, der auch sie mochte und verstand. Ihr Bekannter wollte ihr helfen, diese Minderwertigkeitskomplexe anzugehen. Er beschloß, das von den Eltern Versäumte nachzuholen und ihr jetzt so oft als möglich das, was er an ihrem Äußeren oder an ihrer Arbeit – und es war nicht wenig – gut fand, sofort zu sagen. Gleichzeitig wollte er auf ihre Selbstabwertung nicht mehr eingehen.

Wie müßte sich Fräulein F. verhalten, um diese Hilfe zu nutzen?

a) Sie weist jedes Lob ab und sagt, das habe ich nicht nötig.
b) Sie wird verlegen und sagt: »Ich weiß, daß du es gut mit mir meinst, aber ich weiß auch, daß es nicht stimmt, was du sagst. Ich werde nie etwas zuwege bringen. Ich bin nun mal häßlich.«
c) Sie weiß, daß neue Einstellungen durch positive Beachtung gelernt werden können. Sie sagt ihrem Partner jedesmal: »Ich freue mich, daß du das so nett sagst«, und belohnt ihn damit für seine Hilfe. Sie lernt zusätzlich jedesmal, wenn ein abwertender Gedanke kommt, ihn sofort durch sein Gegenteil zu ersetzen, sie lernt, sich selbst anzuerkennen. Sie fügt den Kommentaren ihres Freundes hinzu, daß sie sich selbst über ihre neuen Ansätze freut und darauf stolz ist.

Antwort: Selbstsicheres Verhalten kommt bei ... (a, b, c – Zutreffendes einfügen) zum Ausdruck.

Beispiel 7: **Soziale Grenzsituationen erkennen**

Herr M., Familienvater mit zwei Kindern und seit längerer Zeit ohne Arbeit, wobei die staatliche materielle Unterstützung keinesfalls ausreicht, bewirbt sich in einer Firma. Die allgemeine Wirtschaftslage ist schlecht. Arbeitsplätze sind rar. Herr M. ist gewöhnt, seine Meinung zu vertreten. Der Arbeitgeber nutzt die Situation aus, um bei der Vorstellung das politische Glaubensbekenntnis als Einstellungskriterium zu testen. Er fragt Herrn M. nach dessen Meinung über weltanschauliche und betriebspolitische Fragen. Die Ansichten des Arbeitgebers weichen sehr von denen des Herrn M. ab. Herr M. aber wird durch ständiges Fragen zur Stellungnahme gezwungen.

Welche der folgenden Reaktionen des Herrn M. ist in dieser Situation die beste Lösung bezüglich der Verwirklichung eigener Rechte?

a) Herr M. bekennt sich zu der eigenen Meinung und drückt dies kompromißlos aus, obwohl er weiß, daß die Frage ein Test zur Einstellung ist. Er bekommt die Stelle nicht und gerät mit seiner Familie in weitere Schwierigkeiten. Seine Kinder haben Nachteile in der Ausbildung und seine Frau beschimpft ihn deswegen als Egoisten.

b) Herr M. verwünscht den Luxus, eigene Ansichten zu haben, und bekennt sich sofort voll und ganz zur Meinung des Arbeitgebers. Er bekommt die Stelle. Er wird von einigen Kollegen als »Kriecher« gemieden und entzweit sich mit alten Freunden.

c) Herr M. will die Stelle unbedingt haben. Er möchte aber seine Selbstachtung wahren und auch von seinen Bezugspersonen geachtet werden. Er beschließt, in dieser aktuellen Situation seine Ansichten nicht verbal zu vertreten. Er erhält die Stelle und diagnostiziert jetzt sehr sorgfältig, welche Methoden es ihm erlauben, gleichzeitig die Stelle zu halten und doch weiter für seine Meinung einzutreten. Er schließt sich Interessengruppen an, die seine Ziele vertreten. So kann er sowohl seine Selbstachtung wie auch die Wertschätzung seiner Bezugspersonen erhalten und dennoch die dringenden materiellen Bedürfnisse der Familie befriedigen.

Antwort: Selbstsicheres Verhalten kommt bei ... (a, b, c – Zutreffendes einfügen) zum Ausdruck.

Sie haben jetzt gesehen, was »assertiv sein« bedeuten kann, welche Voraussetzungen nötig sind, welche Verhaltensweisen, Gefühle und Meinungen dazu gehören, welche Effekte es hat und welche es nicht haben soll.

Diese Therapieziele sind im Vergleich zur möglichen Vielfalt der Erscheinungsformen sozialer Störungen schon auf einige wesentliche Gebiete beschränkt. Um sie mit ein- und derselben Therapie erreichen zu können, benötigen wir die systematische Kenntnis, Aneignung und Anwendung einiger Grundregeln.
Diese Grundregeln sozialer Steuerung sind für die Erscheinungsformen, die Entstehung, die Erklärung und für die Änderung des Verhaltens stets gleich. Es sind Grundprinzipien der Verhaltensformung aus dem Gebiet des sozialen Lernens.
Die Kenntnis der Regeln erlaubt es, die Bedingungen zu erkennen, die für die Entstehung, Erscheinungsform und weitere Ausprägung von sozialen Störungen verantwortlich sind.
Die Bedingungsanalyse unseres Verhaltens und der sozialen Konstellation erlaubt die ganz präzise Ableitung von Änderungszielen.
Die Änderungsziele können durch die Anwendung derselben Lernprinzipien erreicht werden, die der Entstehung und Erhaltung unserer Probleme zugrunde liegen.

2.2 Selbstunsicheres Verhalten

Jede Beeinträchtigung unseres Wohlbefindens, unseres Selbstverständnisses oder unserer Beziehung zu anderen Menschen, zu sozialen Tätigkeiten und Institutionen, steht unter der Kontrolle unserer Umwelt. Alles, was mich oder andere stört, wird durch die tägliche Wechselbeziehung zwischen mir und meiner Umwelt bestimmt. **Soziale Störungen gehen eigenen Beeinträchtigungen voraus oder folgen ihnen nach.** Deshalb kann nahezu jeder, der längere Zeit mit Problemen, Schwierigkeiten oder Beschwerden zu tun hatte, von der hier angestrebten Verbesserung der sozialen Interaktion profitieren. Angezeigt oder notwendig erscheint diese Therapie besonders dort, wo die Beeinträchtigung sich vorwiegend in den zwischenmenschlichen Beziehungen äußert und zu spürbaren Störungen führt.

2.2.1 Soziale Ängste

Als soziale Angst wollen wir die unangenehmen Gefühle im zwischenmenschlichen Bereich, die auf bestimmte Situationen folgen, benennen. Sie gehen mit Unsicherheit, Hemmung, Spannung oder Unruhe einher. Angstauslöser sind dabei solche Situationen, denen wir am liebsten aus dem Wege gehen, weil wir ein unangenehmes Gefühl oder eine störende körperliche Reaktion empfinden oder erwarten. Soziale Ängste sind demnach bestimmt durch drei Bereiche:

- Auslösende Situation
- gefürchtete oder erlebte unangenehme Reaktion und
- die Tendenz, solche Situationen künftig zu vermeiden.

2.2.1.1 Angstauslöser

Das menschliche Verhalten ist flexibel und wird im Arbeitsbereich, bei Freunden, Partnern oder bei Fremden von jeweils anderen Gefühlen begleitet. Je nach meinen früheren Erfahrungen kann ich vor ganz genau umschriebenen einzelnen Situationen Angst haben, in ganz bestimmten größeren Bereichen des Sozialverhaltens Unsicherheit und Hemmungen spüren oder auch bei nahezu allen menschlichen Kontakten.
Als Angstauslöser wollen wir ähnliche Situationen oder Tätigkeiten in einem umschriebenen Bereich sozialer Interaktion bezeichnen.
Zu Ihrer eigenen Information und Kontrolle sind in der **Anlage, Arbeitsblatt Nr. 1, FAF,** einige Beispiele möglicherweise angstauslösender Situationen dargestellt. Diese Situationssammlung ist ein wissenschaftlich geprüfter Fragebogen. Beantworten Sie jetzt bitte diesen Fragebogen und errechnen Ihre Punkte, bevor Sie im Text fortfahren.

Der Fragebogen kann zu Ihrer eigenen Kontrolle benutzt werden. Sie finden in Teil II und III eine entsprechende Skala und können Ihre Anfangswerte mit den Endwerten nach Therapieabschluß vergleichen. Am besten händigen Sie alle Fragebögen Ihrem Therapeuten aus, denn auch dieser ist – in Ihrem Interesse – auf eine Kontrolle seiner Arbeit angewiesen.
Die Fragebögen liefern aber auch andere Informationen; durch mathematische Verfahren wurden aus einer Vielzahl von möglichen Angstauslösern diejenigen bestimmt, die am deutlichsten zwischen Menschen mit sozialen Schwierigkeiten und solchen ohne Störungen trennen. Durch Ähnlichkeitszuordnungsverfahren wurden bestimmte angstauslösende Gebiete isoliert, die für eine Reihe von Personen gemeinsame Aspekte zeigen. Lesen Sie sich jetzt bitte die einzelnen Situationen des FAF noch einmal durch.
Überlegen Sie jetzt, bevor Sie weiterlesen, ob die beschriebenen Situationen in irgendeiner Form untereinander ähnlich sind.
Sie haben vermutlich erkannt, daß die Skala Angst vor Mißerfolg, vor Fehlern und Kritik, also einen relativ einheitlichen Bereich sozialer Angst umfaßt. Daher der Name des Fragebogens: »FAF« steht für »Fehlschlagangst-Fragebogen«.

In Situationen mit öffentlicher Beachtung, bei denen zum Beispiel eine bestimmte Leistung erwartet wird, fürchten viele sich zu blamieren, zu versagen oder abgelehnt zu werden. Menschen mit starken Ängsten auf diesem Gebiet werden sich gern drücken, wenn sie vor mehreren Menschen reden sollen und bei nicht vermeidbaren Situationen, wie Prüfungen oder bei der Arbeit, leicht mit Panik oder einer Blockade ihres Leistungsvermögens reagieren.
Die Angst vor öffentlicher Beachtung, Mißerfolg und Kritik ist aber nur ein Bereich sozialer Ängste.
Nehmen Sie jetzt bitte das **Arbeitsblatt Nr. 2, den U-Fragebogen, aus der Anlage** und füllen ihn zunächst zügig aus, bevor Sie hier weiterlesen.

Der U-Fragebogen ist für die Therapiekontrolle durch den Therapeuten gedacht. Seine Auswertung und Interpretation ist etwas schwieriger als die des FAF. Ihr Therapeut wird Ihnen sicher bei Abschluß der Behandlung Ihre Werte mitteilen, wenn Sie ihn darum ersuchen.
Sie sehen, daß hier ein viel breiteres Gebiet sozialer Ängste und Schwierigkeiten angesprochen wird. Neben der Fehlschlagangst finden Sie den Bereich der Befangenheit im sozialen Kontakt, Ängste, welche die Fähigkeit, »Nein« zu sagen, betreffen, Angst vor Ablehnung durch andere, die Fähigkeit, etwas zu fordern, Schuldgefühle und Befürchtungen, die sich auf die sogenannte Wohlerzogenheit oder den Anstand beziehen.
Die durch mathematische Verfahren gefundenen, häufigsten und ähnlichsten angstauslösenden Bereiche wurden Ihnen schon bei der Einführung in das ATP vorgestellt. Es sind:

1. Angst vor öffentlicher Beachtung, Versagen und Mißerfolg,
2. Angst und Befangenheit im emotionalen Kontakt,
3. Angst, Forderungen und Bitten abzuschlagen, Schwierigkeiten beim Ablehnen und »Nein«-Sagen-Können,
4. Angst vor eigenen Ansprüchen oder Schwierigkeiten beim Formulieren und Durchsetzen eigener Ansprüche,
5. Angst vor Verletzungen der Normen und Anstandsregeln.

Sie kennen jetzt schon viele Beispiele von Situationen, die soziale Angst auslösen können. Es wurden auch einige Hauptgebiete dargestellt, in die solche Situationen wegen der Ähnlichkeit, nach der sich die gelernten Ängste zeigen oder ausbreiten, eingeteilt werden können.
Im letzten Fragebogen wurde bewußt nicht Angst, sondern Unsicherheit in sozialen Situationen erfragt. Soziale Ängste sind nur **eine** mögliche Erscheinungsform sozialer Schwierigkeiten und erlebter Unsicherheit. Wir werden später sehen, daß auch mangelnde soziale Fertigkeiten (soziale Defizite) und ein schlechtes Selbstwertgefühl wesentliche Bestandteile sozialer Unsicherheit sind.

2.2.1.2 Angstreaktionen

Als Antwort auf bestimmte Situationen, die Angst auslösen, erleben wir unangenehme Gefühle,
wie leichte Befangenheit, Beklommenheit, Verunsicherung, Hemmung, Schüchternheit, das Gefühl der Bedrohung bis hin zur nackten Panik oder Angststarre,

aber auch spürbare Nervosität, Blockaden, Spannung, Verkrampfung, Zittrigkeit, Unruhe oder körperliche Reaktionen wie Herzklopfen, Schwitzen, Erröten,

und die Folgen dieser Verkrampfung und Unruhe: Atemnot, Enge im Hals, Sprech- und Schreibstörungen, Kopf- und Magenschmerzen, erhöhten Stuhl- oder Harndrang.

Als **Reaktion** bezeichnen wir diese Gefühle und körperlichen Veränderungen, wenn sie **unmittelbar** und **immer wieder in ähnlichen Situationen** oder schon durch die bloße Vorstellung solcher Situationen **in Gedanken** ausgelöst werden. Nur dann ist die Situation ein Auslöser für diese Gefühle, nur dann sind die Gefühle eine Reaktion auf die Auslöser.
Es ist oft gar nicht so leicht, die unangenehmen Gefühle, die erlebte Verunsicherung oder das Unbehagen in sozialen Situationen auf auslösende Situationen zu beziehen.
Wir fühlen uns oft einfach miserabel, gereizt, verstimmt, ver-

ärgert, blockiert, wir haben einfach Kopfschmerzen, Magenverstimmungen, Bluthochdruck, wir sind eben »nervös oder labil«.
Eine der Besonderheiten sozial ängstigender Situationen ist, daß es meist nicht möglich ist, den unangenehmen Zustand durch Flucht und Vermeidung zu beenden.
Wenn das Verhalten meines Partners, der Kinder oder Eltern, meines Chefs oder bestimmter Kollegen solche unangenehmen Gefühle auslöst, bin ich täglich mehrfach meinen Reaktionen ausgesetzt, so daß ich schließlich einen nur noch miesen Dauerzustand verspüre. Ich beziehe dabei die kleinen negativen Reaktionen nicht mehr unmittelbar auf kränkende Worte oder Handlungen. Meine Beschwerden beginnen bereits morgens beim Aufwachen, wobei der Gedanke an die Arbeitssituation als Auslöser oft nicht registriert wird. Unangenehme Gefühle können auch als Ärger, Zorn, ohnmächtige Wut, als Trauer, Verzweiflung, Resignation oder Hilflosigkeit, als Minderwertigkeitsgefühle, Sinn- und Wertlosigkeit, Enttäuschung, Ablehnung, Versagen und Schuldgefühle auftreten.
Solche Gefühle können Ausdruck sozialer Ängste selbst sein, sie können zum anderen als unmittelbare Reaktion auf auslösende Angstgefühle folgen. So befürchtet man etwa, daß in einer bestimmten Situation Angst auftreten und als Zittern, Erröten oder Stottern vom anderen bemerkt werden könnte.

Auf unsere wesentlichsten angstauslösenden Gebiete bezogen, lassen sich die häufigsten Angstreaktionen und vorwegnehmenden Befürchtungen einteilen in:

1. Unmittelbare Reaktion mit Angstgefühlen und körperlichen Reaktionen bei öffentlicher Beachtung und Kritik mit den Befürchtungen, Fehler zu machen, zu versagen oder sich zu blamieren.

2. Befangenheit, Hemmung, Blockaden und körperliche Reaktionen im emotionalen Kontakt, verbunden mit der Befürchtung von Ablehnung, Spott, Mißerfolg und Kränkung.

3. Das Befürchten von Ablehnung und Verlust von Freundschaft beim Nein-Sagen. Dies kann in Konflikt stehen mit dem eige-

nen Ärger über sich selbst, wenn man gegen eigene Wünsche handelt, andererseits aber Schuldgefühle anderen gegenüber hat.

4. Die Befürchtung der Strafe und Ablehnung beim Fordern.
5. Die Befürchtung öffentlicher Mißbilligung und Schuldgefühle über »nicht anständiges« Verhalten beim Abweichen von Normen und »Anstandsregeln«.

2.2.1.3 Die Vermeidung von Angstauslösern

Wir haben soziale Ängste in ihrer Abhängigkeit von auslösenden Situationen oder Gedanken und in ihrer gefühlsmäßigen und körperlichen Erscheinungsweise kennengelernt. Zum Begriff sozialer Angst gehört wie bei allen erlernten Ängsten aber auch die Tendenz, den angsterzeugenden Situationen aus dem Weg zu gehen. Diese Vermeidungstendenz gelingt in zwischenmenschlichen Situationen nur beschränkt und schafft mehr Schwierigkeiten als das Angstgefühl selbst.
Die **Erscheinungsformen von Flucht- und Vermeidungsverhalten** sind vielfältig. Wir können unangenehme Situationen einmal aktiv vermeiden, indem wir »weglaufen«, wir können sie aber auch passiv vermeiden, indem wir uns betäuben oder ähnliches. Im folgenden werden wir sehen, daß Vermeidungsverhalten vielfältig sein kann. Die Tücke des Vermeidungsverhaltens liegt gerade darin, daß wir unsere Vermeidungsreaktionen häufig nicht mehr als solche erkennen.

2.2.1.3.1 Die aktive Vermeidung

► **Unmittelbare Fluchtreaktion in real bedrohlichen Situationen**

Bei dieser Fluchtreaktion in real bedrohlichen Situationen läuft man meist in Panik blindlings vor den Angstauslösern davon. Diese Reaktionsform spielt im normalen sozialen Alltag keine Rolle. Sie ist in Zeiten bewaffneter Auseinandersetzungen oder bei unmittelbar körperlicher Bedrohung eine oft lebenserhaltende Instinkthandlung. Damit verbundene Ängste nennen wir

Realängste, im Gegensatz zu den überflüssigen, unbegründeten phobischen Ängsten.
Die Vermeidungshandlung »unmittelbare Flucht« muß aber durchaus nicht immer zweckmäßig sein. Sie alle kennen Beispiele für die verheerenden Folgen, wenn eine kopflose Menge, etwa im Fußballstadion, in Panik auf die Ausgänge zuflüchtet, sich dabei gegenseitig behindert oder gar niedertrampelt.

▶ Das Abbrechen unangenehmer sozialer Situationen; die Flucht vor Problemen

Das Fluchtverhalten kann bei real bedrohlichen Situationen sinnvoll sein, aber auch hier nicht zwangsläufig. Das Abwägen der Nachteile des Fluchtverhaltens kann durchaus dazu führen, daß ich mich der Gefahr stelle und ihr anderweitig begegne. Dieses kalkulierte Risiko nehmen wir täglich im Straßenverkehr in Kauf – die Nachteile einer Vermeidung, etwa nicht mehr aus dem Haus zu gehen, werden höher eingeschätzt als die statistisch höhere Lebensgefährdung im Straßenverkehr.
Im sozialen Alltag können solche direkten Vermeidungsreaktionen häufig auftreten, so zum Beispiel, wenn sich beim Besuch von Veranstaltungen oder im Café eine attraktive Person zu einem gehemmten Menschen setzt, er angesprochen wird, plötzlich in den Mittelpunkt des Interesses gelangt, ein belastendes Schweigen entsteht, er nicht weiß, wie die Situation zu klären ist oder unangenehme körperliche Reaktionen spürbar werden. Dann zahlt der sozial Ängstliche hastig, verläßt das Lokal, geht mal eben aus dem Raum oder entschuldigt sich damit, daß er noch dringend Arbeiten zu erledigen hat.

▶ Das Vermeiden von Situationen durch Verstecken, Abwenden und Ersatzverhalten

Dort, wo eine räumliche Distanzierung von den angstauslösenden Situationen nicht möglich ist, versucht man oft so zu tun, als wäre man nicht da. Der Schüler oder Seminarteilnehmer rutscht fast unter den Tisch, wenn er Angst hat, etwas öffentlich sagen zu müssen. Wir sind manchmal krampfhaft mit etwas anderem beschäftigt und signalisieren damit, daß wir geistig nicht bei der Sache sind oder nicht gestört werden möchten. Auch das Kramen in der Handtasche, das Zurückgreifen auf hilfreiche Zeitungen im Café oder das Buch bei Reisen, der intensive Blick aus dem Fenster im Zug, das Anzünden einer Zigarette, die Tätigkeit am Buffet während einer Party, das Glas in der Hand halten, all dies kann die Funktion einer »Abwesenheitsanzeige« haben, um ein gefürchtetes Gespräch, einen Blick oder Kontakt zu vermeiden. Die geschäftigen Ersatzaktivitäten können sich so sehr steigern und verselbständigen, daß unangenehme Zwänge auftreten.

2.2.1.3.2 Die Angstreduktion durch passive Vermeidung

► **Betäubungsmittel**

Da die gefürchteten Angstauslöser vielfach aktiv nicht zu umgehen sind, haben sich viele »spannungsreduzierende Angewohnheiten« zugelegt, indem sie Medikamente oder alkoholische Getränke einnehmen oder vermehrt rauchen vor und während dem Zusammensein mit anderen, vor Vorträgen und Prüfungen, beim Ausgehen oder bei der Arbeit. Da alle Vermeidungsstrategien aber die Ursachen der Angst nicht beseitigen, wird diese Krücke selbst bald zum Problem: Abhängigkeit und schwere Gesundheitsschäden können in der Folge auftreten.

► **Gedankliche Abwesenheit und Schweigen**

Die Angst vor Blamage bringt oft Vermeidungsverhalten mit sich, wobei wir gedanklich abwesend sind, dem Gesprächsfluß nicht folgen oder tagträumen. Wer aber aus Angst, etwas Unpassendes oder Falsches zu sagen, ständig Zuflucht zu einem »ich habe gerade nicht aufgepaßt« oder »ich war gerade bei etwas ganz anderem« nimmt, wird sicherlich bald nicht mehr um seine Meinung gefragt werden. Er erreicht gerade das, was er nicht will: er gilt als inkompetent oder als Träumer. Oft erzielt derjenige, der aus Angst, etwas Falsches zu sagen, nie an Gesprächen teilnimmt, denselben Effekt: Er wird für uninteressiert oder gar dumm gehalten.

2.2.1.3.3 *Die vorwegnehmende Vermeidung von unangenehmen Situationen*

Als lernfähige Lebewesen entwickeln wir Strategien, um dem vorzubeugen, daß sich einmal gemachte unangenehme Erfahrungen wiederholen.

Eine Vielzahl unserer Handlungen wird nur ausgeführt, um unlustvollere Erlebnisse zu vermeiden.

– Arbeit hat primär die Funktion der Vermeidung von wirtschaftlicher Not.
– Der Schulbesuch dient oft nur der Vermeidung elterlicher Strafen.
– Die »Selbsterkenntnis« von Unfähigkeit läßt die mühsame oder ängstigende Entwicklung von Fähigkeiten vermeiden.
– Resigniertes Im-Bett-liegen-Bleiben ist oft die Folge sozialer Angst und sozialer Unfähigkeit, hilft aber, die gefürchtete Situation zu umgehen.
– »Die ganz andere Wesensart«, unterschiedliche Interessen, die Abwertung von Mitmenschen und sozialen Kontakten, die Flucht in eine selbstgebastelte Wirklichkeit beugen der Konfrontation mit anderen vor.

All dies kann als **Folge der Vermeidung** sozialer Situationen oder unmittelbar **zum Zweck der Vermeidung** entstanden sein. Wir schlagen eine Einladung nicht mit der Begründung ab, daß uns diese Situation in Gedanken unangenehm ist – weil sie in früheren Erfahrungen mit Gefühlen sozialer Angst und Hemmung verbunden war –, sondern vermeiden, weil wir »etwas anderes vorhaben«, »zu müde sind«, »die Leute blöd finden«, »überhaupt nicht an den Gesprächen interessiert sind«, »selbst kein geselliger Typ sind«, »ganz andere Interessen und Anlagen haben«, »unsere Ruhe wollen« oder »keine Lust haben«.

Die vorbeugende Vermeidung ist die häufigste, nutzloseste und gefährlichste Art sozialer Fehlhaltungen.

▶ Die unangenehmen Gefühle werden nur in Gedanken vorweggenommen. Ich brauche sie in dieser Situation nie erlebt zu haben und fürchte dennoch ihr Auftreten, ich habe unter ganz anderen Umständen früher in ähnlichen Situationen negative Erfahrungen gemacht und lege sie der Situation zur Last, auch wenn die Einschränkung hier völlig sinnlos ist.

- ▶ Das Nichtaufsuchen der Situation bringt keine akute Angstminderung, da die Vorwegnahme der Angst in Gedanken vor sich geht und ich auch weiterhin durch vorausgehende Gedanken Angst bekomme.
- ▶ Die Angst vor der Angst, das Erwarten von Versprechern, Erröten, Zittern, als eigentlich angstauslösende Situation wird damit an harmlose, aber wichtige zwischenmenschliche Kontakte geknüpft.
- ▶ Ich verlerne mit der Zeit soziales Handeln, werde tatsächlich ungeschickt und erfahre als Folge Mißbilligung und Ablehnung.
- ▶ Ich isoliere mich grundlos.
- ▶ Ich werde depressiv und ziehe mich noch mehr zurück.
- ▶ Ich **begründe** meine Dauervermeidung jedoch mit anderen Interessen und Fähigkeiten und sehe die eigentlichen Ursachen meiner Schwierigkeiten nicht mehr.
- ▶ Ich wehre aktiv emotionalen Kontakt ab, verhalte mich kühl und distanziert zu anderen und wundere mich, wenn ich abgelehnt werde oder keine Freunde habe.

Die Vermeidung von sozial schwierigen Situationen schafft bestenfalls unmittelbare Erleichterung, ist aber oftmals auch kurzfristig sinnlos, weil die auslösenden Gedanken weiterbestehen. Sie ist langfristig immer ein Hindernis in der Angstüberwindung.
Das Vermeidungsverhalten ist ein Selbstbetrug, weil es gerade das hervorruft, was umgangen werden soll.
Die Vermeidungsstrategien führen zu mehr und größeren sozialen Problemen als die Angstreaktion selbst. Man leidet nicht mehr an dem ursprünglichen Gefühl der sozialen Angst, sondern an deren Folgen. In einem verhängnisvollen Kreislauf wird die Selbstunsicherheit, Ungeschicklichkeit, Angst und Isolation nun immer größer.

Diese Ausführungen gelten nur im Hinblick auf das Problem, das vermieden wird. Das daraus abgeleitete Vermeidungsverhalten kann in anderen Handlungsbereichen, unter anderen Zielvorstellungen, durchaus positive Folgen haben.
Wenn ich zum Beispiel, um häusliche Konflikte zu vermeiden, abends länger arbeite, kann dies für mein Arbeitsverhalten positive Konsequenzen bringen. Durch meine Überstunden werde ich mehr verdienen und meine Vorgesetzten könnten mich wegen meiner Aufopferung und Zuverlässigkeit loben oder sogar befördern. Meine familiären Probleme blieben aber bestehen. In diesem Fall wäre es für mich sehr schwer zu unterscheiden, welches Verhalten nun als Vermeidung und welches als sinnvolle Aktivität zu sehen ist. Diese Unterscheidung ist abhängig von meinen Zielen und Vorstellungen. Wenn ich nun beide Bereiche – ein angenehmes häusliches Klima und Erfolg im Beruf – als wichtig ansehe, werde ich mich dem Problembereich (in unserem Beispiel meiner Partnerschaft) stellen müssen. Ich werde also einen Kompromiß finden müssen und mein Vermeidungsverhalten bezüglich der Auseinandersetzung mit meinem Partner aufgeben müssen. Wenn ich dies unterlasse, wird der Konflikt weiterbestehen und meine Flucht in die Arbeit könnte sich immer mehr steigern. Schließlich könnte ich durch die Folgen eines solchen Arbeitsexzesses neue Störungen erfahren. Der vermiedene Konflikt hat den »Erfolg« meiner Vermeidungsstrategie zunichte gemacht.

2.2.1.4 Lösungsaufgaben zum Abschnitt »Soziale Ängste«

Bitte lesen Sie die angegebenen Aufgaben und Lösungsbeispiele sorgfältig durch. Kreuzen Sie alle zutreffenden Feststellungen an. Schlagen Sie erst dann die richtigen Antworten nach. Die richtigen Lösungen finden Sie auf Seite 53.
Wiederholen Sie den Abschnitt, falls unzutreffende Angaben angekreuzt wurden.

Nr. 1
Gelernte soziale Ängste oder Sozial-Phobien sind gekennzeichnet durch:
a) Angstauslöser
b) Angstreaktionen
c) Vermeidungsverhalten
d) Selbstabwertung
e) fehlende soziale Fertigkeiten

Nr. 2
a) Freisein von sozialen Ängsten bedeutet automatisch Handeln in Selbstvertrauen und mit sozialer Kompetenz.
b) Soziale Ängste sind nur eine der möglichen Ursachen für selbstunsicheres Verhalten und soziale Schwierigkeiten.

Nr. 3
Die Hauptbedingungen für das Fortbestehen sozialer Ängste sind:
a) daß es zu viele angstauslösende Situationen im zwischenmenschlichen Bereich gibt,
b) daß die gefürchteten oder erlebten Angstreaktionen im Sozialbereich real bedrohlicher Natur sind,
c) daß es nicht gelingt, den angstauslösenden Situationen immer aus dem Weg zu gehen,
d) daß durch Vermeidung niemals eine Korrektur der Befürchtungen oder eine Gewöhnung an die Situation möglich wird.

Nr. 4
Angstauslöser im sozialen Bereich können sein:
a) Blicke, Gesten, Worte und Taten von anderen Menschen, die

unmittelbar meinem Angstgefühl oder der Vermeidung vorausgehen,
b) eigene Gedanken und Handlungen, die unmittelbar meinem Angstgefühl oder der Vermeidung vorausgehen,
c) körperliche Mißempfindungen und unangenehme Gefühle, die unmittelbar meinem Angstgefühl oder der Vermeidung vorausgehen.

Nr. 5

a) Alle unangenehmen Gefühle im Sozialbereich sind Ausdruck sozialer Angst.
b) Wut, Ärger, Traurigkeit und Verzweiflung sind unangenehme Gefühle, die überhaupt nichts mit sozialer Angst zu tun haben.
c) Es gibt außer Angstgefühlen auch andere unangenehme emotionale Äußerungen in schwierigen sozialen Situationen. Häufig bringt ein unangenehmes Gefühl andere mit sich.

Nr. 6

Die Folgen der Vermeidung von sozialen Situationen sind:
a) Man wird seine Angst dadurch los.
b) Man ist sozial viel erfolgreicher, wenn man Schwierigkeiten umgeht.
c) Man kann seine Angst nie verlieren und das Problem nie meistern.
d) Man verlernt soziale Fähigkeiten.
e) Man isoliert sich und erleidet Nachteile im Beruf und bei Freunden.
f) Das Vermeidungsverhalten selbst kann zu gesundheitlichen und seelischen Schäden führen.

Antworten für die Aufgaben zu dem Abschnitt »Soziale Angst«

1. Eine gelernte soziale Angst oder soziale Phobie ist gekennzeichnet durch: Angstauslöser, Angstreaktion und Vermeidungsverhalten.
   Die Antworten a), b) und c) sind richtig.
2. b) ist richtig.
   Soziale Ängste sind nur **eine** der möglichen Ursachen für selbstunsicheres Verhalten und soziale Schwierigkeiten.
3. d) ist richtig.
   Vermeidungsverhalten ist die Hauptbedingung für das Fortbestehen sozialer Ängste.
   c) ist bedingt richtig. Wir haben gesehen, daß Angst in bestimmten Situationen gepaart sein kann mit ungeschicktem Verhalten. Da ich nicht immer solchen kritischen Situationen aus dem Weg gehen kann, kommt es vor, daß ich meine Ungeschicklichkeit als Versagen empfinde. Dies kann meine Angst vor der Situation erhöhen.
   b) ist nicht zutreffend, da die Reaktionen und Situationen überhaupt nicht real bedrohlich sind.
   a) ist bedingt richtig: durch die Ähnlichkeit sozialer Situationen breiten sich soziale Ängste schnell auf viele Gebiete aus.
4. a), b) und c) sind richtig.
   Entscheidend für die Funktion eines Angstauslösers ist nur, daß er unmittelbar dem Angstgefühl oder der Vermeidungsreaktion vorausgeht. Auch ein Gefühl kann über zwischengeschaltete Gedanken zum Auslöser eines Angstgefühles werden (etwa der Gedanke, es schon wieder nicht geschafft zu haben, oder der Ärger über das ängstliche Verhalten).
5. c) ist zutreffend.
   In schwierigen Situationen können je nach Auslöser und Reaktionstyp andere unangenehme Gefühle als Angst auftreten, oft aber mehrere zugleich in Ketten hintereinander (zum Beispiel man wird immer deprimierter). Es kann auch als Folge der Vermeidung und Selbstabwertung Ärger oder Trauer aus Angst entstehen.

6. a) ist unzutreffend.
   Der kurzfristig erleichternde Effekt täuscht über die eigentliche Funktion der Angsterhaltung hinaus. b), c), d), e) und f) sind zutreffend.
   Vermeidung vermindert die momentane Angstreaktion, schafft aber zusätzlich mehr Schwierigkeiten, als es das bloße Angstgefühl erzeugen würde.

2.2.2 Sozial defizitäres Verhalten

Im Unsicherheits-Fragebogen haben Sie schon soziale Situationen kennengelernt, die schwierig zu bewältigen sind, aber andere unangenehme Gefühle als Angst auslösen. Neben gelernten Ängsten sind die fehlenden Fähigkeiten oder Fertigkeiten eine der Hauptursachen für Verunsicherung und fehlende soziale Kompetenz.
Zur erfolgreichen Lösung eines Problems genügt es nicht, angstfrei zu sein; es sind auch Kenntnisse nötig, welche Handlung am zweckmäßigsten ist. Ein Schüler ohne jede Prüfungsangst kann faul sein und kein ausreichendes Wissen haben. Er wird ebenso an der Prüfungssituation scheitern wie der Geniale, der seine guten Kenntnisse wegen großer Angst nicht an den Mann bringen kann. Der kontaktsuchende Jüngling kann sich forsch und direkt an eine Auserwählte wenden – weiß er aber außer seiner Absichtsbekundung wenig zu sagen, so wird er in der Regel ebensowenig ans Ziel seiner Wünsche kommen wie der Kontaktscheue.
Die geselligkeitssuchende Frau kann sich aufraffen und Lokale und Veranstaltungen mit Kontaktmöglichkeiten besuchen – wenn ihr die geltenden Normen und Strategien der Kontaktsuche des dort verkehrenden Publikums fremd sind, wird sie den kürzeren ziehen. Der tüchtigste Schaffer im Betrieb muß nicht der erfolgreichste sein, wenn ihm die Fertigkeit fehlt, seine Leistung auch darzustellen. Der inhaltsreichste Vortrag bleibt unbeachtet, wenn er allzu bescheiden und farblos gehalten wird. Der klügste Kopf wird für dumm gehalten, wenn er seine An-

sichten und Einsichten für sich behält oder ungeschickt vorbringt. Ein Mangel an effektiven oder angemessenen Verhaltensweisen, in der Fachsprache Defizit an sozialen Fertigkeiten genannt, führt zu ähnlichen Folgen wie soziale Ängste.
Eine bestimmte Situation ruft unangenehme Gefühle hervor, weil sie schwierig zu bewältigen ist.
Das ungeschickte oder unzweckmäßige Verhalten kann Ablehnung, Kritik und Mißerfolg erzeugen und mündet oft aus Furcht vor Wiederholung solcher negativer Folgen in soziale Ängste.
Durch Schwierigkeit oder Angst bedingtes Vermeiden der Situation hat dieselben negativen Folgen.
Das soziale Defizit wird durch Mangel an Übung immer mehr anwachsen, Fehler häufen sich, Verunsicherung, Ablehnung durch andere und sich selbst, stellt sich ein.

2.2.2.1 Fehlende verbale, mimisch-gestische und motorische Handlungsfertigkeiten

Die Bewegungen zur Bedienung von Maschinen werden mühsam erlernt, Prüfungen für die Fertigkeit, ein Auto zu lenken, sind allgemein vorgeschrieben, den grammatikalisch richtigen Gebrauch der Sprache lernen wir in der Schule. Die Sprachregelung zur Bewältigung zwischenmenschlicher Probleme jedoch wird zufälligen Lernbedingungen überlassen. Auch der Gesichtsausdruck, das Mienenspiel und die Bewegung der Hände, die Haltung des Körpers bedeuten Mitteilung. Die Annahme, daß soziale Fertigkeiten allein dadurch in ausreichendem Maße erworben werden, indem wir sie mehr oder weniger in sozialen Zufallskontakten erlernen, zeigt sich gerade in der komplizierten Gesellschaft von heute als einer der folgenschwersten Irrtümer. Weil es für so komplizierte Vorgänge wie soziale Interaktionen kein systematisches Lernangebot gibt und auch die besten Verhaltensvorbilder immer nur einen beschränkten Aspekt sozialen Verhaltens vermitteln, zeigt fast jeder Erwachsene in einem oder mehreren Sozialbereichen ein Defizit an sozialem Verhalten.
Da wird mit ernstem Gesicht eine Freundlichkeit gesagt, doch

mit lächelnder Miene ein Tadel ausgeteilt und damit Verwirrung über das Mitgeteilte gestiftet.
Da bleibt eine wichtige Mitteilung unausgesprochen, dort wird die Botschaft stumm in einen vieldeutigen Blick verpackt – nur deshalb, weil auf einzelnen Sektoren des Mitteilungsverhaltens Defizite bestehen. Ein »Nichtlächeln-Können«, »Wortfaulheit«, »Nichtwissen wohin« mit den Händen bei Beachtung, Nichtstreicheln-Können im Intimkontakt, all das kann ein Fehlen von elementaren sozialen Fertigkeiten bedeuten. Dies kann soziale Schwierigkeiten, Unsicherheit und Isolation mitbedingen.

2.2.2.2 *Fehlende Kenntnisse in Problemanalysen und von Konfliktlösungsstrategien*

Diese Therapieform hätte nicht entwickelt zu werden brauchen, wenn die notwendigen Kenntnisse zur Lösung sozialer Schwierigkeiten schon in systematischer Form im Lernstoff der Schulen enthalten wären. Die Bedingungsanalyse von Problemen, die Einübung von Bewältigungsstrategien und Techniken zwischenmenschlicher Kommunikation sollten nicht erst wiederherstellende (therapeutische) Funktion haben. Der angestrebte Ausgleich dieses Defizits an sozialen Fertigkeiten soll die Bewältigung von Problemen, die im sozialen Handeln immer wieder auftauchen werden, ermöglichen. Nicht die Probleme und Schwierigkeiten sind es, die »krank« machen, sondern die fehlenden Lösungsmöglichkeiten. Soziale Fertigkeiten verringern Schwierigkeiten im zwischenmenschlichen Bereich. Auch da, wo soziale Schwierigkeiten ausschließlich durch äußere Umstände bedingt sind, die ich als einzelner nicht ändern kann, helfen soziale Fertigkeiten. Ich kann dadurch Problem- und Bedingungsanalysen anstellen, wobei mir die eigentlichen Störungsursachen besser bewußt werden. Dies wiederum kann zu einer effektiveren Nutzung meiner Aktivitäten führen.

2.2.3 Sozial inadäquates Verhalten

Nicht immer müssen mangelnde soziale Fertigkeiten und erlernte Ängste die sozialen Schwierigkeiten bedingen. Häufig waren die erlernten Fähigkeiten in einer gewohnten Umgebung ausreichend und zweckmäßig. Sie können sich aber bei Wohnungs-, Arbeits- oder Partnerwechsel als unzureichend oder unangemessen erweisen.
Sozial inadäquates Verhalten liegt dann vor, wenn die Strategie zur Lösung eines Problems unzweckmäßig ist, wobei aber verfügbare soziale Fertigkeiten erlernt wurden.

2.2.3.1 Aggressives Verhalten

Aggressives Verhalten bedeutet bei Tieren die durchaus zweckmäßige Abwehr einer Bedrohung:
Aggressivität wird mit Aggressivität beantwortet. Im Bereich des menschlichen Sozialverhaltens stellen echte Bedrohungen, etwa die Ausübung körperlicher Gewalt, nur selten eine sinnvolle Problemlösung dar. Aggressives Verhalten zeigt sich hier vor allem im Ausdruck feindlicher Gefühle, meist versteckt und indirekt als zynisches oder schnippisches Verhalten, in Form von spitzen Bemerkungen, von Vorwürfen und indirekten Beschuldigungen. Von diesem feindlichen Verhalten zu unterscheiden ist der Ausdruck unmittelbar erlebter negativer Gefühle, etwa der Wut, die man »im Bauch« hat, des Zorns, der einen beben läßt, des Ärgers, der einen zerfrißt oder sich »auf den Magen schlägt«, aber auch einfach einer momentanen Gereiztheit, die einen »auf die Palme« bringen kann. Der Ausdruck all dieser negativen Gefühle kann feindliches Verhalten einschließen, wenn er indirekt, meist verspätet und anklagend, vorgebracht wird. Dieses aggressive Verhalten ist zur Lösung sozialer Probleme unzweckmäßig. Wie gesagt: aggressives Verhalten bewirkt aggressives Verhalten. Feindliches Verhalten ist auch deshalb sozial inadäquat, weil der Feind oder die Bedrohung häufig nur vermutet werden, das heißt auf falschen Annahmen beruhen. Dagegen kann der unmittelbare Ausdruck negativer Gefühle ohne Vorwurf

und Anklage dem anderen einen Einstieg zur Klärung und Lösung des Problems liefern. Außerdem werde ich dadurch selbst von unangenehmen Spannungen befreit. Insofern kann **dieser** Ausdruck aggressiver Gefühle sozial adäquates Verhalten darstellen.

Aggressives Verhalten ist die wohl häufigste Form inadäquaten Sozialverhaltens. Es kann entstanden sein durch Nachahmung, etwa bei Erziehungsformen mit körperlicher Strafe und in sozialen Gruppen, wo Gewalt und Brutalität handlungsbestimmend sind. Dort, aber nur dort, kann es auch angemessen zur Lösung von sozialen Spannungen zum Einsatz gelangen.

Aggressives Verhalten kann auch eine unzureichende und mißverstandene Art von Selbstbehauptung darstellen. Es ist oft nur Ausdruck der Abwehr und Vermeidung näherer zwischenmenschlicher Kontakte, oft Auflehnung gegen echte oder vermutete Kontrollen und manchmal gar ein therapeutisch gefördertes Verhalten.

Aggressives Verhalten ist von seinen Folgen her ungeeignet, befriedigende Lösungsmöglichkeiten für zwischenmenschliche Probleme im Alltag zu schaffen. Formen bewaffneter Auseinandersetzung zur Änderung von Besitzverhältnissen bleiben hier außer Betracht.

Dem möglichen kurzfristigen Erfolg steht langfristig die emotionale Ablehnung der anderen und die zunehmende Isolierung gegenüber. Aggressives Verhalten erzeugt außerdem auf Dauer eine verstärkte Gegenkontrolle durch andere und beschränkt damit langfristig auch die eigenen Erfolgsaussichten.

Um zu verstehen, warum es dennoch in einigen Therapieansätzen eine positive Berücksichtigung erhalten hat, etwa in der psychoanalytischen Therapie um die Jahrhundertwende, muß seine entwicklungsgeschichtliche und kulturgeschichtliche Bewertung berücksichtigt werden.

Angriff und Verteidigung sind im Tierreich neben dem Fluchtverhalten durch Vererbung vorprogrammierte, instinktive Bewältigungsmöglichkeiten bedrohlicher Situationen. Die körperlichen Begleiterscheinungen sind in beiden Fällen ähnlich. Durch Erhöhung von Muskelspannung, Pulsfrequenz und Blutdruck, durch Entleerung von Exkrementen und Ablenken der Aufmerksamkeit wird der Körper auf eine kurzfristige Maximalleistung eingestellt. Drohgesten, etwa durch die Vergrößerung des Körperumfanges, durch Sträuben der Haare, begleiten diesen unwillkürlichen Vorgang.

In Resten existiert diese instinktive Reaktionsweise auch noch beim Menschen. Die körperliche Erregung und Anspannung bei Wut und Ärger kann zu sehr unangenehmen Zuständen führen, wenn der Zorn nicht irgendwie abreagiert werden kann. Selbst die Reaktionsweise des Aufrichtens der Haare ist in Form der Gänsehaut noch nachweisbar und schlägt sich in der Redewendung von einer »haarsträubenden« Geschichte nieder.

Diese entwicklungsgeschichtliche und physiologische Funktion aggressiven Verhaltens hat zu Folgerungen geführt, wie:

– weil es sich um eine anlagebedingte Reaktionsmöglichkeit handelt, ist ihre Ausführung auch für Menschen eine natürliche Form der Äußerung,
– daß sich der Stärkere, wie im Tierreich, auch im menschlichen Sozialverhalten durchsetzen wird (weil Aggression »natürlich« ist, ist auch das »Recht des Stärkeren« natürlich),
– und daß ein Aufstauen aggressiver Gefühle wegen der erheblichen Spannung ungut ist und die Aggression also geäußert werden müsse.

Die ersten beiden Folgerungen gelten nur für Gesellschaftsformen, wo die einzige Sprache dle der Colts, dor Fäuste oder einer technisch komplizierteren Gewaltausübung Ist. Sie ist Bestandteil aller faschistischen Ideologien und soll die Ausübung physischer Gewalt gegen innere und äußere Feinde, Zersetzer und »Schwächere« legitimieren. Die Fähigkeit des Menschen, durch Überlegung und sprachliche Verständigung Probleme zu lösen, ist dort unerwünscht.

Die dritte Folgerung hat im Hinblick auf bestimmte bürgerliche Erziehungsformen einige Berechtigung. Tatsächlich wird hier gelegentlich schon das Vorhandensein von aggressiven Gefühlen in den Moralkodex des Schlechten und Verwerflichen eingereiht. Ein braver und guter Junge schlägt sich nicht, ein artiges und folgsames Kind widerspricht weder seinen Eltern noch seinen Lehrern und seinen Vorgesetzten, sonst ist es schlecht, unmoralisch und muß büßen. Hior wird nicht nur das tatsächlich

im Bereich menschlichen Zusammenlebens inadäquate **Ausführen** aggressiver Handlungen, sondern schon **Ärger** – und **Wutgefühle** und alle **sprachlichen Äußerungen** dieser Gefühle, wie Unmutsäußerungen und Schimpfen – unter Strafe (durch Schuldgefühle, daß man so schlecht ist) gestellt. Der luftmachende und spannungsvermindernde Charakter akuten Ausdruckes von Wut und Ärger ist bei dieser Erziehung mit der versuchten Eindämmung gewalttätiger Handlungen auf der Strecke geblieben.
Die psychoanalytische These vom Aggressionsstau und der notwendigen Aggressionsabfuhr hat, in bezug auf ein solches Erziehungsmilieu, gelegentlich seine Berechtigung. Der Kult um die Aggression als solche und das sich auf die (Wieder-)Äußerung aggressiver Gefühle beschränkende therapeutische Vorgehen ist mit dem Aufbau von Handeln in Selbstvertrauen und sozialer Kompetenz jedoch nicht vereinbar. Das spezifische Erziehungsmilieu, auf das sich die Folgerung stützte, existiert heute nur beschränkt. So werden Kinder jetzt eher ermutigt, sich zu verteidigen, ihren Mund aufzumachen oder es dem anderen tüchtig zu geben, wenn dieser andere nicht gerade ein Erzieher ist.

Aggressives Verhalten bleibt gelegentlich auch das Resultat anderer Therapieformen, wenn die Äußerung von aggressiven Gefühlen undifferenziert gefördert wird.

> Aggressives Verhalten selbst ist sozial inadäquates Verhalten, es ist als akuter Ausdruck von Ärger und Wut eine Primitivreaktion, die sprachlosen Tieren behilflich sein kann, bei sprachfähigen und zur Überlegung fähigen Lebewesen aber zur Problemlösung denkbar ungeeignet ist; als langfristiger Verhaltensstil garantiert es eher neue soziale Probleme wie verschärfte Gegenkontrolle, Mißerfolg und Ablehnung durch andere.

Aggressive Gefühle zu haben – ob gegen Partner, Eltern oder Vorgesetzte – ist eine Reaktion, die das Fehlverhalten der anderen widerspiegelt und natürlich und statthaft ist. Aggressive Gefühle zu äußern kann als unmittelbare Spannungsreduktion wichtig sein. Zum Lösen sozialer Probleme muß das **Wie** dieser Äußerung aber gelernt werden. Wie wir gesehen haben, schafft ein undifferenzierter Vorwurf zwar kurzfristig Luft, langfristig aber neue Schwierigkeiten. Direkter Ausdruck des Gefühls ohne Vorwurf schafft kurzfristig ebenfalls Spannungsreduktion und ermöglicht langfristig durch Situationsanalysen eine Klärung des Konfliktes.

Daß angeborene körperliche Ausdrucksformen für aggressive Gefühle bestehen, bedeutet nicht, daß aggressive Gefühle und Handlungen angeboren oder vererbt sind. Aggressive Gefühle sind wie soziale Ängste erlernt und unterliegen ebenso auslösenden Situationen und Gedanken. Sie zeigen, wie soziale Ängste und fehlende Fertigkeiten, die Schwierigkeit an, eine problematische Situation zu lösen.

Durch Handeln in Selbstvertrauen und sozialer Kompetenz erhöht sich einerseits die Fähigkeit zur Konfliktlösung, andererseits werden sich die Anlässe für aggressive Gefühle verringern.

Die beste Möglichkeit, aggressives Verhalten zu reduzieren, ohne dabei aggressive Gefühle zu unterdrücken, ist, selbstsicheres Handeln zu erlernen.

Das Wahrnehmen aggressiver Gefühle wird zum Hinweis für eine notwendige Problemklärung.

2.2.3.2 Ungeschicktes Verhalten

Ungeschicktes Verhalten kann jede Form sozialer Handlungen sein, welche die Wahrscheinlichkeit negativer Konsequenzen auf das Verhalten erhöht.

Ständige Entschuldigungen, linkisches Auftreten, Meinungs- und Entscheidungslosigkeit, vor allem Handlungen am falschen Ort, zur falschen Zeit oder einfach stereotyp, ohne Berücksichtigung der sozialen Situation und der vom Gegenüber gezeigten Verhaltensweise sind hier zu nennen. Der noch so brillante Erzähler löst negative Gefühle aus und wirkt aversiv, wenn er immer nur über sich selbst spricht, nicht zuhören kann, andere unterbricht oder deren Bemerkung nicht aufnimmt. Der selbstbewußt Auftretende erleidet Mißerfolg, wenn er bei einer kritischen Arbeitsplatzsituation überhöhte Forderungen durchsetzen will; der kommunikationsgeschulte Partner scheitert, wenn er

seinen Problemlösungsversuch gerade dann ansetzt, wenn der andere schon übermüdet ist und lieber schlafen will.
Ungeschicktes Verhalten als Ausdruck von fehlender Kompetenz beruht sehr oft auf der falschen Situationsdiagnose, also auf einer mangelnden Schulung in sozialer Wahrnehmung.

2.2.4 Negative Selbstwertgefühle

Zu jedem sozialen Handeln gehört einer, der Verhalten aussendet, und ein anderer oder mehrere andere, die darauf reagieren. Der Austausch von Signalen und Beantwortungen heißt soziale Interaktion. Wir haben bislang die Störung des selbst ausgesendeten Verhaltens durch Angst, Vermeidung, fehlende oder falsch gelernte Verhaltensweisen im Hinblick auf die Reaktion der anderen betrachtet. Alles, was wir tun und nicht tun, unterliegt aber auch unseren **eigenen Bewertungen**: ob wir auf eine Leistung stolz sind, das Verhalten anderer als freundlich oder scheinheilig ansehen, uns einer Sache gewachsen fühlen, was wir für richtig und für gut halten, unser Bündel von gelernten Wertmaßstäben, Normvorstellungen und Einstellungen zu anderen.
Das alles macht auf uns selbst bezogen unser Selbstbild und auf andere bezogen unser Weltbild aus.
Doch unser Wertsystem, das wir für wahr und maßgebend halten, entpuppt sich oft als ein während unserer Lerngeschichte übergestülptes Gehäuse, das jede soziale Weiterentwicklung und sinnvolle soziale Interaktion verhindert.
Es ist oft beklemmend zu sehen, wie selbstunsichere Menschen innerhalb ihres Selbstkonzept-»Kastens« eine Perfektion in Selbstbestrafung entwickelt haben und die so verursachte Zerstörung ihres Selbstwertgefühls und ihrer sozialen Bezüge damit begründen, daß sie solche Reaktionen von den anderen außerhalb des »Kastens« erwarten würden.
Negative Einstellungen zu sich selbst sind ein häufiges Ergebnis sozialer Schwierigkeiten. Angst, Vermeidung, Ungeschick — dies alles führt zur Erwartung von Mißerfolg und Ablehnung, zu ech-

ten Nachteilen in gefühlsmäßiger und materieller Hinsicht. Gehäufte Mißerfolge verunsichern weiter und können schließlich die Erwartung bekräftigen, daß man ja doch zu dumm, häßlich, zu dünn, dick, zu klein, groß sei, um jemals Erfolg, Zuneigung, Liebe und Achtung zu erfahren.
Man fühlt sich minderwertig, verhält sich unsicher, meistert keine Schwierigkeiten, wird tatsächlich abgelehnt oder erleidet den erwarteten Mißerfolg; man bestätigt die negative Ansicht seiner selbst erneut.

▶ Ein negatives Selbstwertkonzept kann die Folge sozialer Unsicherheit sein.

▶ Ein negatives Selbstwertkonzept kann ursprünglich als Erziehungsresultat oder als Fortführung einmaliger Mißerfolge in Form eines »Minderwertigkeitskomplexes« erst recht unsicheres Verhalten und soziale Angst hervorrufen.

▶ Ein negatives Selbstwertkonzept steht in jedem Fall einer Änderung des Verhaltens im Wege.

2.2.4.1 *Die Selbstbestrafung durch Vorwegnahme von Mißerfolg*

Nicht die soziale Umwelt, sondern man selbst sorgt für das ständige Fortbestehen eigener Ängste und fehlender Fertigkeiten. Viele haben gelernt, ihre Wünsche nicht in den Himmel wachsen zu lassen. Fürsorgliche Eltern haben aus Angst, die eigene Enttäuschung nacherleben zu müssen, Mißerfolgen vorgebeugt: »Ärgere dich nicht, wenn es nicht klappt«, »natürlich wäre es schön, wenn du heute eine gute Note schreibst, aber eine ›Fünf‹ bedeutet auch keinen Beinbruch«.
So sind bei manchem von uns Strategien entstanden, vor jeder wichtigen Handlung von vornherein mit dem Schlimmsten zu rechnen. Dies soll Enttäuschungen vermeiden und steigert die Freude, falls es wirklich klappt. Eine solche, sehr sinnvoll anmutende Rechenoperation geht aber nicht immer auf. Das gesteckte Ziel heißt nicht mehr etwa: eine Prüfung mit »gut« zu bestehen, sondern durchfallen zu dürfen und zu wiederholen.

Man rechnet ständig mit der Möglichkeit des Versagens, akzeptiert diese und arbeitet erst gar nicht mehr mit dem Ziel, die Situation zu bewältigen. Schließlich besteht man die Prüfung auch nicht und hat sich in seiner Voraussage bestätigt. Die »so richtige« Voraussage und Erwartung ist durch das Resultat bekräftigt worden. Wir sprechen auch von **sich selbst erfüllenden Prophezeiungen,** weil sie im Kreisschluß zu unseren prophezeiten negativen Resultaten verhelfen und, durch diese Resultate bestätigt, immer häufiger angewandt werden. Der Mißerfolg ist programmiert, das eigene Nichtkönnen wieder einmal bestätigt. Soziale Aktivitäten werden eingestellt, man sitzt mit seinem negativen Selbstkonzept im »Kasten« und hadert mit sich selbst.

2.2.4.2 Die Selbstabwertung durch Herabsetzung eigener Fähigkeiten und Eigenschaften

Selbstunsicherheit resultiert aus der unzureichenden Bewältigung sozialer Probleme und der fehlenden Nutzung zwischenmenschlicher Kontakte.
Selbstunsicherheit als ein vermindertes Zutrauen zu eigenen Fähigkeiten und Eigenschaften bewirkt aber auch wieder eine unzureichende Bewältigung sozialer Probleme. Das Aussenden der notwendigen Verhaltensweisen zur befriedigenden sozialen Interaktion wird unterlassen, selbst wenn Ängste und Defizite im Verhalten überwunden sind.
Ein vermindertes Zutrauen zu sich selbst entsteht häufig durch die Abwertung eigener Fähigkeiten und Eigenschaften – nicht etwa durch andere, sondern viel perfekter durch sich selbst.
Manche bestätigen sich täglich vor dem Spiegel, wie wenig attraktiv sie doch seien. Sie wissen dann ganz sicher, daß niemand sie mag, und leiten daraus die Vermeidung von Kontakten ab. Manche sehen ihre Fertigkeiten nur in bezug zu unerreichbaren Vorbildern, der schöneren, klügeren und tüchtigeren Schwester, dem erfolgreichen Bruder, Freund oder Filmstar.
Nicht genug, daß sie sich selbst und ihre Handlungen in Gedanken ständig abwerten, sie zwingen anderen die Bewertung fast auf:

Gleichsam als Probe aufs Exempel werden selbstabwertende Äußerungen, auch im sozialen Kontakt, gemacht. Man hofft im stillen, der andere wird einem eine so überspitzte Abwertung ausreden und doch noch ein gutes Fleckchen an einem entdecken.
Dieser Versuch, Lob durch Abwertung zu erzielen, ist wie die Vorwegnahme von Mißerfolg als Strategie sozialen Handelns denkbar ungeeignet.
Warum sollten andere nie glauben, was man selbst sagt? Die eventuelle Korrektur allzu düsterer Selbstbewertungen klingt dann leicht nach Trost und Mitleid. Mit der Zeit wird man jedes Lob so verstehen und auch nur noch Zuspruch in dieser Form bekommen – solange weiterhin signalisiert wird: Ich bin ein armes Luder, häßliches Entlein, ein elender Versager. Auch hier liegt also ein Kreisverkehr sozialer Interaktion mit dem Effekt der sich selbst erfüllenden Prophezeiung vor.
Ich verhalte mich so, daß die anderen sich so verhalten müssen, wie ich es eigentlich nicht will, und fühle mich dadurch in meinem Verhalten sogar noch bestätigt.

2.2.4.3 Die Abwehr von Fremdlob

Wer fest glaubt, daß an ihm nichts zu loben ist, weil er nichts von sich hält, wer so »am Boden« ist, daß jedes Lob nur noch Mitleid darstellt, wer so hohe Ansprüche hat, daß er normale Mühen und Tätigkeiten als gering erachtet, wer nur ein fernes Ziel und nicht das entscheidende Hier- und Jetzt-Geleistete sieht, der wird auch dann noch unzufrieden sein, wenn sein Verhalten durch die Rückmeldung von anderen als gut, angenehm, sinnvoll, erfolgreich – also im Hinblick auf die Situation als angemessen – bewertet wird.
Durch das Wertfilter, das er selber ansetzt, beraubt er sich selbst entscheidender Möglichkeiten, sein negatives Selbstwertgefühl zu verändern. Wenn dann noch Selbstabwertung hinzukommt, sind Verunsicherung, Wertlosigkeit und Depression ziemlich sicher zu erwarten.

Andere Ursachen, die zu dieser wichtigen Störung im sozialen Handeln und zur Unsicherheit führen, sind etwa übermäßige Be-

scheidenheit, Angst vor menschlicher Nähe und Verpflichtung, die Peinlichkeit, wenn man nichts zu erwidern weiß, nicht die Fertigkeit besitzt, mit Lob umzugehen. Prompt wird man dem Lobenden widersprechen und feststellen, daß man doch ganz mies und alles nur Zufall sei, eine Selbstverständlichkeit oder aber ein Glücksfall das kompetente Verhalten bedingt habe.
Die Selbstbestrafung in Gedanken, die Vorwegnahme von Mißerfolg, die Abwertung eigenen Verhaltens und die Abwertung von Fremdlob resultieren nicht nur in einem negativen Selbstkonzept und in selbstunsicherem Verhalten, sondern gleichzeitig in Depression.
Das Sozialverhalten wird durch die Folgen dieser Störungen des Selbstvertrauens weitreichend beeinflußt. Wer keine eigenen Quellen von Bekräftigung entwickelt hat und Bekräftigung von außen nicht akzeptiert, verliert mehr und mehr Handlungsmöglichkeiten, weil auch alle restlichen angemessenen Verhaltensweisen ohne positive Folgen bleiben. In seiner Verzweiflung an sich selbst wird er hilflos, schließlich bleibt er auf das Gnadenbrot mitleidiger Beachtung seiner Beschwerden angewiesen.
Er kennt später nur noch dieses »positive« Wertsystem und bleibt gezwungen, sich hilfsbedürftig, das heißt unfähig, leidend, ängstlich, ungeschickt zu verhalten, um überhaupt noch eine Bestätigung seiner selbst zu erhaschen. Umgekehrt wird jeder Versuch, das eigene Fehlverhalten zu ändern, so lange erschwert, wie er an diesen Ersatzwerten festhält. Er muß lernen, Fremdbeachtung für neues Verhalten positiv zu bewerten und dieses Verhalten durch Selbstlob zusätzlich zu bekräftigen.

2.3 Folgeerscheinungen selbstunsicheren Verhaltens

Sie haben jetzt vier grundsätzliche Bereiche sozialer Schwierigkeiten kennengelernt:

das Gebiet sozialer Ängste,
das Gebiet mangelnder sozialer Fertigkeiten,
das Gebiet unzweckmäßigen Sozialverhaltens und
das Gebiet gestörten Selbstwertgefühls.

Für die Erscheinungsweisen von Selbstunsicherheit und die Entstehung von Schwierigkeiten im Zusammenleben mit anderen ist es entscheidend, daß **jede Störung in einem Bereich wieder Störungen auch in anderen Bereichen nach sich zieht.**

- ▶ Unser Handeln bestimmt unsere Einstellungen – und umgekehrt
- ▶ Unser Handeln bestimmt das Verhalten der anderen – und umgekehrt.
- ▶ Unsere Gefühle bestimmen unser Handeln – und umgekehrt
- ▶ Unsere Gefühle bestimmen unsere Gedanken – und umgekehrt.

Weil wir selbst denken, fühlen, handeln und weil wir häufig mit anderen Menschen, die selbst denken, fühlen und handeln, in Interaktion stehen, kann eine einzelne Störung nicht ohne Folgen für das Gesamte bleiben.

Man grübelt zwanghaft über mögliche Fehler.
Man fürchtet Veränderungen und kontrolliert ständig, ob noch alles stimmt.
Man fühlt sich überall unsicher, hilflos und resigniert.
Man zieht sich zurück.
Man vermeidet gerade das, was man tun möchte oder was erwartet wird.

Langsam verlernt man, wie man sich in kritischen Situationen am besten verhält. Auch ohne direkt Angst zu empfinden, kann man sich dann nicht mehr »richtig« verhalten. Dadurch wird man erneut verunsichert und bekommt wieder Angst. Künftig vermeidet man die Situation weiter.

Häufig hat man die richtige Handlungsstrategie überhaupt nicht oder für eine völlig andere Umgebung erlernt.

Ein solches **Defizit an sozialen Fertigkeiten** bewirkt oft negative Reaktionen der anderen. Dies ist unangenehm, verunsichert oder macht Angst. Um diesen Gefühlen zu entgehen, wird man versuchen, Situationen, in denen man sich unfähig fühlt, zu vermeiden. **Vermeidung** aber kann selbst wieder zu Störungen führen, wie wir unter 2.2.1.3 besprochen haben.

Unfähig zu sagen, was sie wirklich wollen, scheinen selbstunsichere Menschen immer gerade das zu erreichen, was sie nicht wollten.

Vermeiden bedeutet oft, daß gerade das eintritt, was umgangen werden sollte.

Man erwartet die Ablehnung, reagiert überempfindlich und gereizt und wird abgelehnt, man erwartet den Mißerfolg und wird nicht anerkannt, oder man zieht eine »Show« ab und wird nicht ernstgenommen. Man schafft da Probleme, wo keine sein müssen, und isoliert sich selbst.

Isolation aber führt häufig zu **Depressionen.**

Die erlebte Unfähigkeit und Hilflosigkeit wird dann oft auf eigenes Versagen zurückgeführt. Man reagiert mit **Selbstabwertungen, Selbstvorwürfen** und **Schuldgefühlen.** Diese Selbstbestrafung verhindert selbstbewußte Reaktionen und läßt die Vermeidung sozialer Aktivitäten fortbestehen.

Einige überspielen die Selbstunsicherheit durch »kühle Distanziertheit«, Arroganz, aggressives Handeln und werden deshalb abgelehnt. Dies kann wiederum zu Unsicherheit, Vermeidung, depressiven oder aggressiven Reaktionen führen. Andere suchen die Ursache der erlebten Ablehnung nur im Verhalten der anderen und werden **übertrieben mißtrauisch** oder feindselig und ziehen sich immer mehr zurück.

Manche sehen ihr Problem nur durch ihren **Partner,** ihre **Eltern, Kinder** oder die **»Gesellschaft«** allein bedingt, ohne den Anteil eigener sozialer Handlungsweise oder Bewertung einzubeziehen.

Andere sind kontaktfreudig und **überangepaßt** und versuchen,

»es jedem recht zu machen«. Sie fühlen sich mißverstanden, nicht anerkannt oder leiden nur an unklaren körperlichen Beschwerden wie Magengeschwüre oder Bluthochdruck.
Wegen ihres »guten« sozialen Verhaltens können sie die Ursache ihrer Schwierigkeiten oft nicht erkennen – und doch liegt auch hier das Problem in sozialen Fehlerwartungen, überhöhten Ansprüchen, inadäquaten Fertigkeiten und Angst. Sie haben etwa Angst, abgelehnt zu werden, stellen eigene Wünsche zurück, sind ausschließlich an der Zuwendung anderer orientiert und versuchen, diese durch ständige Nettigkeit und Fürsorglichkeit zu verpflichten.
Vielfach macht sich ein inadäquates Sozialverhalten erst dann bemerkbar, wenn äußere Veränderungen eintreten, die bewältigt werden sollen. Dies können Umzüge, Arbeitswechsel, Prüfungen oder Veränderungen im Bekannten- oder Familienkreis sein.
Soziale Störungen können in zahllosen Problemen, Beschwerden, Konflikten, Erkrankungen oder einfach in einer Beeinträchtigung unserer Zufriedenheit in Erscheinung treten.
Oftmals liegen die »anstoßenden« Bedingungen für die jetzigen Schwierigkeiten weit zurück oder werden als zu geringfügige Anlässe gar nicht in Betracht gezogen.
Die Probleme werden neu benannt, anders erklärt und mit oft gewaltigen Anstrengungen an Kraft, Zeit und Kosten **erfolglos angegangen.** Auch solche Folgeprozesse können zu neuen Problemen führen.

2.3.1 Die Umbenennung von sozialen Problemen durch die medizinische Krankheitslehre
Soziale Schwierigkeiten und Krankheiten

Die medizinische Wissenschaft baut ihre Krankheitslehre auf einem Modell auf, wonach die nachweisbaren Störungen (etwa ein Hautausschlag oder Eiter in der Lunge) nur ein Symptom einer meist noch verborgenen Ursache sind. Diese Ursache kann etwa ein Trauma (eine Verletzung), ein Krankheitserreger oder eine Erbanlage sein. Die Krankheit selbst ist durch eine Ursache

und deren Folgen (Symptome) bedingt. Kranksein heißt, von einer Durchschnitts- oder Idealnorm (der Gesundheit) in seinen körperlichen, seelischen und geistigen Funktionen abzuweichen. Vor erst 100 Jahren wurde nun das Gebiet seelisch-geistiger Störungen in die Medizin übernommen. Auch hierfür suchte man nach Erbanlagen und unbekannten Erregern. Seit dieser Zeit galt ein von der Norm Abweichender als krank und mußte zum Arzt, wenn er Hilfe wollte. Sigmund Freud, der Begründer der Psychoanalyse und der bis heute vorherrschenden medizinischen Neurosenlehre, hat statt der Erreger und körperlichen Verletzungen andere verborgene Ursachen der Krankheit, die nicht mehr bewußten, frühkindlichen Traumata (seelische Verletzungen) in die Erklärung seelischen Krankseins eingeführt.
Trotz des erheblichen Fortschrittes einer solchen Betrachtungsweise seelisch-geistiger Störungen löst sie das Grundproblem psychischer Krankheiten nicht:
Die wirksamen steuernden Bedingungen werden nämlich gar nicht berücksichtigt.
Das Augenfälligste und Störendste, das Symptom, aktuelle Probleme, Leiden und Schwierigkeiten werden als unwesentlich und lediglich als Hinweis auf eine zugrundeliegende Krankheit betrachtet. Damit wird oft am Eigentlichen vorbeitherapiert. Andererseits beeinflussen rein medikamentöse Behandlungen oft nur die vordergründige Symptomatik, ohne die bedingenden Komponenten des Leidens zu berücksichtigen.
Als »Kranker« bin ich auch nicht mehr für meine »Gesundung« verantwortlich. Ich werde als solcher mit allen Nachteilen im Beruf, der Familie und Öffentlichkeit gemieden oder umsorgt: beide Prozesse fixieren meine Schwierigkeiten und halten mich von einer befriedigenden Umweltbewältigung ab.
Ich werde nur noch in dem beschränkten Erklärungsmodell meiner »Krankheit« angesprochen und behandelt.
Alle meine Schwierigkeiten werden auf diese eine »Krankheit« zurückgeführt, die täglich entstehenden sozialen Probleme einfach als Symptom dieser »Grundkrankheit« vernachlässigt. Bis zur »Entdeckung« der medizinischen Ursache meiner »Krankheit«, die allein zur Behebung der gesamten Schwierigkeiten führen soll, muß dann eine medizinische Dauerbehandlung erfolgen.

Dort aber, wo man die Ursache zu kennen glaubt, soll das, wovon ich nichts weiß, mein »Komplex«, aus meiner Seele »gelüftet« werden. Die Beseitigung der aktuellen Probleme wird eigentlich gar nicht erstrebt. Die Psychoanalyse verwandelt nach ihrem Selbstbekenntnis nur neurotisches Elend in normales menschliches Leid – ein Umbenennungsprozeß, der, gemessen an seiner Leistung, ziemlich kostspielig ist.

Die Übersetzung der aus sozialen Störungen resultierenden Beschwerden in medizinische Diagnosen ist recht vielfältig.
Soziale Angst im engeren Sinne wird als Phobie (ICD-Nr. 300.2) – ICD – International Classification of Diseases der Weltorganisation für Gesundheit (World Health Organization – WHO) – oder Angstneurose (ICD-Nr. 300.0) und eventuell auch nach ihrem körperlichen Niederschlag als Errötungsfurcht (Erythrophobie) oder als vegetative Labilität, psychoreaktive Dystonie und dergleichen klassifiziert.
Selbstunsicherheit mit den meist vorhandenen depressiven Reaktionen wird als neurotische Depression (ICD-Nr. 300.4), seltener als reaktive Depression benannt.
Dort, wo mühsame Vermeidungsstrategien zu abweisendem, überforschem und aggressivem Verhalten führten – etwa weil starke Ängste vor emotionaler Nähe und Ablehnung, vor Verpflichtung und Hingabe oder vor Verlust der Kontrolle bestehen –, würde vielleicht eine aggressive Psychopathie oder auch eine Charakter- oder Kernneurose als Diagnose verhängt. (Zum Begriff der Psychopathie siehe auch im Abschnitt »Methoden der Erziehung« das Kapitel über innen- und außengelenkte Steuerung.)
Im Prinzip kann jede klassisch-medizinische Diagnose im Gebiet seelischer Störungen auch mit dem sozialen Bedingungsmodell erklärt und behandelt werden. Selbst dort, wo der Therapieansatz andere Modelle vertritt, ist die Schulung in Sozialverhalten eine häufig notwendige Ergänzungsbehandlung. Dies gilt besonders für lang dauernde Heim-, Anstalts- oder Krankenhausunterbringung. Die Kenntnis des Stellenwertes einer jeden Therapie, ihrer Reichweite und Probleme erleichtert das Zusammenwirken unterschiedlich geschulter Therapeuten und verringert unlösbare Schwierigkeiten auf seiten des Patienten.

Die vorliegende Therapie ist nachweislich bei den meisten Depressionsformen und Ängsten geeignet, die »Symptomatik« entscheidend zu verringern. Sie ist immer effektiv, wo soziale Schwierigkeiten, inadäquates Verhalten, negative Gefühle im zwischenmenschlichen Bereich und Defizite vorliegen. Soziale Störungen gehen fast immer mit seelischen Störungen einher. Die Verbesserung sozialer Bezüge ist häufig die entscheidende Voraussetzung für das Wirksamwerden anderer therapeutischer Ansätze. Andere therapeutische Ansätze können aber vor dieser Therapie nützliche Ergänzungen darstellen. Die Abklärung durch einen Facharzt und einen klinischen Psychologen sowie eine Therapieabsprache beider sind oftmals nötige Schritte in der Therapievorbereitung.

Besonders dort, wo sich körperliche Niederschläge sozialer Angst zeigen, führt das rein medizinische Modell der (psychosomatischen) Krankheitslehre an naheliegenderen Therapieansätzen vorbei.

Die Verbindung von Angst (die Reaktion) mit dem Gefühl des Beengtseins mit Schluck-, Atem- und Sprechstörungen ist bekannt. Der tatsächliche Angstauslöser wird aber oft gar nicht gesucht.

Auch die Tatsache, daß Worte kränken, krank machen können, ist ebenso weit bekannt. Worte sind oft auslösende Bedingungen und als störend gesendete oder aufgefaßte Signale zu verstehen. Daß man »seinen Ärger herunterschluckt« und einem bestimmte Sachen »auf den Magen schlagen«, ist bekannt – der therapeutische Ansatz aber, die Fähigkeit, etwas zu fordern, abzulehnen und Gefühle direkt zu äußern, heranzubilden, liegt außerhalb der Modellvorstellungen.

Die tägliche Bombardierung mit spannungs- und erregungserzeugenden sozialen Interaktionen, durch gedankliche Auslöser und all ihre Folgen: Spannungskopfschmerz, Herz-Kreislaufbeschwerden, aber auch indirekte Folgen wie vermehrte Harnsäure und Fettstoffe im Blut mit Förderung von Gicht und Gefäßverkalkung, mit Erhöhung des Herzinfarktrisikos und verkürzter Lebensdauer, weiters die inadäquaten und wiederum körperlich gefährdenden passiven Vermeidungsstrategien mit Nikotin-, Alkohol-, Medikamentenmißbrauch, mit Freß- oder Magersucht oder Erbrechen – all das wird selten auf die hier und jetzt

einwirkenden Bedingungen gestörter sozialer Interaktion zurückgeführt. Gut gemeinte Therapieableitungen aus dem medizinischen Modell haben gelegentlich sogar störungsfixierenden Einfluß: Der Patient erhält Zuwendung für das gestörte Verhalten. Dieses wird bekräftigt und somit häufiger gezeigt (und empfunden). Die verordnete Schonung oder Hospitalisierung kann über eine zusätzliche Einschränkung sozialer Bezüge depressive Reaktion noch fördern. Daraufhin wird die Dosierung dämpfender Medikamente weiter erhöht, was die soziale Kontaktfähigkeit noch mehr einschränkt, der Patient etwa überhaupt nicht mehr ausgeht.
Neben den exzessiven unangenehmen Gefühlen als Ausdruck sozialer Schwierigkeiten führen auch Handlungsexzesse und Handlungsdefizite – oft vermittelt durch Fehleinstellungen – zu körperlichen Störungen. Hierbei findet ein sehr kompliziertes Wechselspiel ganz verschiedener sozialer Bedingungen statt. Die Berufstätigkeit mag unter normalen Bedingungen bis zum Rentenalter gerade noch überstanden werden. Für ein Drittel aller Arbeitnehmer ist nicht einmal dies der Fall – so entstehen aufgrund von Arbeitsschäden und -störungen Frührentner.
Jemand, der aufgrund einer gelernten Angst vor Ablehnung durch andere zusätzliche Arbeit nicht ablehnen kann, wird leichter ausgebeutet. Jemand, der Angst vor Kritik und Fehlern hat, wird aus Angst, etwas falsch zu machen, möglicherweise sehr perfekt sein wollen. Je nach Art der Arbeit wird dieser Berufstätige aber – gefördert etwa durch die Verlangsamung seiner Motorik ab dem 40sten Lebensjahr – den Zeitanforderungen nicht mehr gerecht. Jede Erhöhung der Anforderung führt zur Steigerung seiner fehlprogrammierten Anstrengung und dadurch zu einer Steigerung der Störung. Körperliche Schäden, depressive Reaktionen und das tatsächliche Versagen sind die Folgen.
Diesem Wechselspiel von sozialer Struktur und körperlich-seelischen Bedingungen gehen verschiedene spezielle Sparten der Medizin inzwischen nach (Verkehrs-, Arbeits-, Umweltmedizin). Hier bahnt sich eine neue Krankheitsauffassung im Sinne bedingungsanalytischer Modelle, wie sie dieser Therapie zugrunde liegen, bereits an.
Leider ist das vermittelnde Bindeglied, die Medizinsoziologie, oft

noch auf rein beschreibende, statistische, normative und psychoanalytische Störungsmodelle beschränkt.
Wir haben dieses Problem etwas ausführlicher behandelt, weil die Mehrzahl der Ratsuchenden bereits früher in ärztlicher Behandlung stand, zur Zeit dieser Therapievorbereitung noch steht oder auch gerade für diese Therapie in Kliniken mit dem medizinischen Krankheitsmodell weiter konfrontiert ist. Wir haben eingangs empfohlen, sich bei einem klinischen Psychologen oder bei einem Facharzt beraten zu lassen, ob und wie die Therapie für den betreffenden Patienten angezeigt sein kann.
Sie selbst müssen aber wissen, daß es immer mehrere Erklärungsmöglichkeiten einer Störung gibt, die zu ganz unterschiedlichen Gesichtspunkten in der Diagnose und Therapie führen.
Sowohl innerhalb der Medizin als auch unter den klinischen Psychologen gibt es Vertreter unterschiedlicher Krankheitsauffassungen. Eine Diagnose und Therapie kann eine hilfreiche Maßnahme zur Beseitigung Ihrer Probleme sein, sie kann aber auch Erklärungen liefern, die mit anderen Modellen unvereinbar sind. Sie kann damit neue Konflikte erzeugen, auf jeden Fall lenkt sie in eine bestimmte Bahn der Bewältigungsstrategie, die für Sie unter Umständen neue Probleme aufwirft.

2.3.2 Die gesellschaftlichen Normen und Moralvorstellungen Verhaltensstereotype und situative Erfordernisse

Die Kontrolle unseres Verhaltens durch erlernte unangenehme Gefühle ist ziemlich umfassend. Wie Angst, Ärger und depressive Reaktionen — halten uns auch Schuldgefühle von einer befriedigenden Lebensweise ab. Diese »innere Polizei«, unser Gewissen, sagt uns, was »erlaubt« und was »verboten« ist. Die Schuldgefühle bestimmen auch unser Verhalten — durch die damit verbundenen Urteile über das, was richtig, wahr und gut ist und das, was falsch, unmoralisch und schlecht ist. Nun gibt es leider keine Instanz, die kompetent wäre, **die** Wahrheit oder **das** Gute an sich zu kennen.

Allein wir selbst könnten herausfinden, was für uns angenehm, zweckmäßig und erstrebenswert wäre. Wenn wir aber die Zwangsjacke unserer Erziehung über alle situativen Erfordernisse in sozialen Interaktionen hinweg ständig anbehalten, werden wir soziale Probleme eher als Frage von gut und schlecht werten, unser Nichtkönnen als Unwert und das Verhalten der anderen als böse empfinden.

Der stille, bescheidene Kollege kann sich selbst als die Verwirklichung einer moralischen Pflicht empfinden und unzumutbares Ansinnen der anderen geduldig ertragen. Er ersehnt das gute, faire Verhalten der anderen und übersieht, daß er diese geradezu zur Ausnutzung ermuntert. Der aufopferungsvolle Freund kann sein Verhalten als das des idealen Kameraden, der bedingungslos für den anderen dazusein hat, empfinden und wundert sich, wenn er zum Mülleimer für die Probleme anderer wird und immer nur er anderen helfen soll. Den idealen Freund, den er sucht, gibt es nicht, da auch Freunde auf situative Bedingungen reagieren und trotz aller Sympathie eben auch verschiedene Interessen, Wünsche und Meinungen haben.
Der brave ordentliche Sohn, der gelernt hat, seine Pflicht immer ohne Rückfragen zu erfüllen und Anordnungen blindlings zu gehorchen, wird seine Autoritätsangst als Pflichterfüllung bewerten und Änderungen der Situation nicht berücksichtigen. Er wird sich gar nicht wundern, daß immer er es ist, der für andere arbeitet, und niemand ihn nach seiner Meinung fragt, die er ja delegiert hat. Solches starre und den aktuellen Bedingungen gegenüber unflexible Verhalten bezeichnet man als stereotyp. **Stereotype sind immer mit sozialen Schwierigkeiten verbunden, da Problemlösung flexibles Handeln erfordert. Nicht alles, was wir als »gut« erlernt haben, ist zur optimalen Gestaltung des Zusammenlebens mit anderen zweckmäßig.**

2.3.3 Die eigene Neubenennung von sozialen Problemen Positive Umdeutung und fehlende Korrekturmöglichkeiten

Negative Einsichten und die Erkenntnis eigener Schwierigkeiten sind nicht unbedingt angenehm.
Wir sagen lieber, daß wir keine Lust haben, Bekannte zu treffen, als daß wir feststellen: »Der Gedanke, mit so vielen Leuten reden zu müssen, ist mir unangenehm, weil ich befürchte, daß mir nichts einfällt oder ich mich blamieren würde.«
Wir stellen lieber fest, daß die anderen ja doch zu dumm sind, meine klugen Gedanken aufzunehmen, als daß wir sagen, »über meine Gefühle zu reden oder diese zu zeigen ist mir peinlich«.
Wir finden uns lieber zu alt, als daß wir eine Hemmung vor Intimkontakten zugeben.
Die bindungsunfähige Frau bezeichnet sich lieber als Feministin, als ihre Angst vor Selbstaufgabe und neuen Enttäuschungen durch Partner als Ursache ihrer Distanziertheit im emotionalen Kontakt mit Männern zu nennen.
Der nachgiebige Vorgesetzte, der für seine Freundlichkeit geliebt werden will und gleichzeitig doch aversive Kontrolle ausübt, hält sich für zu gutmütig, statt die Unvereinbarkeit seiner Erwartungen einzusehen.
Schließlich kann bei massiven sozialen Störungen die erlebte Andersartigkeit, die ständige Erfolglosigkeit und das selbst verursachte ablehnende Verhalten der anderen Umdeutungen erfahren, die subjektiv angenehmer zu ertragen sind, aber als Benennungsform von anderen nicht mehr verstanden werden.
Statt die Isolation und Ablehnung auf das eigene Vermeiden und angstbedingte Abwehrverhalten zu beziehen, fühle ich mich von Feinden umgeben, die nichts anderes im Sinn haben, als mich zu beobachten oder zu bedrohen.
Diese totale Hilflosigkeit und Ohnmacht kann im Sozialbereich etwa dadurch bedingt sein, daß alles, was immer wir tun – negative oder unvorhersehbare Folgen hat. So kann auch im Extrem eine völlig subjektive Neubenennung des Weltbildes und des Selbstverständnisses entstehen.

Die Rückführung auf die bedingenden sozialen Schwierigkeiten und deren Korrektur wird dadurch naturgemäß erheblich erschwert.

Wir haben jetzt einige Erscheinungsformen von Selbstunsicherheit und sozial unzweckmäßigem Verhalten kennengelernt. Sie haben sich vielleicht von dem einen oder anderen Beispiel besonders angesprochen gefühlt. Vielleicht werden Sie auch fragen: wozu diese Geschichten? Meine Schwierigkeiten kenne ich schon; ich will wissen, was ich lernen muß, um meine Probleme besser zu lösen.
Das, was zu lernen ist, entspricht im wesentlichen den eingangs beschriebenen Erscheinungsformen selbstsicheren Verhaltens. Sie haben gesehen, daß selbstsicheres Verhalten und selbstunsicheres Verhalten inhaltlich nicht einfach das Gegenteil bedeuten.
Wir müssen einerseits unsere blockierenden unangenehmen Gefühle verlernen, andererseits neue Verhaltensstrategien erlernen. Wir müssen aber auch ein gutes Verständnis dafür erlangen, daß die Vielfalt unserer Probleme immer den gleichen Regeln unterliegt. Damit lassen sich unsere Therapieziele gut umschreiben. Sie werden für uns faßbar und erreichbar.
Wir lernen in systematisch aufbauender Weise die Grundregeln zwischenmenschlichen Verhaltens zu beherrschen. Wir werdon sehen, daß wir mit der Anwendung der immer ähnlichen Regeln eine Vielzahl unterschiedlicher Einzelprobleme lösen können. Ein Dauerkampf an der Front tagtäglich neu auftretender problematischer Situationen würde dagegon als therapeutischer Ansatz ins Uferlose führen.

2.4 Lösungsaufgaben zu den Erscheinungsformen selbstunsicheren Verhaltens und seiner Folgen

7. Herr M. hat einem befreundeten Ehepaar am Sonntag beim Umzug geholfen, obwohl er eigentlich etwas anderes vorhatte. Sie bedanken sich freundlich und laden ihn zum Essen ein.
   Obwohl Herr M. Zeit und Lust zum gemeinsamen Essen hätte, sagt er: »Aber ich bitte euch, keine Umstände, war doch selbstverständlich. Nein wirklich, ihr habt noch genug zu tun. Ich störe jetzt nicht länger – auf Wiedersehen.«

   Ordnen Sie die Reaktion von Herrn M. bitte ein und kreuzen Sie die zutreffenden Feststellungen an:
   a) Herr M. zeigt in seiner Reaktion ein rücksichtsvolles, bescheidenes und anständiges Verhalten, dieses ist daher sozial angemessen.
   b) Die Reaktion von Herrn M. ist Ausdruck von Selbstunsicherheit.
   c) In der Reaktion kommt ein negatives Selbstwertkonzept zum Ausdruck.
   d) Die Reaktion enthält sozial defizitäres Verhalten, weil Herr M. etwas sagt, was er gar nicht tun möchte.
   e) Die Reaktion »etwas sagen, was man gar nicht möchte«, kann Ausdruck von Vermeidungsverhalten sein.
   f) Die Erscheinungsform der Äußerungen des Herrn M. kann ein Ausdruck von unzweckmäßigen Normen sein.

8. Fräulein W. fühlt sich ständig unwohl, wenn sie mit ihren Kolleginnen einen privaten Plausch machen muß. Mit der Zeit regt sie schon der Gedanke an die Kaffeepause auf. Sie geht den Gesprächen aus dem Weg und wird von den Kolleginnen nicht sonderlich geliebt. Sie leidet aber unter dieser Ablehnung und möchte eigentlich mehr mit den anderen reden.

Welchen Erscheinungsformen sozialer Schwierigkeiten würden Sie die folgenden Verhaltensweisen von Fräulein W. zuordnen:

8.1 Fräulein W. arbeitet noch einen Teil der Pausenzeit durch, trinkt dann hastig ihren Kaffee, steht wieder auf und sagt, daß sie noch zu arbeiten habe.

8.2 Fräulein W. setzt ein spöttisches Lächeln auf und sagt bissig zu den anderen: »Aha, Thema Nummer eins.« Sie rückt vom Tisch ab und verfolgt schweigend, mit »überlegenem« Lächeln und nervös mit den Beinen wippend, den Kaffeeklatsch der anderen.

8.3 Fräulein W. schreit die anderen wütend an: »Ich will meine Ruhe haben, euer blödes Gequatsche geht mir auf die Nerven; haltet endlich den Mund oder ich beschwere mich beim Chef, daß ihr nichts tut und andere nur von der Arbeit abhaltet.«

Kreuzen Sie die zutreffende Antwort an:
Reaktion 8.1 ist:
a) eine Erscheinungsform sozialer Ängste
b) eine Erscheinungsform fehlender sozialer Fertigkeiten
c) eine inadäquate Lösungsstrategie
d) eine Erscheinungsform negativen Selbstwertkonzepts.

Reaktion 8.2 ist:
a) eine Erscheinungsform sozialer Ängste
b) eine Erscheinungsform fehlender sozialer Fertigkeiten
c) eine inadäquate Lösungsstrategie
d) eine Erscheinungsform negativen Selbstwertkonzepts.

Reaktion 8.3 ist:
a) eine Erscheinungsform sozialer Ängste
b) eine Erscheinungsform fehlender sozialer Fertigkeiten
c) eine inadäquate Lösungsstrategie
d) eine Erscheinungsform negativen Selbstwertkonzepts.

9. Herr E. ist ein anspruchsvoller und intelligenter junger Mann, der gern diskutiert. Er sucht Kontakt, Gedankenaustausch und Verständnis. Er klagt aber darüber, nie einen Gesprächs-

partner zu finden, der die gleichen Interessen hat wie er selbst. Deshalb fühlt er sich isoliert und unverstanden.
Die Bedingungsanalyse seiner Schwierigkeiten zeigt auf, daß Herr E. in allen Gesprächen immer nur über sich redet und gar nicht zuhört, was andere sagen.

In welche der Haupterscheinungsformen sozialer Störungen würden Sie das Gesprächsverhalten von Herrn E. einordnen?
a) Soziale Ängste
b) Soziale Defizite
c) Sozial inadäquates Verhalten
d) Gestörte Selbstwertkonzepte.

Die Lösungen finden Sie auf Seite 81.

Lösung zu Beispiel Nr. 7

b) und c) sind zutreffend, weil die Floskel, wie »keine Ursache«, eine typische Form der Abwehr von Fremdlob darstellt. Dies ist Ausdruck eines negativen Selbstkonzepts und damit von Selbstunsicherheit.
d) ist nicht zutreffend, weil Herr M. durchaus die gelernten Fertigkeiten hätte, ja zu sagen und der Einladung zu folgen.
e) ist zutreffend, weil Herr M. etwas vermeidet, was er eigentlich möchte. Die Situation: Eine Einladung anzunehmen oder gemeinsam essen zu gehen macht ihm Schwierigkeiten. Vielleicht hat er Angst, die anderen zu belästigen.
f) ist zutreffend. Die Situation, daß Herr M. den Bekannten hilft, obwohl er etwas anderes vorhatte, und gleichzeitig vermeidet, von ihnen dafür gelobt und eingeladen zu werden, spricht dafür, daß Herr M. oft und manchmal auch übermäßig bescheiden reagiert. Nicht die Hilfe, sondern die bescheidene Ablehnung des Lobes und der Einladung sind unsicheres Verhalten und können durch falsch verstandene Normen, »daß man immer und überall selbstlos sein müsse«, »nur geben und nicht nehmen dürfe«, bedingt sein.

Lösung zu Beispiel Nr. 8

Reaktion 8.1:

a) ist zutreffend. Die auslösende Situation, Kaffeepause, bereitet unangenehme Gefühle und wird von Fräulein W. vermieden – damit sind die drei Bestimmungselemente sozialer Angst gegeben.
b) und c) und eventuell d) könnten primär der Angst zugrunde liegen; die Angaben reichen aber nicht aus, dies aus dem geschilderten Verhalten zu schließen. Diese Antworten sind also nicht zutreffend, weil nicht eindeutig belegt.

Reaktion 8.2:

c) ist zutreffend.

Fräulein W. zeigt aggressives Verhalten in einer indirekten, gebremsten Form. Das Verhalten ist sozial inadäquat, weil es nichts zur Lösung der Situation beiträgt und auch nicht zur Spannungsreduktion bei Fräulein W. führt. Auch die Zuordnung

a) ist aus den Angaben möglich: Die gelernten unangenehmen Gefühle äußern sich als Aggression, unterliegen aber mit der auslösenden Situation und den Vermeidungsstrategien »mit dem Stuhlabrücken« und »aggressiver Abwehr« den gleichen Bedingungen wie soziale Ängste im engeren Sinne.

Reaktion 8.3:

c) ist zutreffend.

Die offene Aggression ist sicher nicht geeignet, das Problem zu lösen im Hinblick darauf, daß die anderen gern einen Kaffeeklatsch machen und daß Fräulein W. im Grunde ja das Gespräch mit den anderen sucht, aber gelernte negative Gefühle hat. Im Gegenteil, man kann sich vorstellen, was folgt. Fräulein W. wird keinen Erfolg beim Chef haben, wer wird schon während der Pause Gespräche verbieten oder gar wegen der »Empfindlichkeit« einer Person das restliche Personal entlassen; eher wird es die Person selber treffen. Fräulein W. schließt sich nicht nur selbst aus, sie schafft sich auch Feinde, mit denen sie täglich zusammenarbeiten muß und die ihr die Hölle heiß machen können. Wahrscheinlich wird auch sie immer aggressiver reagieren. Nicht nur die Kaffeepause, sondern die ganze Arbeitssituation wird sie als belastend empfinden. Diese Spannungsquellen werden gegenüber der möglichen Erleichterung durch den aggressiven Ausbruch überwiegen. Auch unmittelbare Aggressionsäußerungen sind sozial inadäquates Verhalten, wenn sie – wie hier – als Vorwurf für andere gebraucht werden.

Lösung zu Beispiel Nr. 9

c) ist richtig.

Das Verhalten ist ungeschickt, weil es keine Lösung des Problems aufgrund der fehlenden Situationsdiagnose zuläßt. Wesentliche Hemmungen und primäre Minderwertigkeitsgefühle liegen jedoch nicht vor.

b) ist richtig.

Das Nicht-zuhören-Können und die Unfähigkeit zur Situationsklärung sind gleichzeitig soziale Defizite.

3 Die Entstehung sozialer Schwierigkeiten

3.1 Warum handelt nicht jeder Mensch mit Selbstvertrauen? Die Einwirkungsbereiche sozialer Störungen

Sie werden sich vielleicht schon gefragt haben, warum nicht mehr Menschen selbstsicheres Verhalten zeigen, wenn dadurch so viele Leiden, Probleme und Nachteile verhindert werden können.

Die einfachste Erklärung hierfür liegt wohl in der Besonderheit menschlicher Entwicklung: Wir werden hilflos und ohne jede Fertigkeit in eine sehr komplizierte Sozialstruktur geboren. Sehr lange sind wir auf die Anleitung und Anweisung durch andere angewiesen.

Solcher Führung sind wir durch immer länger werdende Ausbildungs- und Abhängigkeitsverhältnisse auch dann noch unterworfen, wenn wir sie in diesem Übermaß nicht mehr benötigen.

Für denjenigen, der Anweisungen gibt, ist es am einfachsten, wenn diese ohne Überlegung befolgt werden.

Die Strafen, die frühzeitig für Abweichungen von dieser (für die Erzieher bequemen) Methode verhängt werden, kontrollieren uns in Form unangenehmer Gefühle bei eigenständigen Handlungsversuchen später besser, als es durch äußere Aufpasser möglich wäre.

Dieses Patentrezept zur bedingungslosen Anpassung funktioniert aber nicht mehr, wenn selbständige Entscheidungen von uns erwartet werden. Und diese werden in Tausenden von Alltagsproblemen notwendig.

Statt der Fähigkeit zur Anpassung, die als Voraussetzung menschlichen Zusammenlebens eine Maxime sozialen Handelns darstellt, haben wir schematische Anpassung erlernt. An was, an wen und warum wird nicht mehr gefragt. Die schematische Anpassung schließt selbstsicheres Verhalten aus. Zur Lösung von allgegenwärtigen Schwierigkeiten im Bereich sozialer Interaktionen verfügen wir über keine Fertigkeiten. Die erlaubten und erlernten menschlichen Reaktionsformen werden auf »Gehorchen« oder »Befehlen«, auf »Unterordnen« oder »Anordnen«

reduziert. Damit wird die mögliche Vielfalt menschlichen Verhaltens wieder auf »tierische Instinktreaktionen«, wie Flucht und Unterwerfung oder Angriff und Drohung, eingeschränkt. Dies kann der Komplexität menschlicher Sozialstrukturen nicht gerecht werden. Die Reaktionen auf diese, für schematisch angepaßte Menschen nicht lösbaren Probleme sind Ängste, Aggressionen und Depressionen. Der Preis dieser Erziehungsschablone ist eben eine Fülle ungelöster sozialer Schwierigkeiten, die zur Verunsicherung, zu Konflikten, Leiden und einer Fülle von Krankheiten führen.

Sind es also wieder »die bösen Erzieher« und »die Gesellschaft«, die allein Schuld tragen? Und können wir uns mit dieser Erklärung und dem Beklagen unseres miesen Schicksals begnügen?

Wir haben schon gesagt, daß die Bedingungen für die Entstehung unserer Schwierigkeiten zum Teil weiter fortbestehen und ihren Einfluß heute noch haben. Es ist deswegen notwendig, sie im Detail zu erfassen.

Wir werden sehen, daß die Wirkungsprinzipien unserer Erziehung die gleichen sind, die auch unser heutiges Verhalten gestalten und bedingen. Die gleichen Wirkungsprinzipien, angewandt auf andere Bedingungen, ermöglichen eine Änderung unseres heutigen Verhaltens und seiner steuernden Bedingungen. Die Kenntnis dieser Zusammenhänge ist notwendig, um die störenden Folgen zu erkennen, zu ändern und selber die Wiederholung sozialer Fehler zu vermeiden.

Die Kenntnis des »Schuldigen« allein erlaubt nur selten die Lösung von Problemen. Sie ist dann sogar **entbehrlich,** wenn der seinerzeit »Schuldige« weder in der Realität täglicher Kontakte noch in der Realität meiner Gedanken fortbesteht.

Jedoch ist die Kenntnis des »Schuldigen« dann **unumgänglich**, wenn die für meine Schwierigkeiten bedingende Konstellation tatsächlich außerhalb meiner individuellen Änderungsmöglichkeiten liegt.

Dies **kann** durch die materiellen Verhältnisse, meine Wohn- und Arbeitssituation, durch die Art meiner Partner, Eltern oder Kinder, meine besondere gesellschaftliche Situation, durch eigene körperliche Handikaps angeborener oder später erlitte-

ner Art oder meine besondere körperliche Ausstattung bedingt sein.
All diese realen Belastungen können nämlich fortbestehen, auch wenn ich das eigene Verhalten und damit das der anderen ändere. Ihre negative Auswirkung auf mein Lebensgefühl kann aber fast immer wesentlich gemindert werden. Oftmals erlauben veränderte Fertigkeiten und Einstellungen auch die Veränderung der belastenden Umstände selbst. Nur in seltenen Fällen ist die Funktion dieser realen Belastungen derart, daß sie ausschließlich für meine Schwierigkeiten verantwortlich sind, durch meine veränderten Handlungs- und Denkweisen gänzlich unbeeinflußbar sind oder mit den mir zur Verfügung stehenden sozialen Handlungsmöglichkeiten nicht ausgeschaltet werden könnten. Nur dann aber ist die Folgerung, daß ich nicht auch mich, sondern die verantwortlichen Gesellschaftsbedingungen allein ändern muß, zwangsläufig.
Der bereits Gestörte wird in der Regel wenig Fertigkeiten und Änderungswillen für solche »Selbstbefreiungsversuche« haben. Das Erlernen sozial kompetenten Handelns ist hierfür Voraussetzung.
Die Fertigkeit zur sozialen Diagnose, die Feststellung der tatsächlichen Störungsquellen und ihrer Funktion im Bedingungsgefüge meiner Schwierigkeiten schärft mein Änderungsbewußtsein. Änderungsbewußtsein heißt hier Therapiemotivation. Dies von Resignation und übermäßiger Hemmung befreite Handlungspotential ist sinnvoll nutzbar.

Die Entstehung sozialer Schwierigkeiten kann in die Einflußgebiete **Lerngeschichte** und **soziale Gegebenheiten** aufgeteilt werden.

Als **Lerngeschichte** des einzelnen wollen wir alle Einflüsse bezeichnen, die **vor** dem aktuellen, hier und jetzt gezeigten Verhalten liegen, also die Ausstattung mit Reaktionsmöglichkeiten und Verhaltensdispositionen.
Zur Lerngeschichte gehören damit auch:
Genetisch und biologisch fundierte Verhaltensdefizite oder Verhaltensdispositionen. Zur Lerngeschichte des einzelnen gehört

weiterhin die **Erziehung.** Als Erziehung wollen wir den Abschnitt der Lerngeschichte bezeichnen, der ohne jede Wahlmöglichkeit, in unserer primären Abhängigkeit von unseren Ernährern in mehr oder weniger systematischer Form an uns herangetragen wurde.

Die Lerngeschichte des einzelnen beinhaltet aber auch die Gesamtheit an späteren Erfahrungen, Formungen und Veränderungen, die ständig, auch nach der sogenannten Gründung einer selbständigen Existenz, auf das Verhalten einwirken und neue Dispositionen für das aktuelle Tun und Denken schaffen. Wir wollen diesen Abschnitt der Entstehung sozialer Schwierigkeiten als **Lernmilieu** von den durch **hier und jetzt** wirksam werdenden **situativen Gegebenheiten** des tatsächlich gezeigten, aktuellen **Verhaltens** abgrenzen.

3.2 Die Lerngeschichte des einzelnen

3.2.1 Angeborenes versus erziehungsbedingtes Sozialverhalten
Die biologischen Grundlagen des Lernens

Jedes Verhalten hat eine biologische Entsprechung. Unsere Gefühle und Handlungen sind mit begleitenden Stoffwechselprozessen verbunden, unsere Gedanken mit elektro-physiologischen Veränderungen, unsere Bedürfnisse mit zum Teil körperlichen Mangelzuständen oder Hormonausschüttungen. Die körperlichen Funktionen können für uns wahrnehmbare Signale sein, selbst als Reaktion auftreten (etwa zu erröten) und sind dann Bestandteil unseres steuerbaren Verhaltens.

Als nicht wahrgenommene Begleiterscheinungen oder Zwischenglieder von Reaktionsketten, als gefühlsauslösende oder steuernde Bedingung unseres beobachtbaren Verhaltens können sie auf soziale Probleme einen erschwerenden Einfluß nehmen, weil sie sich der Bedingungsanalyse entziehen.

Das tatsächliche Verhalten mit seinen Einflüssen auf den Interaktionspartner und der mitsteuernden Rückmeldung ist in seiner Erscheinungsweise durch Körperfunktionen mitbestimmt. Das Hungergefühl ist Ausdruck körperlicher Veränderungen – diese bestimmen aber weniger die Art, den Zeitpunkt und den Ort des Essens, als es meine Eßgewohnheiten und die sozialen äußeren Bedingungen tun (Geld, Lokale, Tischzeit und andere). Das Bedürfnis nach sexueller Aktivität kann durch fehlende Hormonausschüttung verringert werden oder mal ganz zum Erliegen kommen, durch erhöhten Hormonspiegel häufiger und intensiver auftreten. Das Sexualverhalten, Art, Zeitpunkt, Ort oder Partnerwahl, jedoch wird durch erlernte Muster und situative Bedingungen weit mehr beeinflußt. Panische Zustände und Angstgefühle können gelegentlich durch vermehrte Ausschüttung allgemein aktivierender Hormone entstehen, die Angstdeutung, die einschränkende Vermeidung als soziale Schwierigkeit bedingendes Verhalten – ist gelernt und beeinflußbar.

Es ist möglich, daß bei wiederkehrenden depressiven Verstimmungen längerer Dauer ebenfalls der Körper mit Stoffwechselverschiebungen und periodisch wirksamen Gegenregulationen einen anstoßenden und modifizierenden Effekt auf das Verhalten hat. Die Fülle der Probleme bei tiefster Verzweiflung entsteht aber in dem Bedingungsgefüge von situativen äußeren Gegebenheiten und eigenem Verhalten.

Die Tatsache biologischer Entsprechungen des Verhaltens sagt noch nichts über die Wertigkeit der verschiedenen Ebenen des äußeren und inneren Verhaltens, das sich etwa in physiologischen Prozessen zeigt, aus.

Das biologische Geschehen kann aber in Form von überschüssigen oder defizitären Erscheinungen das äußere Verhalten begünstigen und modifizieren. Das äußere Verhalten kann jedoch ebenfalls, etwa durch Exzesse oder Defizite, das innere biologische Geschehen modifizieren und dort wiederum Störungen hervorrufen.

Das äußere Verhalten kann durch biologisch wirksame medizinische Eingriffe (etwa medikamentös oder chirurgisch) nur in **einer** seiner Bedingungen modifiziert werden.

Bestimmte Erregungsprozesse können medikamentös ausgelöst werden, die in gleicher Weise wie bei gelernten Ängsten ablaufen. Um diese aber als Angstgefühle zu erleben, muß eine Lernerfahrung und die Situation, in der ich erregt werde – der Bedingungsvorgang –, den Begriff »Angst« kennen und beisteuern. Ich kann medikamentös den Sexualtrieb, wenn er nur hormonell gestört ist, erhöhen, aber keine adäquate Funktion des sexuellen Verhaltens erzeugen, wenn dieses durch Lernbedingungen gestört ist.

Ich kann mich medikamentös beruhigen, meine Erregung reduzieren, und durch diese Wegnahme **einer Bedingungsgröße** phobischen Verhaltens mein Verhalten modifizieren, die sozialen Probleme und meine gelernten Vermeidungsstrategien aber unterliegen noch weiteren Bedingungen und bleiben erhalten.

Spannungsreduzierende, aktivitätsfördernde, antidepressive Medikamente können durchaus hilfreich sein, wenn sie gezielt zur Modifikation einer Einflußgröße meines sozialgesteuerten Ver-

haltens eingesetzt werden. Ich kann aber nicht gelernte Ängste oder Depressionen mit ihren Veränderungen im gegenwärtigen Verhalten und den äußeren verhaltenssteuernden Bedingungen durch diese Maßnahme allein beseitigen.
Die biologischen Grundlagen des Lernens in der Form von begleitenden inneren Reaktionen sind also lediglich ein Teil unseres Verhaltens mit recht beschränkter Einflußnahme auf soziale Schwierigkeiten und die Art unseres Verhaltens.
Nun gibt es aber doch angeborene Unterschiede zwischen den Menschen und sogar Merkmale, die sich von Generation zu Generation oder gar über verschiedene Arten von Lebewesen nachweisen lassen. Regelrecht vererbt, das heißt, mit nachweisbarem Erbgang und nachweislich ohne Lerneinflüsse sind nur sehr wenige Merkmale des Menschen, zu denen etwa die Augenfarbe gehört.
Erbeinflüssen unterliegt etwa die körperliche und intellektuelle Grundausrüstung. Normabweichungen in der Körpergröße, dem Aussehen, der geistigen und körperlichen Leistungsfähigkeit haben teils wegen erschwerter Lernbedingungen, teils wegen der Stigmatisierung oder Hinweiszeichen für das Verhalten der anderen (der kleinste wird leichter verhauen, aber auch der Größte kann zum Objekt ständiger Hänseleien werden) einen mitbestimmenden Einfluß auf das Sozialverhalten.
Dieser Einfluß ist aber meist nur indirekt – er fördert, bremst oder lenkt bestimmte soziale Interaktionen, die auf andere Hinweiszeichen einen ähnlichen Verlauf hätten nehmen können und in ihren Resultaten durch Umlernen veränderlich sind.
Und das soziale Verhalten selbst? Zeigen nicht schon viele höhere Tiere ausgeprägte soziale Ordnungen? Das ist richtig. Aber alle Lebewesen sind lernfähig. Die wichtigsten Lernprinzipien wurden zuerst an Tieren untersucht. Warum sollten unter vergleichbaren Lernbedingungen nicht die gleichen Reaktionen ablaufen?
Die gefesselte Ratte bekommt Magengeschwüre, der sozial isolierte Affe wird depressiv, verhält sich abweisend und stirbt sogar, wenn diese Einflüsse in einer wichtigen Entwicklungsperiode konsequent erfolgen.
Ein Hund, der unter Lernbedingungen steht, die ihm keine systematische Konsequenz auf sein Verhalten liefern, sondern

mal Bestrafung, mal Belohnung für das gleiche Verhalten erfährt, oder der in Situationen kommt, in denen sich die gelernten Auslöser für gegensätzliche Verhaltensweisen nicht unterscheidbar ähneln, wird merkwürdig, er reagiert wie »neurotisch« und wirkt hilflos.

Im menschlichen Sozialverhalten tauchen angeborene Reaktionen noch in Resten als Reaktionsbereitschaft, als Körpersprache oder angeborene Hinweisreize für andere sowie als symbolische Verhaltensweisen auf.

Das »Sich-größer-Machen« als Einschüchterungsgeste, der erhöhte Sitz des Chefs und die gepolsterten Schultern bei Uniformträgern können als symbolische Entsprechungen des tierischen Drohverhaltens, das als Rest eines »Instinkts« noch im Sträuben der Haare (Gänsehaut) beim Menschen vorkommt, angesehen werden. Auch Redewendungen, daß sich jemand aufbläht oder aufplustert, können so erklärt werden. Das »Sich-Ducken« als Reaktionsbereitschaft bei Gefahr kommt als Rest eines Unterwerfungsverhaltens im »Duckmäuser« zur symbolischen Darstellung. Das Wort Unterordnung, Unterwerfung und die früher vor Herrschern noch übliche oder bei religiösen Zeremonien zu beobachtende Geste des Niederfallens mag entsprechende Wurzeln haben.

Auch der sogenannte »Mutterinstinkt«, der etwa säugende Tiere dazu veranlaßt, sogar artfremde Tiere mit auslösendem »Kindchenschema« zur Aufzucht anzunehmen, ist keine hinreichende Erklärung für die Erblichkeit des Fürsorgeverhaltens beim Menschen. Ein weitverbreiteter Auslöser, ein Signalbündel, das Hilfs- und Zuwendungsverhalten herausfordern kann, bedingt hier das Verhalten.

Der »Selbstbehauptungsinstinkt«, mit dem Flucht oder Angriff der Tiere erklärt wird, sagt wenig über Strategien der Selbstbehauptung beim Menschen aus, höchstens daß auch Menschen auf Bedrohung reagieren.

Der »Fortpflanzungsinstinkt« erklärt sicherlich nicht das menschliche Intimverhalten, aber er sagt etwas über typische Verhaltensanstöße. Der »Territorialinstinkt« erklärt keine Kriege oder persönliche Distanzierung, wohl aber gibt es typische Auslöser von sozialem Distanzverhalten.

Die sogenannten Instinkte sind beim Menschen nur noch in

Resten nachweisbare, anlagebedingte oder sehr früh erworbene Reaktionsformen. Als Programmierung seines Sozialverhaltens treten sie nicht nennenswert in Erscheinung.
Die relative Bevorzugung bestimmter Auslöser und manche unwillkürlich ablaufenden körperlichen Reaktionen können einer so frühen Programmierung entsprechen.
Angeborene oder früh erworbene Reaktionen stellen also gelegentlich Verhaltensdispositionen dar, die in umschriebenen Situationen ein Verhalten wahrscheinlicher werden lassen als ein anderes. Als leicht verfügbares Bündel von Zeichen, Hinweisen oder Signalen für andere gehen sie in die soziale Interaktion ein. Die Verhaltensweisen selbst sind jedoch nie starr und festgelegt, sondern durch Lernen beeinflußt und damit änderbar. Deshalb kann die Rolle der Vererbung und anlagebedingter Reaktionen für eine Veränderungsstrategie (Therapie) vernachlässigt werden.
Bezogen auf die tatsächliche Erscheinungsform sozialer Interaktion können wir auch sagen, daß **Verhalten immer umweltgeformt, also gelernt ist und somit auch wieder umgeformt und verlernt werden kann.**

3.2.2 Die Erziehung des einzelnen als Grundlage seiner Verhaltensmöglichkeiten

Die meisten unserer Gefühle, Gedanken und Handlungen werden von früh auf erlernt. Dies geschieht etwa durch Anerkennung und Belohnung, durch Vorbilder oder Strafe. Wenn etwas, das wir getan haben, eine positive Beachtung oder andere angenehme Konsequenzen (Zuneigung, Beachtung, Geschenke, Vergünstigungen, Geld) mit sich bringt, werden wir diese Handlungen eher wiederholen, als wenn die Konsequenzen Kritik, Schläge, Arrest, das Vorenthalten von Vergünstigungen, Zorn, Mißbilligung, Verachtung, Ablehnung oder Nichtbeachtung sind. In diesem Fall können eigene Ansprüche angstbesetzt werden.
Später lernen wir vielleicht, solchen Situationen aus dem Wege zu gehen. Wir vermeiden, in Versuchung zu kommen, etwas für uns zu wünschen, weil wir unangenehme Folgen fürchten.

Solange Sie aber einer Situation aus dem Wege gehen, haben Sie gar keine Chance, Ihre früher gemachte unangenehme Erfahrung wieder zu korrigieren und damit zu lernen, daß Sie auch eigene Ansprüche haben können und dürfen.
Eine andere Einschränkung durch Strafe besteht darin, daß man sich die frühere Begründung für die Strafe automatisch zu eigen macht. Man wird daher, ohne darüber nachzudenken, das ganze Leben lang selbst glauben, dies und jenes dürfe man nicht tun, es sei nicht gut, ehrlich, tugendhaft oder tapfer. Vielfach wird man dann einfach leugnen, insgeheim eigene Ansprüche zu haben; man wird auch dazu neigen, anderen zu verbieten, solche eigenen Ansprüche zu äußern. Solche Selbstverleugnung und andere starren Ansichten gelingen aber nur unvollkommen und haben viele Nachteile. Soziale Ängste, unzweckmäßiges soziales Handeln und negative Selbstbewertung können etwa durch folgende Erziehungseinflüsse entstanden sein:
Wenn Kinder vorwiegend dazu erzogen werden, daß sie ihre eigenen Bedürfnisse und Wünsche unterdrücken, um sich den Wünschen anderer zu fügen, dann entstehen **überangepaßte Menschen, die ihre eigenen Ansprüche nicht mehr kennen.**
Wenn dieser Anpassungsprozeß jedoch ganz unterlassen wird oder durch übertriebene Nachgiebigkeit ausgeklammert wird, entstehen Menschen, die **noch nicht wissen, wie sie sich auf bestimmte Ansprüche anderer** einstellen.
Eine Störung kann auch dann entstehen, wenn die Ansprüche des einzelnen mal gefördert, mal bestraft werden. Auf diese Weise wachsen Menschen heran, die **Angst vor ihren Ansprüchen** haben. Sie fühlen sich **hilflos, da sie nicht entscheiden können,** ob ihre Wünsche sinnvoll sind und welches Verhalten zweckmäßig sein könnte.
Die Ursachen für ein unzweckmäßiges, angstbesetztes oder gänzlich fehlendes soziales Verhalten können in den **Methoden,** den **Zielen** und den **äußeren Bedingungen der Erziehung** liegen.

3.2.2.1 *Die Methoden der Erziehung*

3.2.2.1.1 *Das Lernen am Modell und das Erziehungsmilieu*

Verhaltensforscher und Lerntheoretiker haben wiederholt bestätigt, daß ein sehr großer Bereich von Verhaltensweisen durch Nachahmung erlernt wird. Bereits bei den ersten Worten, die wir lernen, folgen wir Modellen: jemand spricht uns etwas vor, und wir ahmen dies nach. Sprechen lernen ohne Modelle wäre gar nicht denkbar. Wir lernen aber nicht nur einzelne Worte zu stammeln, sondern Redewendungen und ganze Gesprächsstrategien, etwa schlagfertig zu reagieren und uns zweckmäßig oder verständlich auszudrücken. Mit den Worten übernehmen wir die Benennung für unsere Gefühle und mit dem Inhalt der Sprache unsere Wertvorstellungen.
Wenn wir in unserer Erziehung vorwiegend mit unpersönlichen, gefühlskalten oder gehemmten »Modellen« zu tun hatten, so konnten wir Verhaltensweisen, wie Zärtlichkeit zu zeigen, Zuneigung zu äußern oder überhaupt Gefühle auszudrücken, niemals nachahmen. Wir konnten sie daher auch selbst nicht erwerben und zum Ausdruck bringen.

Mangelnde soziale Fähigkeiten, eine beschränkte Sicht der Dinge oder eine unzweckmäßige Haltung anderen gegenüber können einfach dadurch entstanden sein, daß im Erziehungsmilieu zu wenig Anregungen zum Modellernen oder inadäquate Modelle vorhanden waren.
Dies kann etwa der Fall sein, wenn sich das häusliche Milieu von dem jetzigen Arbeitsmilieu und Freundeskreis stark unterscheidet. So können Frauen, die sich heute im Berufsleben behaupten müssen, immer noch mit den Schwierigkeiten kämpfen, die auf der Nachahmung eines stets »bescheidenen«, nachgiebigen und stillen Verhaltens ihrer Mutter beruhen. Das Modell wurde in einer Situation nachgeahmt, wo die Rolle der Frau als »Heimchen am Herd«, als Erzieherin vieler Kinder und als Dienerin des Ehemanns definiert war und bekräftigt wurde. Dies bedeutet, daß ich für mein jetziges Milieu zu wenig oder unzweckmäßiges Verhalten gelernt habe.
Besonders häufig führt Heimerziehung zu diesem negativen Er-

gebnis, weil sich entsprechende Bedingungen im späteren Leben kaum wiederfinden. So gibt es eine Vielzahl von Menschen, die wegen ihrer Heimerziehung in jeder anderen sozialen Situation scheitern und sich dann »freiwillig« wieder in ein sozial beschränktes Milieu begeben (etwa in kirchlichen oder militärischen Organisationen arbeiten).

Andere soziale Störungen entstehen dann, wenn unsere Modelle selbst problematisches Verhalten gezeigt haben. So wird oft das aggressive Verhalten von Kindern lediglich durch die Nachahmung von Film- und Fernsehmodellen, von Eltern, Geschwistern und Freunden verursacht. Die sozial-ängstlichen, hilflosen oder depressiven »Familien« sind eher ein Beleg für die Wirkung des Modellernens als für »gemeinsame Erbanlagen«. Dabei können die Störungen der Familienmitglieder ganz unterschiedlich in Erscheinung treten und doch auf der Nachahmung ein und desselben Modellverhaltens beruhen.

So kann sich ein Familienvater als Versager fühlen und an einer sehr starken Angst vor Blamage oder Fehlern leiden. Allen notwendigen Entscheidungen geht er aus dem Weg und äußert ständig, daß er doch keine Chance habe, seine Aufgabe doch nicht schaffen werde, daß er sich schon wieder furchtbar bloßgestellt habe und die anderen über ihn schlecht reden würden. Seine Kinder könnten diese Redewendungen und damit auch die begleitenden Gefühle wie Angst und vermindertes Zutrauen einfach übernehmen. Diese soziale Angst kann sich bei den Kindern auch als Stottern, Depression, Lern- und Leistungsstörung äußern.

Auch wenn in einer Familie auf den ersten Blick ganz unterschiedliche Störungen gehäuft auftreten, soll man die Ursache nicht gleich in einer gemeinsamen »schlechten Erbanlage« suchen, viel häufiger sind daran gemeinsame schlechte Lernbedingungen schuld.

Wenn in einer so engen Gemeinschaft wie der Familie auch nur ein Mitglied gehäuft Fehlverhalten zeigt, kann die Interaktion zwischen sämtlichen anderen Mitgliedern gestört werden. Das Fehlverhalten des einzelnen ist für alle anderen eine Quelle von Auslösern und Konsequenzen problematischen Verhaltens. Es bewirkt gemeinsame negative Lernbedingungen ebenso wie äußere Verhältnisse, etwa das »Ansehen« der Familie, die wirtschaftliche Situation, die Wohnverhältnisse, der Wohnort oder der soziale Status.

Nachgeahmtes Fehlverhalten schafft also wieder negative Lernbedingungen. Negative Lernbedingungen schaffen Fehlverhalten. Sie sehen, daß hier eine verhängnisvolle Zuspitzung von problemerzeugenden Lernbedingungen das Erziehungsmilieu und die Chance, angemessene Verhaltensweisen durch ein Modell zu lernen, gründlich zerstören kann.

Nun wird bei aller Nachahmungsbereitschaft nicht jede Verhaltensweise und jedes Modell automatisch übernommen. Als sinnvolle Regulation des Lernprinzips der Nachahmung kommt die Steuerung durch die erwarteten Konsequenzen hinzu. Mit der Zeit übernehmen wir nur noch Verhaltensweisen, die bei einem Modell oder bei uns selber Erfolg hatten. Manchmal übertragen wir die Erfolgserwartung auf den Status des Modells: ein Erfolgreicher, Einflußreicher, Intelligenter wird schon wissen, wann er etwas tut, eine uns sympathisch erscheinende Person wird es sicherlich gut meinen. Wir richten uns oft in unserem Nachahmungsverhalten nach zum Teil ungeprüften Vermutungen und können uns dabei natürlich gründlich irren. Es hat sich gezeigt, daß wir Personen, denen wir eine positive Bedeutung beimessen (Zuneigung, Anerkennung, Bewunderung), bevorzugt zum Modell nehmen.

In der Erziehung wird die Möglichkeit, nach Modellen zu lernen, oft eingeschränkt. Erinnern wir uns: wie oft wurde da nicht entschieden, daß dieser Freund oder jener Schulkamerad, daß bestimmte Nachbarskinder nicht der richtige Umgang für uns waren. Unsere Erzieher haben dann den vermutet schlechten Einfluß einfach »verboten« oder durch Abwertung des Betreffenden eingeschränkt. Das gleiche galt für Fernseh- und Filmsendungen, die »noch nichts für uns waren« – die mögliche Nachahmung der Modelle sollte damit verhindert werden. Die Gründe für diese Beschränkung unseres Umganges, unserer Kontakt- und Lernmöglichkeiten brauchten durchaus nicht immer zweckmäßig und in unserem Interesse gewesen zu sein. So könnte unser bester Freund vielleicht einmal etwas gestohlen haben, das heißt, er hat unter ganz bestimmten Bedingungen ein negatives Verhalten gezeigt. Dies bedeutet aber nicht, daß er nun damit insgesamt

einen negativen Einfluß auf uns ausgeübt hat. Es kann aber sein, daß unsere Erzieher, erschrocken über das Stehlen, uns den Kontakt zum Freund gänzlich verboten haben. Die Einschränkung dieses sozialen Bezuges kann uns unrecht vorgekommen sein; die negativen Folgen des »Modellverbotes« waren dann stärker als die erhofften positiven. Wir kamen zum Beispiel mit »schlechten Angewohnheiten« aus einem Ferienlager oder von einer Klassenfahrt zurück. Die situativen Bedingungen, unter denen wir uns das nicht gewünschte Verhalten angeeignet hatten, waren vorüber. Die positiven Konsequenzen, etwa in der Menge mit Prahlen oder Rüpeleien aufzufallen, existierten nur dort. Die Erziehungsmethode: Einschränkung des Umgangs und künftige Verbote solcher Reisen konnten das erlernte Verhalten wahrscheinlich nicht beseitigen, sie beraubten uns aber sonstiger wichtiger Lernmöglichkeiten.
Oftmals erfolgt die Umgangsbeschränkung nur aus der Furcht der Erzieher, daß wir Ansprüche und Bewertungen lernen, die mit den eigenen Erziehungsmöglichkeiten in Konflikt kommen könnten. Hier wird unter Benützung einer Norm, nach dem Motto »Schuster bleib bei deinen Leisten«, eine Modelleinschränkung verursacht, die den Kindern vorbeugend Unlust vermeiden helfen soll (»was ich nicht weiß, macht mich nicht heiß«) und den Eltern Konflikte mit kindlichen Ansprüchen erspart. Auch diese Restriktion kann unzweckmäßig sein, weil eine Konfrontation mit anderen Normen und Lebensformen in dieser Gesellschaft nicht zu vermeiden ist. Das Vorenthalten von notwendigen Lernerfahrungen mit Verhaltensweisen außerhalb des häuslichen Milieus kann später als Defizit an sozialen Fertigkeiten schwerwiegende Probleme hervorrufen.
Auch gutgemeinte Nutzungsversuche des Modellernens können ungewollt Fehlverhalten programmieren. Um die Kinder nicht zu belasten, werden Schwierigkeiten und Probleme der Eltern oft in Anwesenheit der Kinder geleugnet. So kann eine unrealistische Idealvorstellung vom Erwachsensein gefördert werden.
Ein gutes Modell für viele kindlichen Verhaltensweisen zu liefern überfordert jedoch oft die sozialen Fertigkeiten vieler Erzieher, die es ja auch nie systematisch gelernt haben. Ein ideales Modell für alle kindlichen Verhaltensweisen können einzelne Erzieher gar nicht liefern. Auch wenn sie noch soviel Zeit

und Fertigkeiten hätten, etwa »Eisenbahn« oder »Indianer« zu spielen, die situativen Bedingungen, die für bestimmte altersgebundene Verhaltensweisen maßgebend sind, lassen sich nicht von Erwachsenen nachstellen. Dies ist das Problem der Einzelkinder, die nur mit Modellen, die alles können und wissen, was die Kinder nicht können und wissen, zu tun haben. Der Erwachsene zeigt dem Kind ein Verhalten, das immer erfolgreich ist und bekräftigt nur dessen Nachahmung.
Wegen des Mangels an altersgemäßen Modellen können sie mit Ansprüchen anderer oftmals nicht adäquat umgehen. Das Gegenstück zur Modellauswahl durch Beschränkung des Umgangs könnte die aktive Förderung positiv bewerteter Kontakte sein. Dies erfolgt aber oft in völlig ungeeigneter Weise: als Vorwurf oder Zwangsmaßnahme.
Sie können sich sicher noch Ihrer Gefühle erinnern, wenn Ihnen gesagt wurde: »Nimm dir doch mal endlich ein Beispiel an dem!« Aufgezwungene Modelle sind meist ungeliebte, oft abgelehnte Vorbilder.

Das Modellernen selbst hat für die Entstehung sozialer Störungen und das Erwerben sozialer Fertigkeiten vor allem folgende Bedeutung:

- Durch Nachahmung können auf direktem Wege ganze Verhaltensstrategien und soziale Fertigkeiten erlernt werden.

- Das Nachahmen von Modellen wird durch das Lernen am Erfolg auf natürliche Weise reguliert.

- Das Nachahmen zweckmäßiger Verhaltensweisen und geeigneter Modelle kann eine große Hilfe beim Neulernen sozialen Verhaltens sein.

- Fehlende soziale Fähigkeiten können durch fehlende Modellvorgabe in der Erziehung bedingt sein.

- Störendes soziales Verhalten kann durch unzweckmäßiges Modellverhalten im Erziehungsmilieu bedingt sein.

- Erzieherische Eingriffe in den Prozeß der Nachahmung von Modellverhalten sind oft restriktiv.

- Die Beschränkung des Umgangs als Ausschaltungsversuch von Modellen beruht oftmals auf falschen Erwartungen und Situationsdeutungen.
- Eine Umgangsbeschränkung kann verminderten Kontakt sowie verminderte Umgangs- und altersgemäße Auseinandersetzungsmöglichkeiten zur Folge haben.
- Sie kann eine milieuspezifische Isolierung und damit ein relatives Defizit an Fertigkeiten für andere soziale Bedingungen schaffen.
- Erwachsene können dem Kind nicht all jene Verhaltensweisen vermitteln, die es lernen muß.
- Die Aufforderung zur Nachahmung guter Beispiele ist meist eine indirekte Form von Kritik und Bestrafung und erreicht manchmal das Gegenteil des Gewünschten.
- Probleme und Fehlverhalten der Erwachsenen bestimmen stets auch ihr Modellverhalten.

3.2.2.1.2 Das Erlernen von Verhalten durch positive Konsequenzen

Das wichtigste Lernprinzip überhaupt spielt in der Erziehung vor allem dadurch eine Rolle, daß es zu selten, zu inkonsequent und meist völlig ineffektiv eingesetzt wird. Wissenschaftliche Untersuchungen haben gezeigt, daß **Verhaltensweisen erworben und beibehalten werden, wenn die unmittelbar nachfolgende Konsequenz positiv ist.** Zudem wird ihre Häufigkeit und Intensität gesteigert. Wir haben schon gesehen, daß dies auch beim Modellernen eine wesentliche Rolle spielt.
Positive Konsequenzen können zum einen darin bestehen, daß ich für meine Handlungsweise gelobt werde, Zuwendung, Anerkennung, ein Geschenk oder Taschengeld bekomme. Zum anderen wirkt auch die Beendigung von unangenehmen Zuständen positiv, zum Beispiel wenn ich verspreche, mich zu fügen, hören die Schläge, das Schimpfen, die mißbilligenden Blicke und der Stubenarrest auf.

Wir wollen uns dieses wichtige Lernprinzip an einem Beispiel verdeutlichen.
Der kleine Peter, ein Einzelkind, ist daran gewöhnt, mit Erwachsenen zu spielen. Er muß nun alleine spielen, da seine Mutter etwas nähen will. Peter will aber mit seiner Mutter spielen. Er weint und bittet die Mutter darum. Die Mutter lehnt ab und sagt, daß sie nähen will. Nun wird Peter wütend, stampft mit dem Fuß auf und schreit noch lauter. Die Mutter kann diesen Lärm nicht mehr ertragen, legt ihr Nähzeug beiseite und spielt mit ihm. Peter ist sofort ruhig und zufrieden: er fühlt sich wohl.
Am Abend soll Peter alleine schlafen gehen, da seine Eltern Besuch haben. Peter will das nicht und bettelt, noch etwas aufbleiben zu dürfen. Die Mutter meint aber, daß er nun schon länger als gewöhnlich auf war und schlafen gehen soll. Wieder wird Peter wütend, schreit, stampft, schlägt um sich. Erneut gibt die Mutter nach und sagt, daß er noch eine halbe Stunde aufbleiben darf.
Die Erzählung kann jetzt immer so weitergehen. Sie wissen sicherlich, was passieren wird: jedesmal, wenn Peters Wunsch nicht erfüllt wird, bekommt er einen Wutausbruch. Was ist vor sich gegangen?
Peter hat gelernt, daß sein »Wutausbruch-Verhalten« **verstärkt** (bekräftigt, belohnt) worden ist. Jedesmal, wenn er dieses Verhalten zeigt, ist die **Folge hierauf positiv** (die Mutter wendet sich ihm zu, er darf beispielsweise aufbleiben). Ein Verhalten, das verstärkt wird, wird **immer häufiger auftreten.** In unserem Beispiel bedeutet das, daß Peter immer häufiger Wutausbrüche zeigen wird.

Verstärkung in einer sozialen Interaktion ist aber wechselseitig. So ist in unserem Beispiel nicht nur der kleine Peter verstärkt worden, sondern auch seine Mutter – der Lärm, der Wutausbruch ihres Sohnes, das Schreien und Stampfen sind für Peters Mutter sehr unangenehm. Peters Mutter hat nun gelernt, daß jedesmal, wenn sie nachgibt, ihr Sohn das friedlichste und ruhigste Kind der Welt ist. Nachdem Peter aufgehört hat zu schreien, wird das Verhalten, das die Mutter zu diesem Zeitpunkt zeigt, nämlich nachzugeben, durch **sofortiges Aufhören eines** für

sie **unangenehmen Zustandes verstärkt oder bekräftigt.** Die Spirale wird also immer weitergehen – Peter schreit, die Mutter gibt nach. **Unmittelbar** sind beide zufrieden: der Sohn, weil er Zuwendung bekommt, die Mutter, weil sie wieder Ruhe hat.
Langfristig aber fühlen sich beide gestört: der Sohn kann nicht immer nur schreien, um Zuwendung zu bekommen. Seine Mutter fühlt sich durch das immer häufigere Schreien terrorisiert und ärgert sich über ihr ständiges Nachgeben. Sie wird auch in anderen Situationen auf aggressives Verhalten hilflos und nachgiebig reagieren und schließlich vielleicht mehr oder weniger zufällig, wenn das Maß voll ist, Strafen verteilen. Das Maß ist oft erst dann voll, wenn der Ärger der Mutter durch ihr eigenes Fehlverhalten immer mehr anwächst. Die folgende Strafe kann dann unverhältnismäßig hoch sein oder sie erfolgt im Wechsel mit Nachgeben, was Peter wiederum sehr verunsichert.

Dieses Beispiel zeigt an einfachen Reaktionsfolgen, wie das Lernen durch positive Konsequenzen unsere Verhaltensformung beeinflußt: die positive Konsequenz, die unmittelbar auf das Schreien folgt, ist für Peter Zuwendung und für die Mutter Ruhe.

Peters Schreiverhalten wird durch die

- **nachfolgende Erfahrung von etwas Positivem bekräftigt: er lernt am Erfolg.**

Das Nachgeben der Mutter hat als unmittelbare Konsequenz die Beendigung der unangenehmen Belästigung. Die Beendigung dieser Störung ist für sie angenehm und stellt ebenfalls eine positive Konsequenz dar.

- Die Nachgiebigkeit der Mutter wird durch das **Beendigen eines unangenehmen Verhaltens des Handlungspartners bekräftigt.**

In der Fachsprache werden diese beiden Arten von unmittelbar nachfolgenden Konsequenzen als **positive und negative Bekräftigung** unterschieden.
Bei der positiven Bekräftigung wird dem Verhalten etwas Angenehmes, Positives hinzugefügt (hier die Zuwendung), **bei der negativen Bekräftigung wird ein unangenehmer oder negativer Zustand** (hier das Stampfen und Schreien) **weggenommen.**

Beide Konsequenzen sind durch die Steigerung des unmittelbar vorhergehenden Verhaltens gekennzeichnet und werden deshalb Verstärker oder Bekräftiger genannt.
Die Bezeichnung ›negative Verstärkung‹ darf nicht mit ›negativer Konsequenz‹ verwechselt werden. Das erste steigert, das zweite vermindert die Auftretenswahrscheinlichkeit von Verhalten.

Die **gleiche Verhaltensweise** – das Nachgeben der Mutter – hat gleichzeitig **zwei verschiedene Konsequenzen**:
Eine für denjenigen, für den es getan wird, und eine für denjenigen, der es tut.

▶ In der sozialen Interaktion wirkt eine Verhaltensweise vielschichtig: sie beeinflußt das eigene Verhalten und das des Partners.

Das Verhalten des Partners wiederum beeinflußt das eigene Verhalten, weil es eine unmittelbar nachfolgende Konsequenz unseres Verhaltens darstellt und umgekehrt.
Schreien und Nachgiebigkeit oder Zuwendung in unserem Beispiel bekräftigen sich gegenseitig.

▶ Die Wirkung des unmittelbar gezeigten Verhaltens kann langfristig das Gegenteil eines Erziehungsziels herbeiführen.
Das Kind ist unmittelbar ruhig, schreit aber in Zukunft häufiger.

▶ Da jedes Verhalten Konsequenzen hat – andere reagieren auch auf mein »Nichtverhalten« – und jede Konsequenz Verhalten rückwirkend beeinflußt, »erzieht« in einer sozialen Beziehung jeder jeden. Auch Peter erzieht und beeinflußt seine Mutter.

▶ Das Lernen am Erfolg kann nachweislich zum Aufbau jeder Fertigkeit führen, wenn es unter Berücksichtigung der wissenschaftlich überprüften Wirkungsprinzipien systematisch eingesetzt wird.

▶ Das Lernen durch positive Konsequenzen stellt sich in der Erziehung meist nur als Nebenprodukt anderer Methoden der Beeinflussung dar.
Wir erwarben zwar nach diesem Prinzip die Vielzahl unserer

Fertigkeiten, Wertungen und Gefühle, aber nur selten in Form einer bewußten und konsequenten Einwirkung. Peters Mutter **würde sicher anders handeln, wüßte sie nur wie.**

► Die unsystematische und zu seltene Anwendung der Lerngesetze und eine oftmals gegen sie verstoßende »Erziehungsmethode« sind eine der Hauptursachen für spätere soziale Schwierigkeiten, für unnötiges Leiden der Kinder und für eine unzureichende Entfaltung ihrer Möglichkeiten.
Zwar weiß jeder aus eigener Erfahrung, daß Lob anspornt und Tadel entmutigt – dennoch werden wir ganz vorwiegend durch das Zufügen negativer Konsequenzen erzogen.

Wie kann es geschehen, daß das wichtigste Lernprinzip zum unwichtigsten in der Erziehungsmethodik und »Pädagogik« gemacht wird und umgekehrt,
die unzweckmäßigste Lernmethode, nämlich die durch Strafe, zum wichtigsten Erziehungsprinzip?
Hier spielt neben Unwissen die fatale Einstellung zum Anpassungszwang eine Rolle. Im Vordergrund steht nämlich mehr das Abgewöhnen oder Unterdrücken von abweichendem Verhalten als der Aufbau befriedigenden Sozialverhaltens.
Wir werden die Prinzipien und Möglichkeiten des Lernens durch positive Konsequenzen noch genauer kennenlernen.
Einige Grundregeln – und gleichzeitige Erziehungsfehler – wollen wir aber schon hier festhalten:
Verstärkung muß sofort und nach einer Äußerung, einem Gedanken, einem Gefühl oder einer Handlung auftreten, um das vorhergehende Verhalten bekräftigen zu können. In zahlreichen Experimenten haben Verhaltensforscher herausgefunden, daß Verstärkung nur dann das Erlernen eines Verhaltens fördert, wenn sie diesem Verhalten **unmittelbar nachfolgt.** Wenn eine Belohnung zu lange auf sich warten läßt, bleibt der Lerneffekt für das gewünschte Ziel aus.
Natürlich ist jede Anerkennung, Zuwendung und Belohnung für die meisten als Bestätigung ihrer selbst positiv und wichtig. Was aber an Gedanken, Gefühlen und Handlungen bestätigt wird, wenn positive Konsequenzen willkürlich, ohne zeitlichen und sinnvollen Zusammenhang gegeben werden, bleibt außerhalb des erzieherischen Einflusses.

Menschen denken und ordnen Verhalten der anderen in ihre Erwartungen ein. Sie modifizieren den beabsichtigten Verstärkungsprozeß sehr oft, weil sie die Bewertung und den Zusammenhang einer positiv gemeinten Konsequenz mit der Zeit selbst bestimmen. Dabei entstehen viele Mißverständnisse. Bei der Erziehung und überhaupt beim Neulernen sollte deshalb das Lernziel, die zu fördernde Verhaltensweise, immer ganz klar sein; die positive Konsequenz sollte möglichst oft, unmittelbar nach oder während des Auftretens einer erwünschten Verhaltensweise erfolgen. Auch inhaltlich sollte durch Hervorheben der Zielverhaltensweise ein Zusammenhang zwischen gezeigtem Verhalten und der Belohnung hergestellt werden.
Dies ist zunächst sicher sehr schwierig.
Betrachten wir nochmals ein Beispiel: Ein Kind, das bei schwierigen Worten stottert, soll richtig sprechen lernen. Sie wissen jetzt bereits, was hier zu tun wäre: jedesmal, wenn das Kind ein schwieriges Wort richtig spricht, soll es dafür bekräftigt werden (Zuwendung, Lob oder etwas Taschengeld bekommen). Diese Verstärkung soll jedoch **sofort** stattfinden und nicht erst später. So nützt es überhaupt nichts, wenn die Mutter abends zu dem Kind sagt: »Heute nachmittag, um viertel vor zwei, hast du ein schwieriges Wort ohne zu stottern ausgeprochen. Das fand ich prima, du bist ein guter Junge.«
Die positive Konsequenz erfolgt verspätet. Es könnte sein, daß das Kind gerade unmittelbar vorher wieder gestottert hat, dann wäre das Verhalten »Stottern« und nicht das fehlerfreie Sprechen vom Nachmittag bekräftigt worden. Das Stottern würde häufiger, die Erziehungsmethode hätte das Gegenteil des Bezweckten bewirkt.

▶ Ein anderer häufiger Erziehungsfehler liegt darin, daß die belohnende Konsequenz dem zu fördernden Verhalten nicht nachfolgt, sondern vorausgeht: auch dann hat sie keine bekräftigende Wirkung für das Zielverhalten; dann etwa, wenn das Kind, schon **bevor** es Ausspracheübungen macht, belohnt wird. Unter dem Aspekt, daß man etwas als Entgelt für eine bereits erhaltene Belohnung leisten muß, wird viel am Lernprinzip der Verstärkung gesündigt.
Kinder dürfen länger aufbleiben, wenn sie versprechen, am näch-

sten Tag pünktlich zur Schule zu gehen. Sie dürfen fernsehen, wenn sie danach die Hausaufgaben machen.

Diese »Belohner« bewirken überhaupt keine Verstärkung des gewünschten Verhaltens, »pünktlich zur Schule zu gehen oder Hausaufgaben zu machen«.

Belohnung bekräftigt nur das Verhalten, das unmittelbar vorher gezeigt wurde.

Das unmittelbar vorher gezeigte Verhalten jedoch war nicht eine Tat (Schulaufgaben gemacht zu haben), sondern ein Versprechen, ein guter Vorsatz (hinterher Schulaufgaben zu machen).

Gute Vorsätze werden also bekräftigt, nicht die Taten.

Wir wissen alle, wo das hinführt.

► Ein weiterer Fehler ist es, zu selten zu belohnen: wenn das Kind bis Weihnachten richtig sprechen kann, bekommt es die gewünschte Eisenbahn. Bis dahin jedoch wird es lediglich darauf hingewiesen, daß es das Zielverhalten immer noch nicht zeigt, es wird also getadelt.

► Oft passiert es auch, daß die vermeintlich positiven Konsequenzen überhaupt nicht bekräftigend wirken – weil sie nicht belohnen.

Manche Erzieher kleiden ihre Anerkennung in Ermahnungen nach dem Motto: »Ich fand das Sprechen schon ganz gut, du könntest aber mit etwas Fleiß noch besser sein, wenn du nur willst, . . ., das ist gut, aber . . .«

Das als Ansporn gemeinte Lob enthält die negative Konsequenz: Kritik an mangelndem Fleiß. Es ist weder etwas Positives noch eine Bekräftigung für das gute Sprechen. Es kann bestenfalls die Gedankenverbindung bekräftigen: »Wenn ich noch besser werde, bekomme ich Anerkennung.« Bekräftigt wird also die Einstellung »Ehrgeiz«.

Das könnte – gerade beim Stottern – zu noch mehr Verkrampfung und nachteilige Effekte auf das Zielverhalten – gutes Sprechen – führen.

► Ein weiterer oft übersehener Fehler besteht darin, daß der Erzieher bestimmt, welche Art von Belohnung das Kind als positiv empfindet.

Dabei können echte Bedürfnisse und Wünsche des Kindes übersehen und statt dessen das Kind nicht interessierende Belohnungen vergeben werden.
Die wichtigste Belohnung für das Kind könnte das Fußballspielen mit anderen Kindern sein. Es wird lediglich damit belohnt, daß es mit den Eltern den Zoo besuchen darf – der ihm vielleicht ganz gleichgültig ist.
Das Kind sehnt sich danach, mal mit dem Vater basteln zu dürfen, bekommt aber als »Belohner« eine Eisenbahn zum Alleinspielen. Es möchte sehnlichst einen Goldhamster haben, bekommt aber eine Gitarre, auf der es dann auch noch üben muß.

► Eine Belohnung ist um so positiver, je stärker das Bedürfnis danach ist. Gaben, mit denen das Kind übersättigt ist, haben ihren Belohnungswert verloren.

Diese Beispiele zeigen, wie das Lernen durch positive Konsequenzen in der Erziehungsmethode vernachlässigt und falsch eingesetzt werden kann. Der Mangel an Lob kann ein negatives Selbstwertgefühl herbeiführen, die falsche Anwendung der Bekräftigung zu Lerndefiziten, zu Verkümmerungen im Gefühlsbereich und zu eingeschränkten sozialen Fähigkeiten führen.

► Die inkonsequente Anwendung der Lernprinzipien, die bei der oft zufälligen Verwendung in der Erziehung die Regel ist, kann schließlich dazu führen, daß gleichzeitig Belohnung und Strafe einem Verhalten nachfolgt, oder mal das eine, mal das andere einander ohne jede Regel sich abwechselt.
Das kann zu einer völligen Hilflosigkeit führen. Die Situation läßt keinen Rückschluß auf eine erfolgreiche Bewältigungsstrategie zu: ich erwarte sowohl negative als auch positive Folgen und gerate in einen Konflikt. Ich vermeide jegliche Reaktion. Ich werde also entscheidungs- und handlungsunfähig.

Fassen wir noch einmal zusammen:

► Nicht alles positiv Gemeinte wird positiv empfunden. Die Bedürfnisse und Bewertungen können bei verschiedenen Interaktionspartnern unterschiedlich sein.

► Nicht alles positiv Empfundene wird mit demjenigen Verhalten in Verbindung gebracht, für das es gedacht war.

► Verhaltensweisen werden dann erworben und systematisch ausgebaut, wenn die positive Konsequenz – Hinzufügen echter Belohnungen oder Wegnahme unangenehmer Zustände – systematisch in unmittelbarem Zusammenhang mit dem gezeigten Verhalten steht und dem Verhalten nachfolgt.

Mit dem Modellernen und dem Lernen durch positive Konsequenzen sind schon die wichtigsten Prinzipien zum Aufbau von Verhalten, hier von sozialen Fertigkeiten, von Wertsystemen, Vorurteilen, Fehlhaltungen und Gefühlen dargestellt. Beide Methoden werden durch die herkömmliche Erziehung auf fahrlässige Weise vernachlässigt.
Die folgenden Hauptprinzipien des **Verlernens** von Verhalten, nämlich
die Wegnahme positiver Konsequenzen und die Löschung sowie die Zufügung von unangenehmen Konsequenzen, die Bestrafung, dagegen benutzt unsere Erziehungsmethodik überreichlich und konsequent.

3.2.2.1.3 Das Verlernen von Verhalten durch negative Konsequenzen
Angst und Vermeidung als Folge von Strafe

Wenn wir für die Äußerung unserer Gedanken, Wünsche, Gefühle und Ansichten sowie für bestimmte Handlungsweisen Unangenehmes erfahren, werden diese Verhaltensweisen seltener.
Diese unangenehmen Konsequenzen hat jeder innerhalb seiner Lerngeschichte kennengelernt.
Je nach Erziehungsmilieu waren es das **Zufügen** von Schlägen, Beschimpfungen, Einsperren, Tadel und Mißbilligung, der Zwang zu zusätzlichen oder unangenehmen Arbeiten oder die **Wegnahme** von Fürsorge, Zuneigung, Beachtung, Freizeit (Stubenarrest) und Taschengeld, wodurch unangenehme Gefühle erzeugt wurden. So haben wir schmerzlich erfahren müssen, was **nicht** von unseren Erziehern akzeptiert wurde.

Wir haben eine Fülle von Begleitumständen der Strafhandlungen, wie Stirnrunzeln, erhobene Stimme, Kurz-angebunden-Sein, mißbilligende Blicke, drohenden Tonfall, frostige Gesichtszüge, als Warnungen vor Strafe erlernt.
Bis heute bestimmen solche gelernten Angstauslöser unser Verhalten. Wir nehmen sie oft bereits in Gedanken vorweg und vermeiden, das von unangenehmen Gefühlen begleitete Verhalten zu zeigen. Sie haben das Ergebnis dieses Lernvorganges schon bei dem Abschnitt »Erscheinungsformen sozialer Schwierigkeiten« kennengelernt. Ängste, Aggressions- und Schuldgefühle im zwischenmenschlichen Bereich finden durch diese Erziehungsmethode ihre wesentliche Erklärung.

- ▶ Das Zufügen von unangenehmen Folgen und die demonstrative Wegnahme von angenehmen Folgen zeigen jemandem an, daß sein Verhalten mißbilligt wird.

- ▶ Mißbilligung, Liebesentzug oder Schläge sind für das Kind in jedem Falle schmerzliche Erfahrungen – ob das nun körperlich oder seelisch empfunden wird. Diese Konsequenzen stellen für ein abhängiges Lebewesen eine echte Bedrohung dar, wenn sie ihm von seinem Ernährer zugefügt werden.

- ▶ Alles Verhalten der Strafenden, das mit der Erzeugung unangenehmer Gefühle beim Kind einhergeht, wird als Hinweis auf Strafe gelernt.

- ▶ Diese Hinweiszeichen – etwa das Stirnrunzeln – lösen direkt Angst oder Schuldgefühle aus.

- ▶ Angstauslöser werden vermieden, das heißt: Das mißbilligte Verhalten wird aus Angst unterbrochen und in Zukunft seltener gezeigt. Es bleibt als Handlungsmöglichkeit jedoch bestehen. Wenn der Strafreiz oder Angstauslöser fehlt, kann ich mich wieder so verhalten wie vorher, und heimlich tue ich es dann auch wieder.

- ▶ Das bestrafte Verhalten wird also eher unterdrückt als verlernt.

- ▶ Die Erziehungsmethode durch Anwendung von Strafe vermag nicht, das unerwünschte Verhalten ganz abzuschaffen. Die Möglichkeit, mich wieder freier zu fühlen, kann bei Wegnahme des Strafreizes realisiert werden.

  Wenn Strafe nur unerwünschtes Verhalten unterdrückt, wenn viele Verhaltensweisen oft bestraft werden, wenn Strafe oft die vorwiegende Erziehungsmethode darstellt, wenn Erlernen durch Lob so selten benutzt wird – wie können wir dann überhaupt noch lernen?

- ▶ Strafe bewirkt indirekt auch neues Verhalten.

- ▶ Das neue Verhalten dient der Vermeidung von Strafe.

- ▶ Vermeidungsverhalten ist Anpassungsverhalten an das beschränkte Erziehungsmilieu.

- ▶ Strafe kann keine konstruktiven Lernvorgänge einleiten. Die notwendigen sozialen Fertigkeiten bleiben aus, die Ängste bleiben bestehen.

Wir wollen uns diese Wirkung der Strafe nochmals am Verhalten des kleinen Peter klarmachen:
Peters Wutanfälle sind für die Mutter störend; sie möchte diesen für sie unangenehmen Zustand beenden. Vielleicht hat sie anfangs immer nachgegeben und das Schreiverhalten langfristig bekräftigt. Ihrer Mühe mit dem Kind zum Trotz sind Peters Zustände immer häufiger geworden. Die Mutter weiß sich keinen Rat mehr und schlägt jetzt häufig kräftiger zu, wenn Peter schreit. Ihre Schläge begleitet sie mit Beschimpfungen und Drohungen: »Wenn du nicht sofort aufhörst, schlage ich dich windelweich, gebe dir nichts mehr zu essen und sperre dich ein.« Peter wird zunächst noch mehr schreien, weil die Schläge ja weh tun. Um weitere Strafe zu vermeiden, wird er dann vielleicht nur noch wimmern und schluchzen.
Der erste »Erfolg« der Schläge wäre also eine Unterdrückung des lauten Verhaltens und die Entstehung eines leiseren Wimmerverhaltens. Die Beendigung des Schreiens ist für Peter mit dem Aufhören von Schmerzen und dem Ausbleiben der angedrohten,

noch schlimmeren Folgen verbunden. Das Schreien selbst hat negative Konsequenzen, das Aufhören positive Konsequenzen (durch die Beendigung der Schläge, negative Verstärkung). Das Schreiverhalten ist bestraft, das Nicht-mehr-Schreien bekräftigt worden.

Wenn sich dieser Vorgang wiederholt, wird Peter lernen, schon bei Drohungen mit dem Schreien aufzuhören. Er lernt durch das Beenden des Schreiens Schläge zu vermeiden. Das Schreien selbst wird nur langsam seltener – Peter kennt kein anderes Verhalten, um seine Wünsche auszudrücken. Aber wie wird Peter seine Wünsche, länger aufbleiben zu dürfen, Zuwendungen zu bekommen, nun durchsetzen? Er hat durch die Schläge nicht gelernt, was er anstelle des Schreiens tun könnte. Hier könnte ihm der Zufall zu Hilfe kommen: Der Zorn der Mutter ist verraucht, sie hört Peter wimmern und bekommt vielleicht Schuldgefühle oder Mitleid. Sie geht zu ihm, ist wieder nett und läßt ihn, vielleicht als Wiedergutmachung, länger aufbleiben. Peters Schluchzen, ein verzweifeltes, hilfloses Verhalten, wird jetzt positiv bekräftigt, jedenfalls so lange, bis auch das der Mutter auf die Nerven geht und sie wieder straft.

Irgendeines dieser Ersatzverhalten wird als Erziehungsprodukt auch später beibehalten. Peter könnte auch als Erwachsener noch dazu neigen, in schwierigen Situationen wehleidig, hilflos zu reagieren und die Zuwendung seiner Frau mit solchem Verhalten auszulösen versuchen.

▶ Beibehalten wird bei der Erziehungsmethode durch Strafe jenes Verhalten, das die wenigsten negativen Konsequenzen hat. Zweckmäßige Strategien zur Bewältigung zwischenmenschlicher Situationen werden dabei aber nicht systematisch vermittelt. Soziale Defizite oder inadäquates Sozialverhalten sind die Folge.

Das Erlernen von innen- oder außengesteuertem Verhalten durch die Art der Strafe

Hier wollen wir noch eine Besonderheit der Straffolgen für das spätere Verhalten betrachten: Solange Peter nur körperliche Züchtigung für sein Schreien erfährt, kann er mit der Zeit ganz geschickt lernen, solchen äußeren, negativen Konsequenzen aus dem Wege zu gehen. Er wird mit der Zeit zwischen bestraften und nichtbestraften Handlungen unterscheiden. Er beherrscht später vielleicht alle Hinweiszeichen für Strafe, angefangen von der geringsten Mißbilligung bis zu den Reaktionen Entlassung, Arrest, Prügel, so perfekt, daß er bei der geringsten Drohung vermeidet, sein Verhalten zu zeigen. Andererseits hat er mangels selbständiger Verhaltensalternativen auch im »Guten« ausschließlich gelernt, welche Hinweiszeichen keine Strafe ankündigen. Solange jemand freundlich bleibt, liegt er richtig. Er könnte darin ganz geschickt werden, anderen nach dem Mund zu reden. Da er **ausschließlich** von solchen sozialen Zeichen in seiner Umwelt abhängt, nicht aber über eine innere Entscheidungs- und Kontrollmöglichkeit zur Verhaltenssteuerung verfügt, wird er zu den Menschen zählen, die außer der Fähigkeit zur unmittelbaren Anpassung kaum soziale Fähigkeiten entwickelt haben und Schwierigkeiten beim Aufbau von längeren sozialen Bezügen und Bindungen aufweisen.

Wissenschaftliche Arbeiten haben für diese soziale Orientierung den Begriff der externen, äußeren Kontrolle eingeführt. Im Extremfall kann dieser Stil von »Sozialverhalten« zum tiefgreifenden Manko werden und dem alten medizinischen Begriff des Sozio- oder Psychopathen entsprechen. Zu einer solchen Klassifikation könnte der beschriebene Erziehungsstil durch körperliche Gewalt leicht führen, weil ja die aggressiven Verhaltensweisen durch Modellernen übernommen und bei unmittelbar fehlender Strafdrohung zum vorwiegenden Sozialverhalten würden.

Gehen wir zu Peters Schreien und den erzieherischen Möglichkeiten bei der Anwendung des Strafprinzips zurück: Die Mutter könnte derart zornig über die dauernden Störungen und über ihre Hilflosigkeit, damit fertig zu werden, sein, daß sie Peter das **Schreien** zum **Vorwurf** macht. Meist wird dabei **generelle Mißbilligung** mit der Androhung von **Liebesentzug** verbunden. Sie könnte Peter etwa so beschimpfen: »Du mißratener Teufel, du bringst mich noch ins Grab mit deinen Zuständen«; »du undankbarer Sohn, nicht mal fünf Minuten Ruhe gönnst du mir, alles soll sich nur um dich drehen, du wirst schon sehen, wohin du damit kommst; ich mache das nicht mehr länger mit – da rackert man sich für dich ab und nun diese ständigen Gemeinheiten. Schämen solltest du dich. Ich will dich nicht mehr sehen.«

Wichtig ist, daß mit diesen negativen Konsequenzen nicht nur Peters Schreiverhalten bestraft wird, sondern Peters Verhalten überhaupt als schlecht, gemein, nicht normal – als generell böse – gebrandmarkt wird.
Peters Verhalten wird deshalb als böse und schlecht beschimpft, weil er seiner Mutter damit schadet. Wer seiner Mutter Schaden zufügt, muß moralisch böse sein. Er wird dafür mit Nicht-mehr-Mögen und Nicht-mehr-sehen-Wollen, mit Liebesentzug also, bestraft. Peter wird damit **Angst vor Ablehnung erlernen,** die Hinweise – wie unterkühlte Sprechweise und Übersehen-Werden – als Strafhinweise begreifen und jedes Verhalten vermeiden, das öfter zu solchen Folgen führte.
Er wird aber auch lernen, daß sein Verhalten schlecht ist, daß er sich dessen schämen muß, daß mit den eigenen Ansprüchen die anderer Personen verletzt werden. Peter erwirbt Schuldgefühle, wenn er etwas tut, was »schlecht« ist und die Mutter kränkt. Die Mutter braucht mit der Zeit nicht mehr viel zu schimpfen, ein Seufzer, ein trauriger Blick reichen aus, um Peter zu signalisieren: »Ich habe wieder etwas Schlechtes getan. Achtung, meine Mutter lehnt mich ab.«
Später treten die Schuldgefühle schon auf, wenn Peter überhaupt mal etwas für sich haben will oder schon bei dem Gedanken daran. Peter hat die Strafhinweise so gut gelernt, daß er keine direkt beobachtbaren äußeren Folgen mehr braucht. Er hat inzwischen gelernt, was »gut« und »schlecht« ist, was »lieb« und was »unartig« ist. Wenn er davon abweicht, bestraft er sich selbst durch Gewissensbisse oder Schuldgefühle. Diese **innere Polizei** wird ihn mehr einschränken als die äußere, da eine solche innere Kontrolle automatisch und unabhängig von äußeren Umständen abläuft.
In der Wissenschaft wird die Einstellung und der Beeinflussungsmodus eines solchen Erziehungsproduktes – die innen gesteuerte Kontrolle genannt – gegen die außen gesteuerte Kontrolle abgegrenzt. Als positive Konsequenz kann die Verinnerlichung von Regeln soziale Bindungen und moralisch-ethische Wertvorstellungen fördern. Als negative Konsequenz führt eine solche Erziehung oft zu Depressionen und Schuldgefühlen, verbunden mit sozialer Isolation und einem extrem negativen Selbstwertkonzept.

Andererseits können auch falsche, unzweckmäßige oder zu hohe Bewertungsmaßstäbe entstehen.
Wissenschaftlich gibt es kein Kriterium für das, was »wahr« und »gut« ist.
Die Erziehungsmethode: Strafe durch Liebesentzug und »moralischen« Vorwurf vermittelt soziale Fehleinstellungen.
Sie kann unnötige Beschränkungen, Handlungsexzesse auf der einen Seite und lebensfremde oder lebensfeindliche Einengung auf der anderen Seite zur Folge haben. Solche soziale Fehleinstellungen können sich niederschlagen in Leitlinien wie:
»Man« tut es das eben nicht,
das gehört sich nicht,
das Gute setzt sich von allein durch;
ich muß nur mal entdeckt werden,
Leistung, Treue, Glauben verlangen das Äußerste an Pflichterfüllung,
das Leben ist sündig.

Aus den möglichen Reaktionen von Peters Mutter auf sein Schreiverhalten haben wir als langfristige Disposition zu sozialen Schwierigkeiten jetzt kennengelernt:

▶ Strafe durch Zufügung körperlicher Gewalt unterdrückt nur das bestrafte Verhalten,
es fördert einen Vermeidungsstil von **Überanpassung** auf Drohreize, das **»Sich-nach-oben-Ducken«.**
Es fördert (durch Nachahmung) aber auch die Neigung, Probleme gewalttätig lösen zu wollen. Wenn der Drohreiz wegfällt, wenn man ohne äußere Strafe darf, wird man aggressiv handeln, etwa **»nach unten treten«.**
Eine vorwiegend durch Schläge ausgeübte Kontrolle kann zu mangelnder Bindungsfähigkeit bis zu einem total fehlenden Bezug zu kulturell-moralischen Werten führen.

▶ Das Strafen durch Wegnahme von Zuwendung und durch moralische Vorwürfe kann über Schuldgefühle, einem negativen Selbstwertkonzept, über allgemeine Verunsicherung mit ständigen Entschuldigungen und über vermeintliche Kränkungen und Belästigungen anderer zu starken Einschränkungen und Fehleinstellungen im Sozialleben führen.

Diese Methode begünstigt innen kontrolliertes (gesteuertes) Verhalten und schafft eine Fülle von Problemen, weil die vermittelten Wertmaßstäbe oft starr beibehalten werden, auch wenn sie durch keine objektiven Tatsachen mehr gestützt sind. Die Einschränkung im Sozialleben ist durch die gelernte Selbstbestrafung wesentlich mitbedingt.

Bei so vielen negativen Folgen, die allein die Anwendung der Erziehungsmethode »Strafe« mit sich bringt, müssen wir uns noch einmal überlegen, warum dieses Prinzip so oft angewandt wird:

Ein Grund kann im Erziehungsziel: unbedingte Anpassung und Unterordnung, liegen,

ein zweiter am Mangel gelernter Alternativen der Erzieher.

Diese beziehen ihr Erziehungswissen selten durch systematische Schulung in den Lernprinzipien, sondern lernen es wiederum durch Nachahmung ihrer Erzieher. Das Lernprinzip Modellernen fördert also die Beibehaltung der Strafmethode. Weiterhin ist das Verfahren bequem für den Erzieher; es erfordert keine Überlegung und systematische Planung.

Außerdem wirkt es zunächst unmittelbar. Die Strafe wird eingesetzt, bis das unerwünschte Verhalten aufhört. Damit werden zwei wichtige Regeln der Verhaltenssteuerung durch Lernen erfüllt:

Die für den Bestraften negative Konsequenz erfolgt fast automatisch **unmittelbar während oder nach** dem unerwünschten Verhalten. Wir haben diese wichtige Regel zum Wirksam-Werden von Verstärkungsverhalten schon kennengelernt. Bei der Zufügung positiver Konsequenzen erfordert ihre Einhaltung Überlegung und Planung.

Schließlich finden wir in der sozialen Interaktion (Peters Mutter schlägt, und Peter hört auf zu schreien) auch ein anderes Lernprinzip beteiligt: Das Aufhören des Schreiens stellt eine Bekräftigung für das zuvor gezeigte Verhalten – Schlagen – dar. Peters Mutter ist erleichtert, daß der unangenehme Zustand beendigt ist. Sie lernt am Erfolg, ihre Strafhandlungen werden unmittelbar bekräftigt. Peters Mutter wird in Zukunft mehr und häufiger strafen. Die **Ausführung der Strafe** wird für den Strafenden **negativ verstärkt.**

3.2.2.1.4 *Das Verlernen von Verhalten durch Ausbleiben positiver Konsequenzen »Löschen« und Nichtbeachtung*

Bei diesem Lernprinzip verhält es sich ähnlich wie mit dem Neulernen durch positive Konsequenzen. Richtig angewandt ist es eine sehr wirksame Methode, die ohne negative Auswirkungen das Lernziel tatsächlich erreichen läßt. Nichterfolgreiches Verhalten verschwindet völlig aus unserem Verhaltensrepertoire. Es wird tatsächlich verlernt und nicht nur unterdrückt wie bestraftes Verhalten. In einer optimalen Umgebung selbstsicherer Menschen könnte sich das Zusammenleben durch die beiden wirksamsten Lernprinzipien von selbst regulieren:
Verhaltensweisen, die inhaltlich klar ausgesandt werden und die Rechte anderer nicht beschneiden, würden positive Rückmeldungen von außen (den Partnern) oder von innen (dem Selbstwertsystem) bekommen. Sie würden bekräftigt und in ähnlichen Situationen wieder gezeigt.
Verhaltensweisen, die ungeeignet zur Verständigung, Mitteilung und Problemlösung wären, blieben unbeachtet, das heißt ohne Konsequenz. Sie würden gelöscht und nicht mehr auftreten.
Als **Löschung** wird wissenschaftlich das Verschwinden eines einmal gelernten Verhaltens bezeichnet, wenn man **keine nachfolgenden Bekräftiger gibt.**
Das Prinzip hat sich als äußerst wirksam erwiesen, wenn es systematisch eingesetzt wird.

Die systematische Anwendung erfordert,

► daß unmittelbar nachfolgende positive Konsequenzen ausbleiben,

► daß dies so lange konsequent geschieht, bis das Verhalten nicht mehr gezeigt wird (schon eine einmalige Nachlässigkeit unterbricht diesen Löschungsprozeß). Beim Menschen muß der Einfluß seiner Bewertungsvorgänge berücksichtigt werden:
Er darf die Wegnahme von Bekräftigern nicht als Strafe empfinden. Dies läßt sich vermeiden, wenn die Bekräftigung von einer Verhaltensweise genommen wird, aber gleichzeitig für eine Alternative systematisch gegeben wird. Das Verhalten wird um-

geformt, ohne daß jemand durch Entzug bestraft wird oder insgesamt durch zu wenig Bestätigung verunsichert wird. Die Wegnahme der früheren positiven Konsequenzen sollte möglichst natürlich vor sich gehen, das zu verlernende Verhalten wird einfach übersehen, das zu lernende sofort bekräftigt.
Wenn Peters Mutter aus unserem vorigen Beispiel die Nerven gehabt hätte, Peter brüllen zu lassen, und ruhig ihrer Arbeit nachgegangen wäre, bis er aufhört, und sich ihm dann erst zugewandt hätte, würde Peters Schreien gelöscht, das Ruhig-Sein bekräftigt. Wenn sie konsequent auch abends mit keiner Miene auf das Schreien reagiert hätte, in positiver Weise aber sofort auf die eventuelle Bitte Peters, noch aufbleiben zu dürfen, eingegangen wäre, würde Peters Verhalten, »seine Wünsche klar auszudrücken«, bekräftigt. Es würde sich als Strategie durchsetzen, während das Schreien als Erfolgs- und Durchsetztaktik mit der Zeit ganz verschwinden würde. Peter würde einfach keine Hinweiszeichen für positive Konsequenzen seines Schreiens mehr vorfinden und es als Strategie zur Problemlösung vollkommen vergessen. Kurzfristig wäre diese Erziehungsmethode für Peters Mutter vielleicht anstrengender als Strafe, langfristig würde aber auch sie mehr von dieser »Strategie« haben. Sie würde nicht mehr terrorisiert und könnte Peters Wünsche klarer erkennen und gezielter beachten. Peter würde so ohne sozial inadäquates Verhalten heranwachsen.

Die **Fehler in der Erziehungsmethode** liegen für die Anwendung des Lernprinzips **»Löschen«** wieder vor allem in seiner **seltenen und häufig falschen Anwendung.**

► Das augenblickliche Übersehen des Verhaltens gelingt nicht vollkommen. Mit Blicken, durch Unterbrechen der Arbeit und Schenken von Aufmerksamkeit kann dennoch Zuwendung gegeben werden. **Das Verhalten wird weiterhin oder zwischendurch bekräftigt.**

► Der Ärger über ein Verhalten ist von der Stimme oder dem Gesicht abzulesen – dies wirkt als Strafreiz.

► Anstelle von **Löschen erfolgt eine Strafe** durch Wegnahme positiver Konsequenzen.

▶ Man verpaßt den »Einsatz« zur Vergabe von positiven Bekräftigungen für das sozial kompetente Verhalten oder »schneidet« den anderen noch Minuten nachher – auch hier wird aus Löschen Strafe.

▶ Die Ziele der Verhaltensumformung sind unzweckmäßig oder unklar, es wird nur das Abgewöhnen systematisch versucht. **Auch sinnvolles Verhalten kann dabei gelöscht werden – soziale Defizite sind die Folge.**

▶ **Die Schritte zum Ziel sind zu groß.** Vielleicht versucht man, Peters lautes Verhalten insgesamt nicht zu beachten; er wird sich abgelehnt fühlen und gar nicht wissen, warum und was er jetzt tun könnte.

▶ Der schwerwiegendste Fehler jedoch liegt darin, **daß mal bekräftigt und mal gelöscht wird,** daß entweder Peters Mutter das Schreien einmal mit Zuwendung belohnt und ein anderes Mal nicht beachtet oder bestraft, daß vielleicht Peters Vater das Schreien bestraft und Peters Mutter es bekräftigt, daß die Konsequenzen von Peters Verhalten für ihn also nicht vorhersehbar sind. Die sozialen Hinweiszeichen erhalten eine widersprüchliche Bedeutung. Soziale Strategien werden nicht erlernt, ein totales Nichtwissen – wie, wo und wann etwas getan werden sollte, extreme Unsicherheit, Hilflosigkeit und Angst – kann die Folge sein.
Das Ergebnis einer solchen Erziehung ist nur in einer mühsamen Arbeit, die bei den Anfängen des sozialen Lernens beginnen muß, wieder zu korrigieren.

3.2.2.1.5 Einsicht und Lernprinzipien

Wir haben Erziehung als den Abschnitt unserer Lebensgeschichte benannt, wo in einer Zeit weitgehender Abhängigkeit eine erklärte und langdauernde Formung unseres Verhaltens einseitig von Mächtigeren an uns herangetragen wird.
Wir haben bereits an den **Methoden,** die zur Erziehung angewandt wurden, eine Fülle von Erziehungsfehlern mit der Vorprogrammierung späterer sozialer Schwierigkeiten kennengelernt.

Welche Folgen dann noch falsche oder für unsere Situationen unzweckmäßige Erziehungsziele haben können, wird im nächsten Abschnitt dargestellt.

Bevor Sie aber jetzt mit Ihrem Erziehungsschicksal hadern, alle Schuld Ihren Eltern, Lehrern oder Heimerziehern geben und ihnen – falls möglich – wieder mit Vorwürfen jetzt Ihrerseits Schuldgefühle einhämmern wollen, sollten Sie den Zweck dieser Darstellung noch einmal überdenken:

Sie werden sich für diese Therapie interessiert haben, weil Sie **jetzt** spürbare Schwierigkeiten beseitigen und aktuelle Probleme besser meistern lernen wollen.

Ihr derzeitiges Problem wird von den hier und jetzt einwirkenden sozialen Bedingungen bestimmt. Das ist Ihre Umwelt mit Arbeit, Freizeit, Geld, Wohnung, Ihre Freunde, Nachbarn, Kollegen und Ihre Familie. Es ist das Wechselspiel zwischen deren Verhalten und Ihrem eigenen, das Wechselspiel zwischen Ihren Gefühlen und Bewertungen und Ihrem Verhalten, was die Probleme und Schwierigkeiten wesentlich bedingt.

Ihre eigenen Gefühle, Wertungen und Handlungsweisen gehen also in dieses steuernde und formende Wechselspiel ein. Sie erzeugen und erfahren dadurch laufend Änderungen. Diese Ihre Verhaltensweisen kommen aber nicht von ungefähr. Die Bereitschaft, sich so oder ganz anders zu verhalten, wird durch unsere Gewohnheiten, Überzeugungen und Fertigkeiten bestimmt, durch das, was wir früher erlernt haben.

Das, was wir weitgehend ohne unsere Entscheidung und unter passiver Mitwirkung über den langen Abhängigkeitszeitraum in der Erziehung gelernt haben, ist der einflußreichste Sektor unserer Lerngeschichte. Er überwiegt bei weitem die Folgen unserer biologischen Ausstattung und bestimmt durch anerzogene Bewertungs- und Orientierungssysteme, was wir nach der äußerlichen Selbständigkeit in unserer Lebensgeschichte erlebt und getan haben.

Die Erziehungssünden wirken dabei wie »der Sand im Getriebe« – wir können uns später noch sosehr anstrengen, richtig zu steuern, unser Weiterkommen ist behindert.

Welche Hilfe bietet uns die Kenntnis der Erziehungssünden und wie können wir sie nützen, um »den Sand im Getriebe« zu entfernen?
Die Einsicht in die Ursachen der Entstehung ist dann eine beschränkte Hilfe zur Änderung, wenn sie sich in einer Warum-Erklärung erschöpft. Aus **Einsicht** in die Entstehung leitet sich bestenfalls ein Wissen darüber ab, **was geändert werden müßte.** Einsicht in das Warum unseres Verhaltens hilft zunächst nur, die Ziele einer Änderung anzustreben. Ich muß, um diese Änderungen auch zu erreichen, noch wissen, **wie** ich das anstelle.
Die Erklärung der Ursachen von Fehlern in der Erziehungsmethode hat gezeigt, daß für vieles die unsachgemäße Anwendung der Lernprinzipien verantwortlich ist. Solche Erziehungssünden sind also vorwiegend durch fehlende Sachkenntnis der Erzieher entstanden. Sie sind nicht nur Ausdruck einer so oder so mangelhaften gesellschaftlichen Form menschlichen Zusammenlebens. Die gleichen Regeln, mit denen in der Erziehung Verhalten beeinflußt wurde, gelten ja auch für mein jetziges Verhalten und werden von mir selbst wieder angewandt.
Kann ich bei besserer Kenntnis der Regeln mich selbst wieder umerziehen, Besseres und Zweckmäßigeres erlernen und die Erziehungssünden verlernen?

▶ Die Kenntnis der Lernprinzipien und das Erlernen ihrer richtigen Anwendung hilft, die falsche Programmierung in unserer Lebensgeschichte rückgängig zu machen.

▶ Die Kenntnis der Lernprinzipien hilft, sie selbst auch Abhängigen gegenüber sinnvoller anzuwenden und die Erziehungssünden nicht immer wieder an andere weiterzugeben.

▶ Da die Lernprinzipien Regeln von Bedingungen und Bedingtheiten unseres Verhaltens sind, schafft ihre Kenntnis – über die Einsicht in das, was geändert werden soll – auch schon ein strategisches Wissen der Möglichkeiten, wie diese Veränderung geschehen könnte. Die Kenntnis aller Bedingungen und ihrer steuernden Einflüsse auf mein Verhalten läßt eine Änderung der Konsequenzen, die auf neues Verhalten folgen, vorhersagen.

Nun haben Sie bereits gemerkt, daß diese Lernprinzipien gar nicht so einfach anzuwenden sind.

Die **verhaltenssteuernden Bedingungen** – wie **die vorhergehenden Angst- und Strafreize und die nachfolgenden Konsequenzen:**

Zufügen von Positivem **Wegnahme von Negativem**	= **Bekräftigung, Verstärkung**

Zufügen von Negativem **Wegnahme von Positivem**	= **Bestrafung**

Ausbleiben von Konsequenzen	= **Löschung**

wirken ständig auf uns ein und **steuern – auch ohne unser Zutun** – alles Verhalten.

Durch unsere Einsicht in ihre Wirkungsweise können wir zunächst lernen, solche Abhängigkeiten überhaupt zu erkennen.

Durch die aktive Bereitschaft, diese Regeln nutzen zu wollen, können wir die Voraussetzungen für eine optimale Wirkung bei uns selbst schaffen. Durch die praktischen Übungen in dieser Therapie werden wir ihre richtige Anwendung immer wieder erproben, bis die Prinzipien in »Fleisch und Blut« übergehen und zum Bestandteil unseres Sozialverhaltens werden.

Bevor wir uns jetzt mit den eher gesellschaftsbezogenen Fehlern der Erziehung, ihren Zielen, befassen, wollen wir anhand der folgenden Aufgaben noch einmal das Wesen dieser Steuerungsregeln sozialen Handelns wiederholen.

3.2.2.1.6 Lösungsaufgaben zum Abschnitt »Die Methoden der Erziehung«

Lesen Sie die folgenden Feststellungen durch und kreuzen die jeweils zutreffende an.
Die Lösungen finden sich auf Seite 127.

Nr. 1
Welche der folgenden Feststellungen trifft am ehesten den Zusammenhang von Erziehungsmethoden und Lernprinzipien:

a) Unsere Erziehung geschieht durch die systematische und überlegte Anwendung der Lernprinzipien.
b) Die Lernprinzipien spielen in unserer Erziehung überhaupt keine Rolle.
c) Die Vermittlung der Erziehungsziele erfolgt zwar über die wirksamen Lernprinzipien; diese werden aber unsystematisch und oft mit schädlichen Spätfolgen eingesetzt.

Nr. 2
Die wirksamsten Lernprinzipien zum Erlernen von Verhalten sind:

a) Bestrafung, Vorwurf, Ermahnungen
b) Gute Ratschläge und Erklärungen
c) Völlige Freiheit zu gewähren, um durch Versuch und Irrtum alles selbst zu finden.
d) Gute Vorbilder, systematische Belohnungen.

Nr. 3
Die wirksamsten Lernprinzipien für Verhaltensweisen zum Verlernen oder um sich etwas abzugewöhnen sind:

a) Strafe und Nichtbeachtung
b) Selbstbeherrschung und Disziplin
c) Gute Vorsätze und richtige Absichten.

Nr. 4
Welche Feststellung trifft den Unterschied zwischen den zwei Hauptprinzipien des Neulernens,
zwischen Nachahmungslernen (Modellernen) und dem Lernen durch positive Konsequenzen (Lernen am Erfolg) am besten?

a) Das Lernen durch Nachahmung ist wirksamer als das Lernen durch positive Konsequenzen.

b) Das Lernen durch positive Konsequenzen begünstigt eher spätere soziale Schwierigkeiten.
c) Mit dem Lernen am Modell werden ganze Verhaltensweisen übernommen, und mit dem Lernen am Erfolg kann in sehr kleinen Bekräftigungsschritten neues Verhalten systematisch erarbeitet werden.
Das Lernen durch positive Konsequenzen ist damit für die schrittweise Umformung von Verhaltensweisen besser geeignet.

Nr. 5

Welche Feststellung trifft den Unterschied zwischen den zwei Hauptprinzipien des Verlernens und Abgewöhnens, des Bestrafens und Löschens, am besten?

a) Das Zufügen von Strafe oder die Drohung mit »Fürsorgeentzug« muß immer unmittelbar nach einer abzugewöhnenden Verhaltensweise einsetzen, die Löschung nicht.
b) Strafe kann nur Verhalten unterdrücken, aber es nicht abgewöhnen. Strafe führt zu Vermeidungsverhalten. Löschen kann Verhaltensweisen ganz abgewöhnen. Es ist meist mit einer Umgruppierung der Verstärker von einem zu verlernenden auf ein zu erlernendes Verhalten verbunden. Löschen hilft in dieser Kombination mit Bekräftigung, neues Verhalten systematisch zu einer Fertigkeit auszuformen.
c) Das Lernprinzip der gezielten Nichtbeachtung von Verhaltensweisen zum Abgewöhnen führt zu mehr sozialen Schwierigkeiten als die Erziehungsmethode durch Bestrafung.

Nr. 6

Das Zufügen positiver Konsequenzen nach einer Verhaltensweise gehört zum Lernprinzip:

a) Löschen
b) Bestrafung
c) Modellernen
d) Lernen am Erfolg durch positive Bekräftigung.

Nr. 7

Das Zufügen negativer Konsequenzen nach oder während einer Verhaltensweise gehört zum Lernprinzip:

a) Löschen
b) Bestrafung

c) Modellernen
d) Lernen am Erfolg.

Nr. 8

Das Ausbleiben positiver Konsequenzen, die bisher einem Verhalten nachfolgten, gehört zum Lernprinzip:

a) Löschen
b) Bestrafung
c) Modellernen
d) Lernen am Erfolg.

Nr. 9

Das Wegnehmen negativer Konsequenzen, die bisher auf ein Verhalten folgten oder es begleiteten, gehört zum Lernprinzip:

a) Löschen
b) Bestrafung
c) Modellernen
d) Lernen am Erfolg durch negative Bekräftigung.

Nr. 10

Das Nachahmen von Verhaltensweisen, die eine wichtige Bezugsperson vorher gezeigt hat, oder die andere eventuell erfolgreich eingesetzt haben, gehört zum Lernprinzip:

a) Löschen
b) Bestrafung
c) Modellernen
d) Lernen am Erfolg.

Nr. 11

Die häufigste Erziehungsmethode zur Beeinflussung unseres Verhaltens ist:

a) Das Bestrafen von abweichendem Verhalten und der Zwang zu »Pflichten«
b) das Loben von erwünschtem Verhalten
c) die systematische Schulung in Sozialverhalten
d) das Anleiten anhand geeigneter Vorbilder
e) das Erteilen guter Ratschläge.

3.2.2.1.7 Lösungen

Nr. 1

c) ist zutreffend.
Die Erziehung wirkt über die Lernprinzipien. Die Erziehungsmethode setzt diese jedoch nicht überlegt und sehr selten systematisch ein.

Nr. 2

d) ist zutreffend.
Das Lernen am Modell und das Lernen am Erfolg sind die wirksamsten Lernprinzipien zum Aufbau neuen Verhaltens.

a) ist falsch. Strafe unterdrückt Verhalten und fördert nur Vermeidung.

b) ist falsch. Einsicht allein schafft nur selten neues Verhalten.

c) ist falsch, weil die Regeln des Zusammenlebens in einer sozialen Gemeinschaft wie der unseren viel zu kompliziert sind, als daß man ihr Erlernen dem Zufall überlassen könnte.

Nr. 3

a) ist zutreffend.
Bestrafung unterdrückt das Verhalten wirksam, und Nichtbeachtung bringt eine wirksame Abgewöhnung. Das Verhalten tritt bei beiden Methoden in der Folge seltener auf.

b) trifft nicht zu. Ohne zu wissen wie, ohne Methode und ohne systematischen Einsatz von Lernprinzipien reicht das Wollen alleine selten zur Verhaltensänderung aus.

c) ist unzureichend. »Der Weg zur Hölle ist mit guten Vorsätzen gepflastert«, sagt ein Sprichwort. Eine Gewohnheit oder ein Verhalten, das Bekräftigung erfährt, ist nicht so leicht zu unterdrücken.

Nr. 4

c) ist zutreffend.
Das Lernen durch positive Konsequenzen ist für den systematischen Aufbau von Verhalten und für die Steuerung unseres Verhaltens im Alltag wichtiger, da es häufiger zum Einsatz gelangt. Auch das Lernen am Modell nimmt in der Erziehung einen sehr wichtigen Platz ein, da es ganze Reaktionsklassen vermittelt.

a) ist falsch. Beide Lernprinzipien sind sehr wirksam.
b) ist falsch, weil das Nachahmungslernen noch zufälliger erfolgt als die Anwendung des Lernens am Erfolg. Die Chance ist sogar noch größer, mit dem Modellernen auch falsche soziale Strategien, inadäquate Verhaltensweisen oder sozial ängstliches Verhalten nachzuahmen.

Nr. 5

b) ist zutreffend.
Strafe unterdrückt nur Verhalten. Wir lernen, Strafe zu vermeiden. Oft zeigen wir das bestrafte Verhalten wieder, sobald kein Strafreiz mehr auftritt. Abgewöhnung eines Verhaltens in der Art, daß wir es gar nicht mehr parat haben, geschieht nur durch das systematische Ausbleiben von Bekräftigung, durch Löschung. Neues Verhalten kann zweckmäßig dadurch geformt werden, daß die Bekräftigung von dem zu verlernenden auf ein zu erlernendes Verhalten umgepolt wird.
a) ist falsch. Auch Löschung wirkt nur über die Konsequenzen des Verhaltens; sie muß dem zu verlernenden Verhalten nachfolgen.
c) ist falsch. Strafe führt zu vielen sozialen Schwierigkeiten, wie aggressivem Verhalten, Ängsten und Überanpassung. Löschen einzelner Verhaltensweisen birgt diese Gefahr der Fehlerziehung viel weniger.

Nr. 6

d) ist zutreffend.
Das Hinzufügen von etwas Positivem wie Aufmerksamkeit, Zuwendung und Lob nach einer Handlung, einem Gedanken oder Gefühl bekräftigt das vorangegangene Verhalten und läßt es häufiger auftreten. Es gehört zum Lernen am Erfolg.

Nr. 7

b) ist zutreffend.
Das Hinzufügen von Unangenehmem wie Mißbilligung, Vorwurf, Kritik, Schläge zu einem gezeigten Verhalten bewirken ein selteneres Auftreten. Das Verhalten wird so lange unterdrückt, wie die Strafdrohung weiterbesteht. Es gehört zum Lernen durch Bestrafung.

Nr. 8

a) ist zutreffend.
   Wenn die bisherigen positiven, bekräftigenden oder verstärkenden Konsequenzen nach einem Verhalten ausbleiben, werden sie seltener und seltener, bis die Gewohnheit ganz verschwindet oder ausgelöscht ist.
   Es gehört zum Lernprinzip Löschen.

Nr. 9

d) ist zutreffend.
   Wenn ein Verhalten die Beendigung eines vorher bestandenen, unangenehmen Zustandes bewirkt, wird dieses Verhalten bekräftigt.
   Auch das Aufhören negativer Konsequenzen ist etwas Positives. Es gehört zum Lernprinzip Lernen am Erfolg – durch negative Bekräftigung.

Nr. 10

c) ist zutreffend.
   Die Nachahmung von Verhalten findet zwar leichter statt, wenn das Modell positiv bekräftigte Verhaltensweisen zeigt. Dies ist aber nicht immer so.
   Es werden auch ganz ungeeignete und problematische Verhaltensweisen durch Nachahmung gelernt.
   Es gehört zum Lernprinzip Modellernen.

Nr. 11

a) ist zutreffend.
   Die am meisten angewandte Erziehungsmethode ist das Prinzip der Bestrafung. Sie ist das unzweckmäßigste Lernprinzip und für eine Fülle sozialer Störungen verantwortlich.

b) trifft auch oft zu. Hier aber kann entweder zuviel und für alles gelobt werden, wodurch das Lob keinen echten Wert mehr hat, oder es kann so gelobt werden, daß eine Kritik enthalten ist, zum Beispiel: »Wenn man so faul ist wie du, ist es schon eine Leistung, die Schule zu schaffen«, oder »Es war schon ganz gut, aber es fehlt noch viel, um das Ziel zu erreichen«.
   Außerdem kann das Lob so erfolgen, daß man gar nicht weiß, wofür man es eigentlich verdient hat.

e) trifft auch manchmal zu. Gutgemeinte Ratschläge wie »Nimm dich zusammen, es wird schon wieder, du mußt nur wollen« können einen leicht negativen Charakter haben, da sie den Vorwurf beinhalten, daß man sich gehenläßt. Ratschläge können außerdem eine Überforderung darstellen. Auch hier werde ich kaum in der Lage sein, sie zu befolgen, da ich nicht weiß wie.

3.2.2.2 *Die Ziele der Erziehung*

Wenn wir unsere Eltern fragen, warum sie uns so und nicht anders großgezogen haben, können wir verlegenes Schweigen oder Allgemeinsätze wie: »Damit aus dir etwas wird, damit du ein tüchtiger, erfolgreicher, intelligenter Mensch wirst« oder oft »Damit du es einmal besser hast als wir« hören.

Wenn wir uns zurückerinnern oder das Verhalten anderer Erzieher beobachten (oder unser eigenes), werden wir häufig Begründungen hören wie »Du sollst dich schämen, das tut man einfach nicht, das gab es bei mir zu Hause auch nicht, ich mußte hart ran, ich konnte mir so etwas nicht leisten« oder ähnliches.

Wir haben schon gesehen, warum solche »Begründungen« so häufig sind. Die Erzieher richten sich dabei nach Regeln oder Normen, die sie selbst gelernt haben, um ihr Verhalten zu begründen. Sie wissen, was **man** zu tun hat und was nicht, und leiten ihr Wissen daraus ab, daß es bei ihnen als Kind auch so war und daß es bei den Nachbarn, Bekannten, bei Familien im Fernsehen oder Kino auch so ist oder sein sollte. Solche Überzeugungen, Ansichten und Werturteile werden selten in Frage gestellt und auf ihre Zweckmäßigkeit geprüft. Sie werden einfach für wahr, richtig und gut gehalten, weil man sich schon immer daran orientieren konnte. Wenn wir aber weiter fragen, erhalten wir statt der persönlichen jetzt »philosophische« Allgemeinplätze zur Begründung der Erziehungsziele angeboten. Da wird gesagt, »der Mensch« sei nun mal so und nicht anders; nur harte Arbeit führe zum Ziel; der eiserne Wille sei die beste Garantie für den Erfolg, man müsse seine Schwächen und sich selbst besiegen; man dürfe nie jemanden enttäuschen und müsse immer untadelig erscheinen; ein guter Mensch denke an sich selbst zuletzt; ein Mensch sei des anderen Feind; man müsse sich durchboxen; mit Tüchtigkeit und Fleiß werde man es schon schaffen und vieles mehr.

Dieses Glaubenssystem spiegelt die jeweilige Wertorientierung wider und braucht, wie die anderen Normen und Bewertungen, durchaus nicht immer zweckmäßig zu sein. Was für eine Gemeinschaft oder für den einzelnen zweckmäßig ist, kann nicht durch die Logik oder Morallehre mit unfehlbaren Schlüssen und

ewigen Werten begründet werden. In der Wissenschaft besteht heute weitgehend Einigkeit darüber, daß es keine Möglichkeit gibt, das, was gut, wahr oder absolut richtig ist, zu beweisen. Diese Begriffe sind immer nur relativ; sie sind Festsetzungen, das heißt Bestimmungen einer Glaubenslehre, und diese wiederum ist durch die jeweiligen sozialen Bedingungen geformt. Ihre Zweckmäßigkeit kann für eine Gesellschaft nur im Hinblick auf die bestehenden sozialen Verhältnisse oder angestrebten Veränderungen bestimmt werden.
Für den einzelnen in seiner Beziehung zu anderen können sie ein sinngebendes Einordnungssystem oder automatisierte Regeln für Verhalten mit positiven Konsequenzen darstellen und so als zweckmäßig gelten. Sie können ihn aber auch an einer positiven Sinngebung und erfüllenden Entwicklung seines Verhaltens hindern.
Weil die Ziele Ihrer Erziehung für Sie unzweckmäßig gewesen sein können, weil Ihre **heutigen** Verhaltensweisen von **damals** gelernten Bewertungen beeinflußt werden und weil viele Erziehungsziele als gesellschaftliche Normen auch heute das Verhalten Ihrer Mitmenschen regeln, sollten Sie sich über diese Regeln und gelernten Überzeugungen Gedanken machen.

3.2.2.2.1 Wer »programmiert« was? Die Erziehung des einzelnen geschieht im Hinblick auf die Interessen anderer

Jede Gesellschaft hat Spielregeln, die das Zusammenleben ihrer Mitglieder in einer bestimmten Form festlegen sollen.
Diese Regeln sind sogenannte Normen – das, was »man« tun darf und was nicht.
In der Regel **sollen Normen das, was ist, erhalten.** Sie sind teils sinnvoll, teils überholt und sinnlos. Zum Teil bestehen sie aus unverbindlichen Regeln, zum Teil aus Gesetzen, deren strikte Befolgung verlangt wird. Meist sind sie Ausdruck der wirtschaftlichen Struktur der Gesellschaft und dienen der Erhaltung des Besitzstandes. Eltern und Lehrer tun sich leichter, wenn sie von Kindern Anpassung erwarten, als Korrekturen bei sich selber vorzunehmen. Normen, Verbote oder Tabus können in religiösen,

philosophischen und juristischen Lehren fixiert sein, manchmal sind sie nur hausbackene Benimm-Regeln.
Sie unterliegen aber auch Wandlungen. Manchmal sind die ursprünglichen »Schutzgüter« nicht mehr relevant. Sehr oft bestehen auch innerhalb einer Gesellschaft ganz verschiedene Normen, die durch verschiedene Untergruppen widersprüchlich interpretiert werden, oder sie werden von derselben Gesellschaft kurzfristig zwecks Änderung der Machtausübung gewechselt.

Aus Angst, die Regeln zu übertreten und sich damit eine Strafe einzuhandeln (entweder von der Umwelt oder durch eigene Schuldgefühle), wird oft eine übertriebene Angst und Blockade aufgebaut. Hier kann der eigene Spielraum des einzelnen jedoch oft erheblich erweitert werden, ohne daß er mit gesellschaftlichen Schutzmaßnahmen oder den Rechten anderer in Konflikt kommt.
Assertives Handeln beschneidet allein »angemaßte« Rechte anderer. Es respektiert Spielregeln des Zusammenlebens und setzt für andere neue Maßstäbe.
Ein ungestörtes Zusammenleben bedarf der Fähigkeit zur Anpassung — aber auch des Mutes und der Möglichkeit zum Ablehnen und Zurückweisen unnötiger Zwänge.

3.2.2.2.2 Welche Verbindlichkeiten und Zweckmäßigkeiten haben Regeln?

Es gibt einfache Regeln des Zusammenlebens, die keine geschriebene Verbindlichkeit brauchen. Dazu gehört ein gewisses Maß an Fairneß, Rücksichtnahme, Respekt vor den Rechten, die andere für sich beanspruchen. Wer etwa durch aggressives oder zynisches Handeln, durch Diffamierung, Schmähungen und Verleumdung andere in ihren Rechten verletzt, wird von ihnen negative Konsequenzen für sein Verhalten ernten. Er wird nicht durch Berufung auf Gesetze bestraft, sondern **durch die selbst verursachten Reaktionen und Gefühle der anderen. Diese Regeln sind zweckmäßig und erhalten sich selbst.** Es gibt aber auch viele Regeln, die das Zusammenleben erschweren, weil sie Rechte beschneiden, ohne sinnvoll zu sein. Manche Regel hat auch ihre ursprüngliche Schutzfunktion wieder verloren. Dazu gehören etwa Erscheinungen des Zeitgeistes – wie die wechselnden Bewertungen von Mode, sexuellen Tabus, Nationalstolz oder von bestimmten Benimm-dich-Regeln.

Auch ehemals verbindliche Normen, wie religiöse Dogmen, sind zum Teil längst in Widerspruch zu anderen gesellschaftlichen Interessen geraten. So stehen etwa Lehren der Selbstverleugnung heute im Widerspruch zur Anforderung an Eigenverantwortlichkeit in einer komplizierten Technologie, Lehren von der Armut im Widerspruch zum Konsumzwang oder Lehren von der Sünde im Widerspruch zu einer breiten Vergnügungsindustrie.

Eine ganze Reihe von Normen, Verboten oder Zielen soll eine Schutzfunktion erfüllen, die freilich teils überholt, teils völlig einseitig ist. Diese **irrationalen (vernunftwidrigen) Regeln** werden jedoch oft beibehalten, auch wenn sie den Ansprüchen aller schaden. Solche irrationalen Wertvorstellungen sind etwa: der Glaube an die Leistungssteigerung durch Methoden rücksichtsloser Konkurrenz, durch extremen Ehrgeiz, durch die unerbittliche Ausschöpfung von Arbeitskraft und die Aussiebung von »Versagern«.

Schließlich gibt es die Vielzahl von Regeln, die, in Gesetzen niedergelegt, mit Strafandrohung eine verbindliche Grenze für das aktuelle Handeln darstellen.

Auch diese Regeln müssen nicht alle zweckmäßig sein, wie viele Reformbewegungen zeigen.

3.2.2.2.3 Aufgaben zum Abschnitt: Die Ziele der Erziehung

Suchen Sie selbst Regeln, die man Ihnen als Absolutes »Das darfst du nicht« anerzogen hat und die inzwischen nicht mehr gültig sind oder verschieden bewertet werden.
Notieren Sie Ihre Beispiele zu den unten aufgeführten Punkten und **diskutieren Sie diese** mit Gleichaltrigen, Jüngeren und Älteren.

Solche Beispiele könnten Sie etwa in folgenden Bereichen finden:

1. Benimm-Regeln wie Tischmanieren, Verhalten zu Vorgesetzten, Kleidung, worüber man redet und worüber nicht, Anreden und Floskeln.

2. Einstellungen und Bewertungen von Sexual- und Familiennormen: zur Scheidung, zur Schwangerschaftsunterbrechung, zur Selbstbefriedigung, zur Homosexualität, zu den Verhütungspraktiken oder zum Nacktsein.

3. Bewertungen von nationalen Eigenheiten, von Ausländern und deren Heimatländern, zur Nationalhymne, zum Krieg, zu den Preußen, zum Königtum, zur Diktatur, zu Negern, Juden, Amerikanern, Chinesen oder Russen.

4. Bewertungen von Arbeitslosigkeit, von Schulden machen, Neubauten, den Fleiß, Bandarbeit, von kinderlosen Familien oder von Studenten.

5. Stellungnahmen zu Schuld und Sühne, zur Gewalt, zur Kirche, zum Staat, zu Polizisten, zu Lehrern, zur Gleichberechtigung der Frau oder zur Freundschaft.

6. Einstellungen
   zum Guten und Wahren,
   zu den Tugenden, zur Charakterstärke,
   zur Macht des Willens,
   zur Bedeutung von logischen Begründungen,
   zum Schlechten, Bösen oder Unnormalen.

3.2.2.3 Erziehungsziele und Erziehungsmethoden Widersprüche und Probleme

Wir haben jetzt gesehen, daß die **Erziehungsziele** unzweckmäßig für unser späteres Sozialverhalten gewählt sein können. Aber auch die **Erziehungsmethoden,** mit denen diese Ziele vermittelt werden sollen, können oft **unzweckmäßig gewählt** sein.
Wir haben auch gesehen, daß eine Fülle späterer Schwierigkeiten von der **unrichtigen Anwendung** dieser Erziehungsmethoden herrührt.
Die Vermittlung der Erziehungsziele durch eine unzweckmäßige Auswahl der Lernmethode und durch die falsche Anwendung eines Lernprinzips verkehrt das Gewollte oft ins Gegenteil. Erzieher und Erzogene glauben oft fest, das eine zu wollen, und bemühen sich »erfolgreich«, das andere zu erreichen.

Wir wollen uns **diesen Widerspruch zwischen einem Ziel und der Methode, es zu erreichen,** an einem wichtigen Beispiel klarmachen:

Einer der höchsten Werte unserer Leistungsgesellschaft ist das Ziel, mehr, besser und intensiver zu arbeiten und eine entsprechende Ausbildung durchzumachen.
Eine der häufigsten Methoden, um dieses Ziel zu vermitteln, ist das Bestrafungsprinzip (für keine, geringe und schlechte Leistung).
Zu den häufigsten gesellschaftlich bedingten Störungen gehören Versagens- und Fehlschlagsängste und Leistungsstörungen, mit einer Fülle von »Krankheiten« bis hin zum Selbstmord als Folge.
Betrachten wir das Schicksal der Schulkinder:
Als grundsätzlich wichtigste Erziehungs- oder Beeinflussungsmöglichkeit zur Ausbildung einer Leistungsmotivation kennen Sie das Lernen durch Strafe oder Zufügen von aversiven Konsequenzen als ungeeignete Methode und das Lernen am Erfolg oder durch Zufügen positiver Konsequenzen als geeignete Methode. Entscheidend in der Verwirklichung dieser Erziehungsprinzipien ist das, was **unmittelbar an Konsequenzen** gesetzt wird. Im **Leistungssektor** ist es daher in der Regel keine Belohnung, den Schüler mit dem **Fernziel** einer höheren Berufs-

qualifikation zu locken. Was tatsächlich an unseren Schulen geschieht und leider vielfach auch im Elternhaus vorbereitet und ergänzt wird, ist das häufige Bestrafen von Nichtleistung oder nicht guter Leistung, sprich von »Fehlern«.

Die Leistungsmotivation, die herangebildet wird, ist in der Regel nur eine Vermeidung von Strafe. Sie resultiert oft aus der Fehlschlags- und Mißerfolgsangst.

Sie sehen dieses System fast bis zur Perversion getrieben, wenn in Schulklassen Durchschnittsnoten mit »mangelhaft« angesetzt werden. Bei dieser als »Ansporn« gedachten Methode wird auf die positive Nutzung des Belohnungswertes von Zensuren verzichtet.

Dieses Vorgehen ist für die Besseren ein Vorenthalten der Belohnung (sie hätten ein »Gut« haben können), für die mittleren und schwächeren Schüler eine Bestrafung ihrer erbrachten Leistung.

Wenn Leistungsverhalten erst einmal unter aversiver Kontrolle steht und Fehlschlag – hier Schulangst entsteht, sinkt die Leistungsfähigkeit ab. Leistungsstörungen, wie sie etwa mit dem ATP behandelt werden, sind sehr oft durch den Mechanismus der Fehlschlagangst bedingt und können bei Überwindung der Angst oder durch Einstellung der Strafe beseitigt werden.

Aber auch für die noch guten Schüler ist dieses System der Vorenthaltung von Leistungsbekräftigern, von Belohnung, schädlich: ihre Arbeit steht unter Löschungsbedingungen. Die Anstrengungen können abnehmen. Das einzige, was jetzt noch motivatorisch in Frage kommt, ist das »Besser-sein-Wollen« als andere. Nicht die gute Leistung wird bekräftigt, sondern ein Konkurrenzverhalten. Dieses System, das vielleicht an unseren Schulen am krassesten verwirklicht ist, aber uns auch später im Berufsleben wieder begegnet und von den Verfechtern der Leistungsmaximen gar nicht gesehen wird, ist eine der häufigsten Ursachen für Krankheit, Versagen und anderen psycho-sozialen Störungen. Es schafft unnötige Probleme für jeden einzelnen, verhindert eine adäquate Ausbildung und Berufsausübung und ist auch volkswirtschaftlich gesehen unrentabel. Es stellt ein Hauptproblem bei der Kostensteigerung im Gesundheitswesen dar und schafft durch seine Programmierung von Leistungsstörungen schließlich gerade **das Gegenteil** von dem, was mit der Methode zur Leistungserziehung erwünscht wird. **Statt des Aufbaus von echtem Leistungsvermögen und positiver Arbeitseinstellung entstehen vielfach Leistungsstörungen und Arbeitsunzufriedenheit.** Da das gesellschaftliche Ziel aller Parteien, die Erhaltung des Leistungsprinzips, mit der ungeeignetesten aller Vermittlungsmethoden, der Erziehung durch Strafe, verknüpft ist, wird jede kritische Diskussion der Methode gleich in eine Diskussion der Ziele einmünden und damit abgewürgt werden.

Das Extrem einer absolut straffreien Erziehungsmethode und die Illusion vom spontanen Wachsen sozialer Fertigkeiten

Die Einsicht von der Unzweckmäßigkeit der Strafe als Erlernmethode hat neben gezielten Erziehungsexperimenten auch zu einer Erziehungsunsicherheit geführt, die sich in einem falsch verstandenen Gegensatz zu der, in unserer Gesellschaft noch vorherrschenden, autoritären Erziehung darstellte. Neben den systematischen Versuchen mit den »antiautoritären« Kindergärten und Schulen finden wir eine verbreitete Elternbeeinflussung im nordamerikanischen Kulturkreis, die dazu führte, Kinder einfach sich selbst zu überlassen und auf die ihnen »innewohnenden Formungskräfte« zu vertrauen. Lerntheoretisch könnte diese weitgehende Wegnahme einer systematischen Erziehungsbeeinflussung als »Lernen durch Versuch und Irrtum« charakterisiert werden. Im sozialen Verhalten der Kinder untereinander soll sich das von allen akzeptierte, damit bekräftigte Verhalten, durchsetzen, das vorwiegend abgelehnte, von den Kindern gegenseitig bestrafte, soll geringer werden.
Die Erwachsenen geben – nach dem Prinzip des »laissez faire, laissez aller« – ein Minimum an Anleitung und Begrenzung vor. Das Kind hat fast überall in der Erwachsenenwelt »Erfolg«. Es wird, ohne Widerstand überwinden zu müssen, gelobt. Der Umgang mit Hindernissen, die Bewältigung von Enttäuschungen und den doch nicht völlig vermeidbaren Verzichten und Entsagungen wird in einem solchen Milieu nicht gelernt werden können. Das ausdrückliche Ziel dieses Erziehungsstils war, nicht frustrierte Kinder (»non frustrated children«) aufwachsen zu lassen. Die erste Erwachsenengeneration, die mit dieser Erzie-

hungsmethode heranwuchs, zeigt jetzt ein extrem krisenanfälliges und bei Widerständen hilfloses Sozialverhalten.
Bei der praktischen Arbeit mit dem ATP bei Amerikanern, die beruflich in der Bundesrepublik Deutschland tätig wurden und eine entsprechende Erziehung zu »nicht frustrierten Menschen« zu Hause gehabt haben, finden wir extreme Formen von Hilflosigkeit im Krisenmanagement und nahezu totale Identitätsverluste, wenn die gewohnte Erfolgsmatrix sich ändert und im neuen sozialen Umfeld Widerstände, Strafhinweise, Kritik oder Ablehnung auftauchen. Schrei- und Weinkrämpfe können dann das einzig verfügbare Verhaltensrepertoire in sozial kritischen Situationen sein. Der Umgang mit den Interessen anderer ist auf partnerschaftlicher Ebene nicht möglich. Das Verhalten erscheint extrem Ich-bezogen und in einem anderen Milieu als dem lerngeschichtlichen, dem konsequenz- und richtlinienarmen und nichtfrustrierenden, asozial.
Das berechtigte Ziel, die mannigfachen Fehler des autoritär-strafenden Erziehungssystems zu überwinden, wurde mit einer unzweckmäßigen Methode – der extremen, größtmöglichen Nichtbeeinflussung – angestrebt.
Erziehungsmethoden müssen zur Erreichung der Erziehungsziele angemessen sein. Erziehungsziele dürfen neben einem wünschenswerten »Idealzustand« nicht die später noch maßgebenden sozialen Realitäten übersehen.

3.2.2.4 *Zusammenfassung zur Entstehung sozialer Störungen*

Wichtig für diesen Abschnitt war:

- Ihre »ureigensten« Gedanken, Anschauungen, Ziele und Bewertungen sind weitgehend erlernt.
- Ihre Gefühle sind weitgehend durch Ihre Erziehung geformt worden.
- Ihre Handlungsweisen, Ihre Fertigkeiten, »Eigenheiten«, Ihre »Wesensart« ist durch Ihre Lerngeschichte entstanden.
- Sie haben sich Ihre Lerngeschichte nicht aussuchen können.
  Sie wurden nicht gefragt, mit welcher Methode, zu welchen Zielen und aus welchen Gründen Sie so programmiert wurden, wie Sie sich heute selber verstehen.
- Das meiste, worunter Sie heute in Gedanken, Gefühlen und Handlungen leiden, ist durch Bestrafung entstanden. Hierbei haben Sie gelernt, etwas anstelle von etwas anderem zu tun, was Sie genauso gut hätten lernen können – und womit Sie noch immer beginnen können.

3.3 Die soziale Umwelt und die Verhaltensmöglichkeiten

3.3.1 Erziehungsmilieu und sozialer Status

Wir haben gesehen, wie viele aktuelle Schwierigkeiten und Probleme durch unsere biologische Ausstattung, durch die Methoden und durch die Ziele unserer Erziehung vorprogrammiert sind.
Wir haben gesehen, daß selbst die biologische Ausstattung kein absolutes Hindernis für Neu- und Umlernen zur besseren Problembewältigung darstellt. Die biologische Ausstattung kann Lernen schwieriger oder leichter machen. Sie kann für den einen mehr, für den anderen weniger Auffälligkeiten oder Abweichungen vom Durchschnitt mit sich bringen. Solche Abweichungen in der Körpergröße, Körperfülle, im Körperbau oder der Hautfarbe können als Hinweiszeichen für ein Anderssein aufgefaßt werden und diskriminierendes Verhalten der anderen auslösen.
Jeder kann jedoch lernen, das Verhalten anderer durch seine eigenen Äußerungen und Handlungen zu beeinflussen – indem er andere, neue Hinweisreize liefert. Selbst eine angeborene körperliche ›Stigmatisierung‹ ist in diesem Sinne kein unüberwindliches Hindernis für die hier und heute mögliche Bewältigung sozialer Probleme.

Wie steht es nun mit den Merkmalen unserer familiären Herkunft, unserer sozialen Ausstattung?
Auch hier können Milieubedingungen zunächst eine **Abweichung von anderen** anzeigen.
Die Armut der Eltern kann zur Ablehnung durch Kinder reicher Eltern führen und umgekehrt.
Das Ansehen, das der Beruf der Eltern genießt, kann ebenfalls dazu führen, daß man nur in »seinen Kreisen verkehrt« und andere ablehnt oder abwertet.
Der Wohnort kann bei einem Wechsel ein Anderssein anzeigen. (»Der kommt wohl aus Hintertupfingen«, was heißt, der kennt

sich mit den hiesigen Spielregeln sozialen Verhaltens nicht aus.)

Viele können sich sicher noch an solche Schwierigkeiten nach einem Orts-, Wohnungs- und Schulwechsel erinnern.

Unsere Spiele, Redewendungen, der Spracheninhalt und der Dialekt können »vom Durchschnitt« der anderen abweichen.

Es genügt jedoch oft auch, daß man irgendwo neu hinzukommt. Der Neue ist dann ein »anderer« und kann schnell zum Außenseiter abgestempelt werden.

Es hat dann manchmal länger gedauert, bis wir uns »eingelebt« oder angepaßt haben und wieder Freunde am Ort hatten.

Viele von uns kennen solche unfreiwillig erduldeten Abweichlerpositionen. Sie wurden uns in irgendeiner kritischen Situation unserer Entwicklung von anderen zugewiesen – konnten aber in der Regel durch eigenes Verhalten korrigiert werden.

Bei sozial extremeren Abweichungen unseres Erziehungsmilieus von dem der anderen kann diese Abstempelung jedoch so schwerwiegend sein, daß sie zu Angst vor Ablehnung, Minderwertigkeitsgefühlen oder zu einer trotzigen, aggressiven Abwehrhaltung führt.

Soziale Angst, Resignation und gestörte Selbstwertgefühle sowie feindliche Abwehrhaltungen können durch **abweichende Milieubedingungen** entstanden sein.

Gefährdete Gruppen sind hier etwa: sehr arme – aber auch sehr reiche Milieus, relativ seltene Elternberufe, seltene Anschauungen und Interessen der Eltern. So haben es Ausländer, Dorfkinder in der Großstadt, Heimkinder, mit denen andere nicht spielen dürfen, und Sonderschüler, die schon den Namen von etwas Besonderem und Abweichendem mitbringen, besonders schwer.

Abweichung ist immer relativ – ein einziges katholisches Kind in einer evangelischen Klasse, ein einziger Kommunist in einer Gemeinde, aber auch das Mehr an Taschengeld, das Zuviel oder Zuwenig an »Artigkeit«, das Mehr an Mitarbeit können einen zum Außenseiter stempeln.

Daß dann Abstempelung zur empfundenen Ablehnung führt, daß diese zu Rückzug oder Gegenangriff führt und daß dies wieder die gleichen Reaktionen der anderen bedingen kann, ist nur ein Beispiel, wie die Dynamik sozialen Fehlverhaltens ihren Weg von kleinen Abweichungen zu großen Folgen nehmen kann.

Durch Korrektur des eigenen Verhaltens kann aber auch dieser Prozeß beendet werden. Diese wird dann mehr Mühe machen, wenn die Ursachen der Abweichung in äußeren Bedingungen weiterbestehen. Wenn man weiterhin etwa jede freie Minute in seinem alten Dorf, mit seinen früheren Freunden, seinen Landsleuten und Gesinnungsgenossen verbringt (was leicht geschieht – weil man dort akzeptiert wird und positive Bekräftigung für sein Verhalten erfährt), wird die Abweichung vom neuen Milieu gleichbleiben oder gar größer werden. Eine solche Abweichung aufzuheben erfordert eventuell die Einschränkung der alten Kontakte, soweit das eigene Verhalten, das dort bekräftigt wird, den neuen Kontakten tatsächlich im Wege steht.

Eine **totale Anpassung** an das neue Milieu ist dagegen meist **gar nicht erforderlich.** Es reicht oft, zu zeigen, daß man auch ein Mensch ist, der zwar arm, katholisch oder kommunistisch ist, aber dennoch für die anderen Interesse hat, ihre Probleme versteht, **ihre Sprache sprechen kann** oder einfach freundlich mit ihnen verkehrt.

Von meiner Umgebung abweichende Bedingungen meiner Erziehung können – wie die biologischen Abweichungen – zum Hinweisreiz für diskriminierendes Verhalten durch andere werden.

Die soziale Stigmatisierung kann Fehlverhalten auslösen. Sie kann als modifizierende Bedingung in die späteren Probleme eingehen.

Die Abstempelung geht bei sozialen Abweichungen allerdings etwas komplizierter vor sich als bei den leicht durchschaubaren Maßstäben für körperliche Besonderheiten.

Das Anderssein muß erst einen passenden Namen bekommen, ein Etikett. Diese Deutung oder **soziale Etikettierung** bringt wieder neue Mißverständnisse mit sich.

Die anderen verhalten sich so, **als ob** ich mich dem mir angehängten Etikett (Dorflümmel, Spinner, Streber, Kranker) gemäß verhalten **würde:**

Nur ein dem Etikett entsprechendes Verhalten wird positiv bekräftigt. (Der Dorflümmel hat dumm, flegelhaft zu sein – der Spinner darf – und muß – herumalbern, der Streber erfährt nur Beachtung für seine Leistungen, der Kranke kann oben nicht wie ein »Normaler«.) Das bekräftigte Verhalten wird häufiger. Alles andere, was nicht zur Benennung paßt, wird übersehen. Es wird gelöscht. Ich verhalte mich schließlich so, wie es die anderen erwartet haben, und bestätige damit wiederum deren Verhalten mir gegenüber.

Ähnlich wie es bei den biologischen Grundlagen angeborene Dispositionen gibt, die uns zwar nicht festlegen, aber die Auswahl unseres gezeigten Verhaltens mitbestimmen können, gibt es von unserer sozialen Ausstattung oder von unserem Erziehungsmilieu her Dispositionen, die uns die eine oder andere Verhaltensweise erschweren oder nahelegen.

Da sind in erster Linie die Folgen unserer, durch Geld, Einfluß und Ansehen der Erzieher, **durch deren sozialen Status bestimmten Entwicklungschancen** zu nennen.

Wir haben eben nicht alle bei Startbeginn »den Marschallsstab im Tornister«, sondern weitaus öfter die »Krücke in der Hand«. Die ökonomischen Bedingungen sind ja die entscheidenden Grundlagen für eine soziale Lebensform. Kein Sozialverhalten bleibt denn auch von ihren Auswirkungen unberührt.

Die soziale Dynamik, die sich aus einer anfänglichen wirtschaftlichen Minusausstattung ergeben kann, wirkt in alle sozialen Schwierigkeiten hinein.

Vieles, was sich im Gefolge einer wirtschaftlichen Benachteiligung ergibt, ist durch Neu- und Umlernen zu beeinflussen. Manches entzieht sich aber direkter Änderungsmöglichkeit durch eine therapeutische Einstellungs- und Verhaltensänderung.

Betrachten wir solche unterschiedlich sozialen Entwicklungen am Beispiel der beruflichen Qualifikation:

Bei wirtschaftlich schwachem Erziehungsmilieu kann der Start in der Schule schon deshalb verzögert beginnen, weil bestimmte Mangelkrankheiten häufiger auftreten, weil beide Eltern arbeiten müssen, kein Kindergarten zur Vorbereitung bezahlt oder gefunden werden kann.

In der Schule bestehen weniger Lernhilfen (kein Geld für Nachhilfe); zu Hause hat niemand Zeit oder bewältigt den Stoff selbst nicht, und das Kind selbst hat weniger Freizeit, weil es zu Hause mehr mithelfen muß.

Die Lehrer ebenso wie die Autoren der Schulbücher kommen

meist aus der Mittelstandsschicht und sprechen Kinder aus dieser Schicht stärker an.
Die ausgleichenden Spiel- und Ferienmöglichkeiten sind für Kinder aus unteren Schichten beschränkt, sie werden oft negativ »etikettiert«, sie können vieles nicht mitmachen und werden von den anderen deshalb ausgeschlossen. Die Kinder, die wirtschaftlich einen besseren Hintergrund haben, erzielen oft mit der Zeit bessere Leistungen, während die anderen immer mehr zu ihnen ähnlichen Verhältnissen tendieren, nur noch mit leistungsschwächeren Kindern von ärmeren Eltern spielen und damit weiterhin benachteiligt werden (Modell). Auf breiter sozialer Ebene wiederholt sich der Prozeß, ein Erwartungsklischee »Arme sind dümmer« scheint über die Dynamik sozialer Steuerung letztlich bestätigt.
Nach der Trennung in Oberschule und Volksschule kommt die erste offizielle soziale Barriere. Oberschüler haben selten Freundschaften mit Volksschülern und lehnen diese häufig schon als Partner ab (weil diese sich nicht gleichberechtigt verhalten, bereits so sind wie die Eltern, eine andere Sprache sprechen und andere Interessen haben). Zu Hause wird die Trennung positiv bekräftigt. Nach dem Motto »Schuster bleib bei deinen Leisten« wird ein Beruf, wie ihn der Vater hatte, angesteuert. Nur wenige erreichen unter diesen Umständen den Zugang zu höher qualifizierenden Berufen, das Abitur.
So sind derzeit etwa die Arbeiter- und Bauernkinder an Universitäten der BRD immer noch sehr unterrepräsentiert. Dies gilt vor allem wieder für die Armen unter den Armen und die am wenigsten Angesehenen unter den »einfachen Leuten«. Jede Verschärfung der beruflichen Wettbewerbssituation und des Leistungsdruckes in den Schulen muß sich zwangsläufig wieder verstärkt bei ihnen auswirken.
Die erste gemeinsame Pflichtübung sozialen Handelns, die Schule, endet also oft schon mit einer Wiederherstellung der ungleichen Ausgangsposition.
Die zweite allgemeine Pflichtübung, der Wehrdienst, sieht eine noch viel kürzere Gleichheitsphase vor – schon bald scheiden sich die Volksschüler von den Abiturienten, die einen stellen die Soldatenrekruten, die anderen Offizierskader.
Im Beruf sieht man sich von vornherein in ungleichen Positionen

wieder – der eine befiehlt, der andere führt aus. Es wäre wirklichkeitsfremd, sich solchen gesellschaftlichen Begrenzungen des Selbstvertrauens zu verschließen. Es ist aber auch nicht berechtigt, aus solchen Umständen abzuleiten, daß hier die »Macht des Schicksals« ihre Hand im Spiele hat und man dagegen überhaupt nichts machen könne.

Die unterscheidende Kenntnis darüber, was dem Bedingungsgefüge äußerer Umstände und was den Bedingungsregeln zwischenmenschlichen Verhaltens unterliegt, führt zu adäquaten Änderungszielen.

Mit der Änderung eigenen Verhaltens bestimme ich die Bedingungsregeln im zwischenmenschlichen Verhalten mit. Ich beeinflusse aktiv das Verhalten der anderen zu mir, ich schaffe damit auch Eingriffe in das Bedingungsgefüge der äußeren Umstände.

Wie der andere mit mir umgeht und was er mir sagt, kann ich selber mitbestimmen lernen. Die Konflikte mit Freunden und Partnern aus einem anderen sozialen Milieu kann ich – um den Preis beidseitiger Verhaltensänderung – mit Aussicht auf Erfolg angehen, statt sie aus Unkenntnis zu verschärfen.

Meine Position im Berufsleben kann ich – oft mit dem Preis zusätzlicher Qualifikation – verändern.

Die Barrieren in unseren sozialen Einstellungen, Gefühlen und Fertigkeiten sind zwar oft die Folge einer durch Methoden, Ziele und äußeren Umstände der Erziehung programmierten Umwelt, sie stehen jedoch mit dieser Umwelt in einer sich gegenseitig beeinflussenden Wechselbeziehung.

Eine Änderung der Verhaltensbarrieren – und diese liegt in der Macht des einzelnen – schafft Änderungen in seiner sozialen Umwelt.

Eine Änderung der sozialen Umwelt würde auch eine Änderung des sozialen Verhaltens bedingen.

Änderungen dieser Umwelt (etwa Arbeits- und Wohnungswechsel) sind jedoch – sofern sie der einzelne überhaupt bewirken kann – allein oft nicht ausreichend. Eine trotz Umgebungsveränderung anhaltende Fehlprogrammierung – etwa durch die eigenen erlernten Wertfilter – könnte zu den gleichen Schwierigkeiten in einer dann nur ausgetauschten Umgebung führen.

3.3.2 Der soziale Status und die Rollenfunktion

Unser Beruf bestimmt vielfach unser Selbstwertgefühl durch das gesellschaftliche Ansehen, das er genießt. Die Art der Tätigkeit kann quälend oder befriedigend sein, sie kann Bestätigung bringen oder Gefühle der Nutz- und Sinnlosigkeit fördern. Die Tätigkeit kann Interessen allgemeiner Art anregen oder abtöten (Fließbandarbeit). Bezahlung und Arbeitsmenge begrenzen oder erweitern soziale Kontaktmöglichkeiten und Freizeitnutzung.
Die Art der Bekannten und Partner, ja die Art des Verhältnisses zu ihnen, wird wesentlich von solchen sozialen Merkmalen mitbestimmt.
Soziale Merkmale sind Hinweiszeichen für andere. Sie signalisieren dem anderen, »was man von dem erwarten kann und was nicht«. **Aus dem sozialen Status wird eine stereotype Erwartung von Verhaltensweisen abgeleitet.**
Man selbst und die anderen richten sich in ihrem Verhalten nach solchen Stereotypen. Der ›Herr Doktor‹, der ›Herr Lehrer‹, der Chef, der Patient, der Schüler oder Lehrling, der Angestellte oder Arbeitnehmer verhalten sich im gegenseitigen Kontakt häufig so, **als ob mit dem etikettierten – oder tatsächlich der Macht entsprechenden – Status auch die Zweckmäßigkeit, Über- oder Unterlegenheit von Verhalten über alle Situationen hinweg schon garantiert sei.**
Der Doktor »darf« nicht selber Probleme haben, der Lehrer »darf« nicht selber etwas nicht wissen, der Polizist nicht selber stehlen, der Chef muß klare Anordnungen geben und wissen, wie etwas gemacht wird – der Patient hat zu leiden, der Lehrling zu lernen, der Arbeiter zu arbeiten.
In der gegenseitigen Sozialbeziehung zeigt man oft das Verhalten, von dem man **glaubt, daß es vom anderen erwartet wird.**
In einer bestimmten sozialen Funktion zu jemandem zu stehen (Angehöriger einer Klasse, eines Berufes, einer Schicht) heißt, sein eigenes Verhalten auf diesen Status abzustimmen.
Man handelt dem anderen gegenüber in einer Rollenfunktion und zeigt Verhalten, das dieser Rolle entspricht.
Dieses Verhalten wird vom anderen wieder bekräftigt, auch er hat ja ein **übereinstimmendes Rollenverständnis** und geht vor-

wiegend auf dasjenige Verhalten ein, **das seinen Erwartungen entspricht.**

Diesen Prozeß sozialer Steuerung Ihres gegenwärtigen Verhaltens haben Sie jetzt schon mehrfach angetroffen – ob als Benennung einer Abweichung, ob als zugewiesene Funktion für eine soziale Rolle einem anderen gegenüber, ob als eigene Überzeugung, nach der ich zu handeln meine.

Immer führt die soziale Dynamik der wechselseitigen (Fehl-)-Erwartung und wechselseitigen Bekräftigung des Erwarteten dazu, daß die zugewiesene Bedeutung sich schließlich zu bestätigen scheint.

Aber was geschieht, wenn jemand über die zugewiesene Rolle hinaus noch etwas anderes tut? **Was geschieht, wenn die Umstände der Situation mit der zugewiesenen Rolle überhaupt nicht in Einklang zu bringen sind?**

Der Chef, der einen Angestellten um Rat in persönlichen Dingen fragt, der Arbeiter, der einen Verbesserungsvorschlag beim Chef vorträgt – sie können beide mit ihrem Problem an dieser hier nicht mehr gültigen »Rollenfunktion« scheitern.

Noch mehr Schwierigkeiten entstehen daraus, wenn wir unser Selbstverständnis von einer Funktionalität in eine andere übertragen. Wer viel und vorwiegend für sein ›Rollenverhalten‹ am Arbeitsplatz bekräftigt wird, könnte auch in privaten Kontakten vorwiegend aus diesem Selbstverständnis heraus handeln wollen. Der Vorgesetzte könnte zu Hause weiter anordnen wollen, der Lehrer zu Hause weiter belehren, der Patient seiner Familie die Pflegerrolle einräumen.

Als Folge sieht man dann die Bestimmungsgröße für sein Verhalten nicht mehr. Die durch die Lerngeschichte ausgewählte und durch die Lernprinzipien ausgeformte Art, sich selbst zu sehen und zu verhalten, wird zu einer **unkritischen »Ich-bin-nun-mal-so«-Strategie.** Dies kann, verfeinert durch kulturelle Überbegriffe, als **»einzigartige Persönlichkeit«** gepflegt werden.

Wenn es dann offenkundig wird, daß Herr X. als Chef ein Tyrann, als Gatte ein Pantoffelheld und als Stammtischbruder ein guter Kumpel ist – so werden diese Unterschiede einfach als »verschiedene Rollen« abgetan. »Man spielt ja bloß eine Rolle.« Auch die Vorstellung von der Persönlichkeit als überdauernde und unveränderliche Struktur kann zu einer solchen »Ich-bin-nun-mal-so«-Etikettierung führen.

Dies hat sehr große Folgen:

Als »Persönlichkeit« können wir wenig an uns ändern:

Die Angst, keinen Kontakt zu finden, ja selbst die Schwierigkeiten am Arbeitsplatz werden dieser großen Unbekannten zur Last gelegt. Meine Schwierigkeiten liegen an meiner unabänderlichen Persönlichkeit und damit wieder an etwas, womit ich zu leben habe. Hilflosigkeit oder die duldsame Hinnahme der Probleme – »Ich bin nun mal so« – sind oft die Folge. Außerdem fordert die kulturelle Überlieferung von einer wertvollen Persönlichkeit, einzigartig zu sein. An dieser Einzigartigkeit kann jedoch nur der glauben, der wechselnde soziale Bedingungen ignoriert – was weder wünschenswert noch zweckmäßig ist. Wer dagegen sein Selbstverständnis flexibel an die Bedingungen anpaßt, muß sich als Spieler einer (oder mehrerer) Rolle(n) verstehen, um nicht ständig mit Minderwertigkeitskomplexen wegen seiner schwachen Persönlichkeitsstruktur herumlaufen zu müssen.

Die Bedingungsanalyse von sogenannten **Rollen** zeigt jedoch auf, daß wir in jeder Situation anderen Steuerungen unterliegen, daß wir „kein Theater spielen", wenn wir uns etwa als Lehrer allmächtig und als Schüler in der Fortbildung ohnmächtig fühlen.

Rollen einnehmen heißt in unterschiedlichen Funktionen zu anderen stehen.

Diese unterschiedlichen Funktionen betreffen die Verfügbarkeit von Macht, Einfluß, Anerkennung, Strafdrohung, Geld, Wissen und Zuwendung. Diese unterschiedliche Verfügbarkeit betrifft nicht nur die in Beruf, Status, Einkommen, Alter, Geschlecht **tatsächlich unterschiedliche Macht, sondern** genauso **auch die** solchen Positionen zugeschriebene – das heißt **von anderen erwartete Macht.**

Ein Vater braucht nicht kräftiger als sein Sohn zu sein, aber der Sohn glaubt es ziemlich lange.

Ein Polizist in einem gut funktionierenden demokratischen Staatswesen muß nicht willkürlich physische Gewalt androhen oder einsetzen – der Bürger fürchtet ihn dennoch. Ein Beamter

braucht keine besonderen Vollmachten zum eigenmächtigen Verteilen oder Vorenthalten von Vergünstigungen zu haben – aber er wird dennoch mit Vorsicht, Bestechung oder Unterwürfigkeit behandelt. Ein Spezialist braucht nicht alles besser zu wissen oder auch nur zu kennen, seine Meinung wird trotzdem allzugern als »Lösung aller Probleme« geschluckt.
Sich in verschiedenen »Rollen« anders zu verhalten bedeutet also nur, in einer Funktion von erwarteter Macht und realer Verfügbarkeit, von Strafe oder Belohnung einen jeweils anderen Platz einzunehmen.

Die zugeschriebene Funktion entspricht den Erwartungen, die man selber über mögliche Konsequenzen seines Verhaltens gelernt hat, und die andere über mögliche Konsequenzen ihres Verhaltens gelernt haben. Eine Rolle ist damit auch ein Hinweisreiz zur Steuerung gegenwärtigen Verhaltens.
Dieser Hinweisreiz kann aber sozial inadäquates Verhalten auslösen, wenn er stereotyp und ohne Berücksichtigung tatsächlicher Situationsbedingungen befolgt wird.

3.3.3 Aufgaben zur sozialen »Rolle« oder Funktion, die mein Verhalten zu anderen beeinflußt

Um herauszufinden, ob mein Verhalten durch meine soziale Stellung beeinflußt wird, müßte ich Unterschiede in meinen Gefühlen oder Handlungen feststellen, die sich aus meinen verschiedenartigen Beziehungen zu anderen ergeben.
Wir versuchen zunächst herauszufinden, ob wir uns in bestimmten Beziehungen – etwa als Lehrer zu Schülern – mit einer gewissen Regelmäßigkeit überlegen oder unterlegen fühlen – und ob wir uns entsprechend sicher und bestimmt, oder unsicher, zögernd, hilflos oder aggressiv verhalten.
Wir vergleichen diese Gefühle und Handlungen dann mit denen, die wir in Beziehung zu anderen sozialen Gruppen ganz vorwiegend zeigen, etwa als Vater zu den eigenen Kindern, als

Sohn zu den Eltern, als Ehemann zur Partnerin, als Schulfreund zu den Kameraden, als Kollege zu den Kollegen, als Lehrer zum Direktor der Schule und dergleichen.
Diese Unterschiede in unserem Verhalten beruhen zumeist darauf, daß die anderen eine unterschiedliche Bedeutung für unser vorgesehenes Handeln haben. Ihre Bedeutung als **Hinweisreiz** ist verschieden: Biologische Merkmale wie Alter und Geschlecht können etwa gesellschaftliche Normerwartungen – wie Rücksichtnahme oder Ritterlichkeit – signalisieren. Ich und die anderen kennen diese Normen: **Ich** bestätige mich, wenn ich mich meinen Erwartungen und Normen gemäß verhalte, **die anderen** fühlen sich bestätigt, wenn ich mich **ihren** Erwartungen gemäß verhalte. Ich werde eher positive Rückmeldung von den anderen für mein Verhalten bekommen, ich werde in der Deutung dieses Hinweisreizes und in meinem normentsprechenden Verhalten auch von außen bekräftigt.
Den Begriff der sozialen Rolle im engeren Sinne hatten wir durch das Verhältnis von erwarteter zur verfügbaren Macht oder Bekräftigung definiert. Erwartet wird bei jedem normkonformen Verhalten, daß es anerkannt beziehungsweise bekräftigt wird. Verfügbare Macht oder Bekräftigung hat der Adressat dieses normkonformen Verhaltens immer: er und nur er teilt als rückmeldende Reaktion die Bekräftigung für das Verhalten des anderen aus.
Die folgenden Beispiele im **Arbeitsblatt Nr. 3** sollen Ihnen helfen, die handlungsbestimmende Funktion solcher Hinweiszeichen aus dem Gebiet sozialer Status- und Berufsmerkmale und Normen für die Steuerung Ihres eigenen Verhaltens herauszufinden.
Wenn Sie selbst sich in verschiedenen Positionen zu den gleichen Personen unterschiedlich verhalten oder wenn **Sie selbst sich in der gleichen Position zu verschiedenen Personen unterschiedlich verhalten,** können solche Rollenfunktionen verhaltenssteuernden Einfluß nehmen.
Nehmen Sie jetzt **Arbeitsblatt Nr. 3 »Rollenfunktion und Verhalten« aus der Anlage.** Füllen Sie es aus und besprechen es mit Ihrem Therapeuten.

3.3.4 Die Verfügbarkeit von Lohn und Strafe und die reale Macht

Die Einübung in sozial kompetentes Handeln kann ohne den Hinweis auf die reale Verwaltung der Macht leicht als wirklichkeitsferne Zielsetzung mißverstanden werden.

Die erwähnten Rollen oder Funktionen, die wir innerhalb einer bestimmten Gesellschaftsstruktur einnehmen, spiegeln ja nur deren wirtschaftliche und weltanschauliche Struktur wider. Verschiedene Ausbildungsgänge, Berufe, Einkommens- oder Besitzverhältnisse, ja sogar die durch Alter, Geschlecht und Wohnsitz definierten Erwartungen der anderen oder die verfügbaren eigenen Möglichkeiten sind Ausdruck dieser herrschenden Verhältnisse.

»Altes Eisen« oder »das dritte Lebensalter«, »Akademiker« oder »Spezialist für . . .«, »Soldat«, »Rekrut« oder »Wehrpflichtiger«, »Krankheit« oder »Störung«, »Untergebene« oder »Mitarbeiter« sind Benennungen, die Unterschiede, in denen sich die durch die jeweilige Machtstruktur bestimmte Funktionalität verschiedener Gruppen andeutet, wiedergeben.

Sozial kompetentes Handeln kann in diesem Bereich neue Spielräume dort finden, wo die erwartete (gefürchtete) Macht nicht der realen Macht entspricht. Der einzelne aber hat in seiner abhängigen Position nur selten selber die Chance, allein durch kompetentes Handeln an seiner Position innerhalb der Machtstruktur Wesentliches zu ändern.

Der ungelernte Arbeiter wird eine größere Hierarchie von ihn kontrollierenden »Machtträgern« als Vorgesetzte haben als der selbständige Geschäftsmann (je nach Gesellschaftsstruktur) oder der höhere Beamte. Die Austauschbarkeit und existentielle Gefährdung ist beim ungelernten Arbeiter größer, sein Handlungsspielraum nach oben kleiner. Dafür entfällt bei ihm weitgehend das für Beamte zermürbende Konkurrenzproblem (»wer gewinnt unmittelbare Macht über seine nächsten Mitarbeiter«). Gemeinschaftliche Lösungsmöglichkeiten sind leichter.

Dort, wo **Fragen der realen wirtschaftlichen Macht** berührt werden, ist der einzelne meist relativ machtlos. Hier stehen **Gruppeninteressen auf dem Spiel, die nur in Gruppen vertreten**

und sinnvoll durchgesetzt werden können. In unserer Gesellschaft wäre der Kampf eines einzelnen Arbeitgebers gegenüber Lohnforderungen seiner organisierten Arbeiterschaft genauso sinnlos wie der private Streik eines einzelnen, nicht gewerkschaftlich organisierten Arbeitnehmers.

Das Minus an realer Macht des einzelnen kann durch gemeinschaftliches Einstehen für Interessen ausgeglichen werden.

Dies gilt auch für die nur indirekt mit der wirtschaftlichen Struktur verknüpfte Machtausübung. Die Unterbezahlung der Frau, die Mängel im Ausbildungs- und Gesundheitswesen sind – wenn sie für den einzelnen zur Quelle sozialer Störungen werden und folglich von ihm geändert werden sollen – nur einer gemeinschaftlichen Lösung zugänglich.

Die Vereinigung zur Erweiterung der realen Macht gegen die Interessen der Machtverwalter ist aber für viele nicht möglich: Kinder und Jugendliche stehen mit ihren Schwierigkeiten oftmals vor unlösbaren Problemen. Wenn es die Verwalter der realen Macht, ihre Erzieher, sind, die durch eigenes Fehlverhalten die Schwierigkeiten der Kinder vorwiegend bedingen, ist der eigene Änderungsspielraum, etwa durch therapeutische Aktivitäten, nur sehr gering. Die Eltern dahingehend zu beeinflussen, daß sie um- und neu lernen, ist oft sehr schwierig. Manche Eltern leiden nicht an dem Zustand oder akzeptieren ihn und haben daher weniger Änderungswillen.

Die Flucht aus den aversiven Bedingungen ist für viele Altersgruppen gar nicht möglich. Für Kinder und Jugendliche kommen oft nur Heime und ähnliche Erziehungseinrichtungen in Frage. Die wirtschaftliche und juristische Abhängigkeit, die reale »Ohnmacht« ist hier kaum von den Betroffenen selber zu ändern.

Die gemeinschaftliche Lösung zur Bewältigung solcher Probleme kann also nicht nur dem freien Machtspiel von Gruppeninteressen überlassen werden, sondern muß auch auf der Basis einer gesellschaftlichen Verantwortung aller für jeden und eines jeden für alle gesucht werden.

► Zu erkennen, wann mein Handeln, in welcher Funktion, durch die gegebenen Machtverhältnisse zwingend eingeschränkt ist, welche meiner Schwierigkeiten dadurch bedingt sind und welche meiner Schwierigkeiten durch

Verhaltensänderung allein nicht behoben werden können, gehört zur **sozialen Diagnose** meiner Probleme.

Die Verfügbarkeit über die »Belohner« und die Macht der Mittel hat wesentlichen Einfluß auf unsere sozialen Aktivitäten. Die Freizeit, das Auto, die Wohnung, das Telefon sind Mittel und Voraussetzung für eine Fülle sozialer Aktivitäten. Die Verfügbarkeit hierüber ist vor allem eine Frage wirtschaftlicher Macht. Oft werden hier aber auch falsche Gewichtungen vorgenommen: Die Mehrarbeit, Schichtarbeit oder Wochenendarbeit für mehr Anerkennung und bessere Kontakte berauben uns der Möglichkeit, diese zu nutzen. Viele Konsumgüter sind selbst interaktionshemmend (Fernsehen) oder zwingen zu Kontakteinschränkungen durch Mehrarbeit. Das »selbstverständliche« Telefon ist für manche Alleinstehende ein scheinbar entbehrlicher Luxus, und doch ist dieses technische Hilfsmittel eine wesentliche Voraussetzung für befriedigende soziale Kontakte. Mit Telefon erhalten 45% der Alleinstehenden (über 60 Jahre) einmal pro Woche Besuch, ohne Telefon nur 3%! Die bewußtere Nutzung der Mittel oder eine gezielte Förderung in der Sozialarbeit bietet hier wesentliche Hilfen in der Bewältigung sozialer Schwierigkeiten.

3.3.5 Steuerung und Freiheit

Sie haben jetzt schon mehrere Arten der Steuerung Ihres sozialen Handelns und Ihrer Einstellungen kennengelernt:

– Die gesellschaftliche Struktur mit ihren Regeln, Normen sowie ihren Funktionen oder Rollen.
– Die **wechselseitige** Beeinflussung von Zeichen (Worten, Mienen, Gedanken, Handlungen, Gefühlen) sowie die Steuerung durch Zeichen, die einer Reaktion **vorausgehen** und durch ihre Konsequenzen, also die **Folgen** einer Handlung oder eines Gedankens.
– Die wissenschaftlich untersuchten Hauptprinzipien vom Lernen oder der Steuerung sind ebenso wie die Gesetze, nach denen die Beeinflussung geschieht, gleichzeitig die Grundlagen eines Veränderungsprogrammes wie des ATP.

Die Bedingungsanalyse zeigt eine nahezu vollkommene Programmierung des einzelnen durch seine Lerngeschichte, Gedanken, Wertungen und Gefühle, durch seine Umwelt und seine verfügbaren Handlungsmöglichkeiten.
Diese Erkenntnis hat vielfach einen Entrüstungsschrei hervorgerufen. Freiheit, Selbstbestimmung und Individualität scheinen in einem solchen Erklärungsmodell keinen Platz zu haben.
Wir werden aber nicht dadurch freier, daß wir unsere tausendfachen Abhängigkeiten und die bestehende Steuerung nicht wahrnehmen. Im Gegenteil: Wenn Freiheit, Selbstbestimmung und individuelle Verwirklichung mehr als bloße Phrasen sein sollen, gehört die Analyse der Bedingtheiten, die Diagnose von Abhängigkeiten, die Isolation einzelner steuernder Zeichen und Folgen zu den Voraussetzungen, selber aktiv in den Prozeß der Beeinflussung einzugreifen.
Freiheit meint dann die zunehmende Möglichkeit, über die Anwendung der Steuerungsregeln und Lernprinzipien bewußt Einfluß zu eigener Mitgestaltung zu nehmen.
Befreiung ist für den selbstunsicheren, sozial bereits Gestörten hier der Ersatz zwangsweisen Fehlverhaltens mit unangenehmen Konsequenzen durch die Möglichkeit zur Wahl zwischen Verhaltensalternativen mit positiven Konsequenzen.

4 Die Steuerung des gegenwärtigen Verhaltens

PROBLEMERFASSUNG
BEDINGUNGSANALYSE
ÄNDERUNGSSTRATEGIEN UND ÄNDERUNGSZIELE

4.1 Die Problembeschreibung

Wir kennen die Prinzipien der Steuerung (»Methoden der Erziehung«), die Erscheinungsformen gestörten Sozialverhaltens, die Entstehung der Bedingungen, die uns geformt haben und die über unser Selbst- und Fremdverständnis weiterwirken.
Wir versuchen **jetzt, den Einfluß und die Art hier und heute vorhandener Steuerungs- beziehungsweise Bedingungsgefüge auf unser Verhalten herauszufinden.**
Dabei wollen wir in drei Schritten vorgehen:

- ▶ Wir entlarven und überwinden die Vermeidungsstrategien, die das Erkennen der umgangenen Schwierigkeiten behindern.
- ▶ Wir erfassen die Situationselemente, die unserem Verhalten vorausgehen:
  Die Auslöser und Hinweisreize.
- ▶ Wir erfassen die Situationselemente, die unserem Verhalten nachfolgen:
  Die positiven und die negativen Konsequenzen.

4.1.1 Die Lerngeschichte und das gegenwärtige Verhalten

Wir haben anfangs schon gezeigt, daß unsere sozialen Schwierigkeiten und Probleme durch die hier und jetzt wirkenden Bedingungen hervorgerufen werden.

- ▶ Angstauslösende Situationen bedingen negative Gefühle und Vermeidungsverhalten.
- ▶ Negative Gefühle und Vermeidungsverhalten sind oder führen zu selbstunsicherem Verhalten.

- Selbstunsicheres Verhalten führt zu einem verminderten Zutrauen zu sich selbst.

- Ein vermindertes Zutrauen zu sich selbst führt dazu, daß mehr selbstunsicheres und weniger selbstsicheres Verhalten gezeigt wird.

- Selbstunsicheres, ungeschicktes und unzweckmäßiges Verhalten bedingt die Ablehnung des Handelnden durch andere.

- Ablehnung schafft neue angstauslösende Situationen.

Die **steuernden Bedingungen** liegen **als Auslöser oder Hinweisreize also vor unserem Verhalten** und bedingen, was wir aus einer Situation machen und wie wir reagieren werden. Was wir machen, ist wieder ein Hinweis für andere, sich so oder so zu verhalten.
Von dem, was wir sagen und tun oder nicht sagen und nicht tun, hängt es also ab, welche Konsequenzen unser Verhalten hat.
Im Abschnitt Erziehungsmethoden haben Sie schon gesehen, wie die **Konsequenzen auf das zuvor gezeigte Verhalten einwirken:**
Positive Konsequenzen steigern oder bekräftigen das unmittelbar vorangegangene Verhalten, negative oder ausbleibende positive Konsequenzen verringern es, indem es unterdrückt oder »ausgelöscht« wird.
Die Auslöser- und Hinweisreize vor meinem Verhalten und die **Konsequenzen nach meinem Verhalten** bestimmen also zwingend, **was ich denke, fühle und tue.**
Wenn ich mich nun anders bewerten möchte, wenn ich lernen möchte, positiv zu fühlen und zu handeln, muß ich mich dann lediglich von diesem »Zwang«, auf die Auslöser so reagieren zu müssen, befreien, um damit die Konsequenzen meines Verhaltens zu ändern oder neu zu bewerten?
Das ist im Prinzip richtig: **Wenn sich die steuernden Bedingungen ändern, ändert sich mein Verhalten.**
Aber es gilt **auch das Umgekehrte: Indem ich mein Verhalten ändere, ändere ich die Hinweisreize,** auf die ich in Zukunft reagieren werde. Damit setze ich neue Bedingungen für die Konse-

quenzen, wie andere sich mir gegenüber verhalten werden. Wenn sich die anderen nun mir gegenüber anders verhalten, ändere ich mit meinem Verhalten auch gleichzeitig seine wichtigste Beeinflussung von außen, die Konsequenzen.
Die Steuerung zwischen Verhalten und Umwelt ist also wechselseitig.

Da die Regeln dieser Funktion der Beeinflussung immer gleich sind, kann mein Änderungsansatz vielfältig sein – wie bei der aufgezeigten Entstehung meiner Probleme. Da sich aber alles Verhalten gegenseitig nach immer ähnlichen Prinzipien beeinflußt, kann ich mit einem Ansatz vielfältiges Verhalten verbessern – etwa »den Sand aus dem Getriebe entfernen«, der in der Erziehung eine »Fehlprogrammierung« bewirkt hat.
Dazu müßten wir genau wissen, mit welcher Verhaltensveränderung wir anfangen sollten, um andere gewünschte Veränderungen zu erzielen. Dazu kann die Kenntnis der Lerngeschichte hilfreich sein, dazu muß aber zusätzlich eine genaue und konkrete Bedingungsanalyse (siehe dort) gemacht werden.
Zum anderen ist ja schon das, was wir wollen und nicht wollen, was wir für gut oder schlecht halten, für richtig oder falsch, für bestrafend oder belohnend, das Ergebnis unserer Lerngeschichte. Das Zuviel oder Zuwenig an gelernten sozialen Fertigkeiten, Selbstbewertungen und die Abhängigkeit vom Urteil anderer ist eine mitbestimmende Größe in dem derzeit wirksamen situativen Wechselspiel der steuernden Bedingungen. Hier können sich leicht Störungen ergeben, wenn ich nicht zugleich über diese vorprogrammierten Fehlerquellen Bescheid weiß und sie bei Änderungsstrategien nicht mitberücksichtige.
Wenn jemand etwa nur Zuwendung, Liebe und Güte als erstrebenswertes Ziel erlernt hat (weil er nur Verhaltensweisen, die diese Konsequenzen hatten, erlernte), könnte ihm eine Anerkennung für seine Leistung überhaupt nichts bedeuten. Nun möchte er aber im Betrieb auch akzeptiert und für voll genommen werden, und deshalb steigert er sein Leistungsverhalten: Er ist so fleißig und geschickt wie die anderen und bekommt daher dieselben Prämien und dieselbe Anerkennung – nur liebevoller, mitleidiger, hilfreicher werden der Chef oder die Kollegen

nicht. Weil er aber nur diese Art positiver Konsequenzen erlernte, steht sein neu gezeigtes Verhalten durch seinen eigenen lerngeschichtlichen Wertfilter unter Löschungsbedingungen und wird wieder seltener.
Zwei Partner können das Beste füreinander wollen und doch dem anderen das Schlimmste zufügen, wenn sie in ihrer Lerngeschichte zwei völlig verschiedene Wertungssysteme aufgebaut haben.
Wenn »er« nur Erfolg und aktive Leistung, »sie« nur passive Hingabe und Zärtlichkeit als bekräftigend empfinden kann, wird
»er« kein Verhalten von ihr als wirklich positiv empfinden, damit keinerlei Verhalten von ihr richtig bekräftigen,
»er« wird ihr Verhalten zwangsläufig löschen, wird alles an ihr seiner Wertnorm vergleichend unterordnen; sie abwerten oder als ein »Nichts« bemitleiden und sie über Strafe tatsächlich zu diesem »Nichts« machen.
»Sie« wird keinerlei Verhalten an ihm bewundern oder anerkennen,
kein Verständnis für seine Mühen aufbringen können, seine Interessen unter Löschungsbedingungen stellen, ihm vorwerfen, daß er nur sich sehe, auf sie nicht eingehe, sie nicht mag. »Sie« wird seine Bewertungsnorm und seine Arbeit kritisieren, weil diese ihre Zeit rauben und ihren Ansprüchen im Wege stehen. »Sie« wird seine Bewertungsnorm nach einiger Zeit – nach der Löschung ihres früheren Verhaltens – notgedrungen übernehmen, ohne aber daran Freude zu haben. Die Folge dieser Partnerschaft wird dann so aussehen, daß »sie« ihr neu übernommenes Verhalten immer schlechter als »er« ausführt, da »sie« eigentlich keinen Sinn darin zu entdecken vermag. »Er« wird mehr leisten, um ihr materiell zu helfen, »sie« hingegen wird immer unglücklicher, worauf wiederum »er« mitleidet und so fort.
Wir sehen hier, daß jede Veränderung des Verhaltens, die dem anderen helfen soll, neue Probleme schaffen kann, wenn nicht die lerngeschichtliche Werthaltung des anderen als eine Größe, die Konsequenzen modifiziert, erkannt und berücksichtigt wird.
Die Regeln sozialer Steuerung – etwa die Lernprinzipien – wir-

ken nachweislich auch ohne unser aktives Zutun, bei Menschen wie bei Tieren, fast automatisch verhaltensformend.
Die Bedingungen für die »Bedinger« müssen aber erfüllt sein, eine positive Konsequenz muß auch als positive Konsequenz erlebt werden, ebenso ein Schmerz als Strafreiz.
Unsere erziehungsbedingten Ziele, Überzeugungs- und Wertbestimmung, beeinflussen wie die biologische und die soziale Ausstattung als Etikettierung, Stigmatisierung und stereotype Erwartung situative Gegebenheiten. Wie wir gesehen haben, muß dies nicht zweckmäßig sein, es kann sich sogar störend auswirken. Es muß auf jeden Fall berücksichtigt werden.

Störende Auswirkungen der Lerngeschichte auf meine gegenwärtigen Schwierigkeiten können sich zeigen:

- In den **unmittelbar verfügbaren Möglichkeiten an gelernten Verhaltensweisen, dem Verhaltensrepertoire.**
  Das, was ich weiß und nicht weiß,
  das, was ich fertig bringe, und das, was ich ungeschickt tue,
  das, was ich fühle, auf welche Auslöser hin ich vermeide,
  das, was ich an mir gut finde und was nicht,
  das, was ich an anderen gut finde und was nicht,

- In den **unmittelbar vorhandenen sozialen Status- und Rollenmerkmalen: Der Verfügbarkeit über Bekräftigungs- und Anerkennungsquellen,**
  die zu gering vorhanden oder nutzbar sein können. Sie können aber auch unzweckmäßig für eine neue Situation sein.

- In einer **Diskrepanz zwischen bisher Erlerntem, Erfahrenem, Verfügbarem und den situativen Gegebenheiten bei sozialen Veränderungen in der Umwelt oder in meinem Verhalten.**

Das Verhaltensrepertoire und die soziale Umwelt verändern sich im Laufe der Lerngeschichte. Was gestern noch bekräftigt wurde, kann morgen bestraft werden. Die Konflikte und **Fehlsteuerungen, die bei Verlassen des Erziehungsmilieus oft auftreten, können sich** genauso gut **auch rückläufig abspielen:**
Verluste an Fähigkeiten oder negative Veränderungen in der

sozialen Umwelt schaffen ebenfalls Fehlsteuerungen im neuen Milieu, ein **»sozialer Abstieg«** kann hiermit programmiert werden. Die Dynamik der sozialen Steuerung kann auch in später eintretenden, scheinbar geringfügigen Veränderungen wirksam werden: durch Älter-Werden, Langsamer-Werden, durch verändertes Partnerverhalten, durch das Wegziehen von Freunden oder deren Milieuwechsel, durch längere Arbeitslosigkeit – aber manchmal auch durch Beförderungen, durch längere Krankheit oder einen Hausbau. Irgendwo in der Kette von Vermeidung – negativen Konsequenzen – Ablehnung – Nichtkönnen – Nichtzutrauen – Rückzug – Selbstbestrafung – Neubenennung – Fehlurteile – Fehlverhalten – Unlustgefühlen, liegen dann die persönlichen, negativ programmierten Bedingungen, indem das lerngeschichtliche, früher einmal zweckmäßige Verhalten, unter den neuen Voraussetzungen nicht mehr erfolgreich ist.

Nun müßte es ja, im Hinblick auf den ausbleibenden »Erfolg« eigentlich seltener, »gelöscht« werden; Verhalten mit mehr Erfolg müßte bekräftigt werden. Auf diese Weise sollten soziale Schwierigkeiten erst gar nicht auftauchen.

Unzweckmäßiges Verhalten kann aber bei »den anderen« Abweichungen von deren Erwartung auslösen und mit Unverständnis, Befremden, Spott oder Abweisung geahndet werden. Es schafft negative Konsequenzen. Das Ausbleiben des Erfolgs wird dann eher auf eigenes Versagen zurückgeführt. Hier setzten wir uns selbst negative Konsequenzen. Die Folge ist klar: wir werden vermeiden.

Eine andere Möglichkeit besteht darin, daß wir wieder an die frühere Deutung des Versagens »als Ursache von zu wenig Anstrengung« denken. Wir bemühen uns, das unzweckmäßige Verhalten intensiver und häufiger zu zeigen. Sie können sich ausmalen, wie es weitergeht.

Hierfür ein Beispiel.

Anton S. ist 22 Jahre alt und hat kein Glück bei Mädchen. Er bemüht sich sehr, aber er merkt, daß die Mädchen sich nach dem ersten oder zweiten Gespräch von ihm abwenden. Anton leidet sehr unter seinen Mißerfolgen. Er denkt, daß er sich zuwenig ins Zeug legt, und bemüht sich noch mehr. Er beobachtet jedoch, daß seine verstärkten Anstrengungen nur zu noch größeren Mißerfolgen führen. Bei näherer Betrachtung seines Kontaktverhaltens zeigt sich, daß Anton in einer solchen Situation wie ein Buch redet. Aus Angst, daß eine Pause entstehen könne, wechselt er dauernd das Thema, ohne abzuwarten, was das Mädchen dazu sagen möchte. Je mehr er redet, desto mehr »löscht« er das Mädchen. Sie verliert die Lust und vermeidet ein zweites Treffen. Anton denkt, er habe dieses Mädchen nicht interessant genug unterhalten, und bemüht sich beim nächsten Mal noch mehr. Das nächste Mädchen wendet sich jedoch ebenfalls ab. Anton fühlt sich in seiner Fehldeutung bestätigt, daß er nun mal ein »uninteressanter Typ« sei.

Die das Verhalten kontrollierenden situativen Bedingungen, Auslöser und Konsequenzen, wirken zwar auf das Verhalten formend ein, oftmals aber anders, als es eine »objektive« Betrachtung ohne Berücksichtigung der Lerngeschichte erkennen läßt.

Da solche Beeinflussungsquellen oft im Selbstwertkonzept verborgen sind (durch das, was jeder einzelne starr und stereotyp an gelernten Maßstäben für Positives und Negatives, für Normen, Regeln und Rollen mit sich trägt), wird die erlebte Schwierigkeit manchmal gar nicht mit dem eigenen Verhalten in Zusammenhang gebracht – oder die steuernden Bedingungen werden mißachtet. **Die »anderen« oder »etwas ganz anderes« sind dann schuld an den Problemen;** die Lösung wird bei der Umwelt oder in irrelevantem eigenen Verhalten gesucht.

Die ausführliche Darstellung der Programmierung durch die Lerngeschichte sollte den Blick für solche Fehlerquellen sozialer Diagnose schärfen. Es wäre müßig, die ursprüngliche Fehlsteuerung in der Vergangenheit aufspüren zu wollen. Es ist aber für die folgenden Hier-und-jetzt-Lösungen, welche die Fehlsteuerung rückgängig machen können, wichtig, die alten Maßstäbe wenigstens **in Frage stellen zu können.**

Sie sollten in der Lage sein, die Frage »Will ich das überhaupt« auch als Frage »Wollte mein Vater, Mutter, Lehrer oder sonstiges Vorbild das überhaupt« zu übersetzen.

Sie sollten in der Lage sein, das, was »man« tut, die Normen, und das, was Sie wollen, dürfen, können, **Ihre** »Überzeugungen«

wenigstens mal »auf Probe« aus den situativen Bedingungen Ihres Verhaltens zu beurlauben.

Ich darf das eine oder das andere –
Ich habe die Freiheit zu wählen –
aber ich wähle oft mit den Kriterien anderer, ich meine oft »man«, wenn ich »ich« denke –. Ich bin zwar Produkt meiner Lerngeschichte, aber dies ist auch das Ergebnis von einer noch andauernden **Beeinflussung – hier und jetzt.**
Ich darf in diese Beeinflussung eingreifen, ich muß es tun, um mich selbst steuern zu lernen und meine Schwierigkeiten zu überwinden. Ich kann die gegenwärtig wirkenden Steuerungsprinzipien leichter nutzen, wenn ich die Resultate meiner Lerngeschichte kritischer betrachte und auch mal ein bißchen Ballast über Bord gehen lasse.

4.1.2 Alte und gegenwärtige Probleme

Nehmen Sie jetzt das **Arbeitsblatt Nr. 4 »Liste alter und gegenwärtiger Probleme« aus der Anlage** zur Hand.
Arbeiten Sie es sorgfältig durch und besprechen es mit Ihrem Therapeuten.
Auch dieses Arbeitsblatt kann – wie alle Bögen des Anhangs – mit Nutzen während und nach der Therapie neu durchgegangen werden.
Es zeigt Ihnen, was alles jetzt, beziehungsweise was später nicht mehr oder noch bewältigt werden muß.

4.1.3 Problem und Verhalten
Von der Warum-Frage zur konkreten Situationsbeobachtung

Viele unserer Beschwerden und Schwierigkeiten sind nicht auf Anhieb durch unser eigenes Wissen über Ursachen und Bedingungen vom Verhalten zu erklären. Wie oft haben wir uns den Kopf darüber zerbrochen, warum wir uns heute schon wieder mal mies fühlen, wir wieder einmal Kopfweh, Magenschmerzen, Stimmungstiefs, Angstzustände, »eine Wut im Bauch« haben. Warum wir einfach nichts zustande bringen, warum heute alles schiefgeht, warum uns alles zu schwer fällt, warum wir nicht so können wie andere, warum es schon wieder Streit gab, warum wir abgelehnt werden, warum die Welt, die anderen und wir gerade so und nicht anders sind. Wir fragen nach Zuständen und suchen ein **»Weil«**, ein Weswegen als Antwort für diese Abweichung von unserer Vergleichs- und Erwartungsnorm (unserem »Sollwert«).
Manchmal sind wir schon etwas erleichtert, wenn das Wetter, das Horoskop oder ein medizinisch-psychologischer Sachverständiger uns eine Erklärung dafür liefern, warum es so ist, wie es ist. Nur selten jedoch führen solche Erklärungen dazu, die »Ursache« beeinflussen zu können. Die Umstände werden sich schon wieder ändern, bis dahin muß die »durch sie verursachte Schwierigkeit« eben ertragen werden.

► Warum-Fragen und Erklärungen von Ursachen für das, was ist, übersetzen oft nur ein hilfloses Sich-über-etwas-Wundern in ein »zurechtrückendes«, »logisches« Einordnungs- und Benennungsmuster.

► Warum-Fragen sind häufig gar nicht zu beantworten. Manchmal benutzen wir bei der Erklärung Kriterien, die ihrerseits wieder erklärt werden müssen.

► Warum-Fragen führen oft zur Angabe von »Ursachen«, die in diesem speziellen Fall gar nicht zutreffen oder »hier und jetzt« gar nicht mehr verantwortlich sind.

- Warum-Fragen verdecken damit oft das eigentliche Problem und seine jetzigen Bedingungen.

- Warum-Fragen sind immer nur in einer Richtung zu beantworten: Etwas verursacht eine Veränderung. Die Veränderung als Ergebnis wirkt nicht auf die Ursache zurück. Aus der Veränderung lassen sich selten Strategien zur Änderung ableiten.

- In einem **Wenn-Dann-Bedingungsmodell ist die Beeinflussung dagegen immer wechselseitig. Wenn** wir etwas verändern, **dann** läßt sich die Änderung dessen, was folgt oder vorangeht, voraussagen.
  Es ist also möglich, daß das Fragen nach dem Warum das eigentliche Problem verdeckt und die Antworten des »Weswegen« einer Änderung sogar im Wege stehen.

Die Wenn-Dann-Betrachtung ist die Fragestellung des **funktionalen Modells der Verhaltensanalyse.** Die verhaltenssteuernde Funktion ist die Wechselbeziehung der Situations- oder Ereigniselemente mit dem Verhalten und der nachfolgenden Konsequenzen mit dem Verhalten:

Vorangehendes	⟶ ⟵ – –	**Verhalten**	⟵ – – ⟶	**Folgen**
(Auslöser, Hinweisreize)		(Gefühle, Gedanken, Gesagtes, Getanes)		(positive und negative Konsequenzen)

4.2 Die Bedingungsanalyse der problematischen Situationen Verhaltenssteuerung durch Vorhergehendes und Nachfolgendes

Im Abschnitt über die Entstehung sozialer Schwierigkeiten haben Sie eine Fülle von Störungsbedingungen kennengelernt. Wir haben uns nicht darauf beschränkt, den »Schuldigen« als Ursache zu finden, sondern stets bereits überlegt, **wie** solche störenden Einflüsse zu Fehlverhalten führen. Wir haben im ersten Abschnitt über Angstauslöser und die dadurch bedingten Gefühle gesehen, daß Probleme dadurch bestimmt sein können, daß immer, **wenn** ein Ereignis stattfindet, ein anderes ausgelöst **wird.**

Wir haben im Abschnitt Erziehungsmethoden die andere Seite dieser **Immer-Wenn-Dann-**Beziehung kennengelernt.

Wenn Sie etwas tun, dann hat das für andere Folgen – diese Folgen wirken auf Ihr Tun zurück. Diese Konsequenzen bedingen, ob dieses Tun in Zukunft mehr oder weniger oft gezeigt wird. Die Bedingtheit in einem Wenn-Dann-»Ursachen«gefüge ist immer wechselseitig.

Wo immer die Veränderung stattfindet –
ob an Ihrem Verhalten,
Ihren Bewertungen,
dem Verhalten der anderen,
den Bewertungen durch andere
Ihren gelernten Angstauslösern
oder gelernten Strafhinweisen –
sie beeinflußt das gesamte Problemgefüge.

Die Richtung dieser Beeinflussung läßt sich durch die Kenntnis der Lernprinzipien voraussagen.

Wenn-Dann-Bedingungsanalysen führen zu Änderungsansätzen. **Das eigene Verhalten ist der Ansatz, der jedem unmittelbar zur Veränderung zugänglich ist.** Wenn ich mein Verhalten ändere, dann ändern sich meine Schwierigkeiten und Probleme.

Der nächste Schritt nach der Problemerfassung ist seine Übersetzung in konkretes Verhalten. Hierbei kann uns die Übersetzung der Warum- in eine Wenn-Frage helfen. Wir grübeln nicht mehr darüber, »warum« wir uns so verhalten, sondern lernen zu beobachten, was passiert, **wenn** wir uns so in einer konkreten Situation verhalten.

4.2.1 Das Erkennen von Vorhergehendem in einer Situation durch das Aufgeben situationsvermeidender Ersatzhandlungen

Sie können Ihre Probleme jetzt schon konkreter beschreiben. Sie können sich in etwa vorstellen, welche Bedingungen dazu geführt haben. Sie wollen jetzt problematische Situationen auf die hier und Jetzt steuernden Bedingungen untersuchen. Sie kennen diese konkreten Situationen aber vielfach gar nicht oder nicht mehr, weil Sie schon längst Ersatzverhalten gelernt haben, die problematischen Situationen zu umgehen.
Vermeidung aber verhindert oftmals, die kritischen Situationen zu erkennen, die Ihre Schwierigkeiten hervorrufen. Mit viel Aufwand werden dann andere Ursachen gesucht, andere beschuldigt, oder es wird bis zur Selbstzerfleischung der eigene Wille an unlösbaren, weil falschen Ansätzen strapaziert. **Der erste Grund, warum soziale Situationen nicht mehr vermieden werden sollten, ist das Kennenlernen der eigentlichen Schwierigkeiten.**
Die Bedingungen für die persönlichen Probleme können nur erkannt werden, wenn wir **unser Verhalten in der Konfrontation mit der Schwierigkeit beobachten können.**
Für die einfachste Form der **Vermeidung: das Nichttun oder Weglaufen,** könnte das so aussehen:
Wenn ich Hemmungen habe, jemanden anzusprechen, werde ich Lokale nur selten aufsuchen, mich in einen Eckplatz an einen leeren Tisch setzen, niemanden anschauen, mich hinter einer Zeitung verstecken. Insgeheim werde ich vielleicht auf das große Wunder warten, daß jemand zu mir kommt und mich aus meiner Isolation und Angst erlöst. Falls wirklich eine attraktive Person an meinem Tisch Platz nehmen würde, könnte es sein, daß ich

aus Angst sehr abweisend dreinschaue; falls ich doch angesprochen würde, fiele mir vielleicht keine Entgegnung ein, meine Stimme würde befangen klingen, meine Hände würden zittern, ich würde erröten. Ich würde mich sehr unwohl fühlen und das Lokal möglichst schnell verlassen.

Draußen fühle ich mich vielleicht im Augenblick erleichtert. Dann aber kommt der Ärger, weil ich nie das erreiche, was ich eigentlich will. Ich vertusche mein Versagen und sage mir, daß ich sowieso zu häßlich bin oder daß die anderen zu oberflächlich sind. Ich fühle mich also kurzfristig erleichtert, indem ich den Kontakt, den ich brauche, vermeide. Ich fühle mich anschließend aber traurig, unfähig oder verärgert. Ich vermeide langfristig, Lokale zu besuchen.

Ich begründe diese Vermeidungsstrategie nicht mehr mit meiner Hemmung, sondern sage mir etwa: Ich mag keinen Krach, zu Hause ist es viel gemütlicher, in Lokalen sitzen ja doch nur oberflächliche Menschen, meine Probleme versteht ja doch keiner. Ich sitze mehr und mehr ohne Ansprache alleine zu Hause; ich werde »grundlos« traurig, wenn ich einen netten Film über fröhliche Menschen sehe; ich sage mir vielleicht, warum bin ich nicht so schön, lustig und unbeschwert wie andere und versuche mein Problem zu lösen, indem ich mit einigen Schlückchen aus der Flasche heiterer werden will. Das Lokal und meine ursprünglichen Empfindungen und Handlungsweisen habe ich längst vergessen.

Bei einer zweiten Vermeidungsstrategie sind die ursprünglichen Ursachen noch schwerer zu erkennen: indem ich etwas **anstelle von** tue, und die Strategie, immer nur das zu tun, was andere von mir zu wünschen scheinen.

Wenn ich etwa ursprünglich durch Angst oder Ungeschick negative Erfahrungen mit Kollegen gemacht habe und privaten Kontakten aus dem Weg gehe, kann es sein, daß ich durch enorme Anstrengungen in der Leistung diese unangenehmen Kontakte vermeiden möchte. Ich mache Überstunden, nehme zuviel Arbeit auf mich, gönne mir keine Pause und nehme sogar Akten mit nach Hause. Die Arbeit hilft mir, mein Privatleben zu vermeiden. Die Kollegen reagieren nun erst recht ablehnend auf diesen Streber, hoffen auf Fehler und lassen nichts aus, es »einem mal zu geben«. Gerade da man mir Fehler vorwirft, werde ich immer mehr tun und immer besser sein wollen. Schließlich bekomme ich Leistungsstörungen, körperliche Beschwerden und mache vermehrt Fehler. Erholungskuren und die Behandlung dieser Folgeerscheinungen von Vermeidung können nur wenig an der eigentlichen Bedingung der Störung ändern.

Die Konfrontation mit der ursprünglichen Schwierigkeit im Kontakt mit Kollegen würde eine Analyse der eigentlichen Probleme erleichtern und zu einer sinnvollen Zielbildung für eine Therapie führen.

Es kann auch sein, daß aus Angst, »andere zu kränken« oder die Erwartungen der Vorgesetzten nicht zu erfüllen, zu allem, was verlangt wird, bedingungslos »Ja und Amen« gesagt wird. Eine Forderung von anderen abzulehnen erzeugt unangenehme Gefühle – dies soll vermieden werden; ich äußere nie mehr eigene Ansichten, lese anderen jeden Wunsch von den Augen ab und wundere mich, wenn ich als willkommener Lückenbüßer bei Freunden zum Mülleimer für Probleme werde oder als »ein immer Bereiter« in der Firma alle Arbeit von Kollegen auf mich abgewälzt wird und wegen meiner »Zuverlässigkeit« der Chef stets noch Sonderaufträge findet. Meine ursprüngliche Schwierigkeit ist vermieden – für ein Privatleben besteht sowieso keine Zeit mehr, Bestätigung erfolgt nur noch durch das Tun für andere. Die Depressionsreaktionen oder die Überforderungsfolgen werden »therapiert«, die Ursache bleibt unklar.

Eine dritte Art von Vermeidungsstrategien läßt sich noch schwerer auf die ursprünglich auslösenden Bedingungen zurückführen: die **Überzeugungen, Vorurteile und Wertvorstellungen.**

Im ersten Beispiel haben Sie schon gesehen, wie aus der Hemmung im Lokal anderen Menschen gegenüber die »Begründung« entstehen kann, daß die anderen ja doch zu oberflächlich seien; der Kollege mit Angst vor privaten Kontakten zu Mitarbeitern könnte beginnen, diese als dumm anzusehen; der es allen rechtmachende im dritten Beispiel könnte eigene Ansprüche als egoistisch, als Vergnügungssucht oder Laschheit verwerfen. Es entstehen eigene Regeln, die – wie die aus Vermeidung bedingte Abneigung gegen Veränderungen überhaupt – auch bedingungslose Anpassung ausdrücken können: Das gehört sich eben nicht,

das (... was ich vermeide) tut man eben nicht, man hat seine Pflichten immer mit äußerster Sorgfalt zu erfüllen und so weiter. Das, was nur ersatzweise aus der durch Angst und Unwissen bedingten Vermeidung entstand, wird zum höchsten Glaubensprinzip. So werden zwar unlustvolle Betrachtungen vermieden, aber auch eventuell notwendig werdende Änderungen lange Zeit blockiert.
Als vierte Art von Vermeidungsstrategien können nachträgliche Erklärungsversuche bei weitgehender sozialer Isolation angesehen werden. Die langfristig als unlösbar empfundene Aufgabe, soziale Erwartungen zu erfüllen oder auch nur den geringsten eigenen Einfluß auf die Gestaltung persönlicher Bedürfnisse nehmen zu können, fortdauernde Mißerfolgserlebnisse oder stets fehlende Bestätigung können zu kompletter Vereinsamung und Flucht vor der sozialen Wirklichkeit führen. Die Erklärungen für das eigene Verhalten können dabei ohne jeden Bezug zur Denkweise anderer entwickelt werden und zunächst unkorrigierbar als Verteidigungssystem zementiert werden. Hierher gehören etwa die wahnhaften Überzeugungen, daß alle anderen mir übel gesonnen seien, mich ständig beobachten und verfolgen, oder die in der depressiven Isolation gewachsene »Gewißheit«, daß Tod, Krankheit und Armut unmittelbar bevorstehen oder daß das eigene Versagen die unabänderliche Buße für vermeintliche frühere Missetaten sei.

Die Vermeidung sozialer Situationen kann also ganz verschieden erlebt und gedeutet werden:

- Ich erwarte Mißerfolg, verspüre Angst oder fühle mich der Situation aufgrund meiner Fähigkeiten nicht gewachsen und gehe ihr unmittelbar aus dem Wege.
- Ich vermeide den Konflikt und tue immer nur das, was andere von mir wünschen, oder lege mir ein Ersatzverhalten zu, von dem ich mit der Zeit behaupte, daß es mir viel besser liegt als das vermiedene Sozialverhalten.
- Ich begründe mein Vermeiden von kritischen Situationen durch starre Überzeugungen und Vorurteile, damit etwa, daß sich Kontakt nicht lohnt, die anderen meiner nicht würdig seien oder daß man dieses oder jenes nicht zu tun habe.

► Ich kenne zumeist nicht mehr die ursprünglich Angst oder Schwierigkeit bedingenden Situationen und finde systematische Erklärungen für mein Flucht- oder Ersatzverhalten, die völlig subjektiv sind und von anderen nicht mehr verstanden werden können.

Die Abhängigkeit des Vermeidungsverhaltens von Vorhergehendem (auslösende Situation) und von Nachfolgendem (Konsequenzen)

Wir haben bereits gesehen, daß es zur Wahrnehmung kritischer Situationen unbedingt notwendig ist, das gelernte Vermeidungsverhalten zu überwinden. Der ursprüngliche Zustand, der die Vermeidung von sozialen Situationen hervorgerufen hat, war die Erfahrung unangenehmer Gefühle oder Konsequenzen in der betreffenden Situation. Um zu erkennen, wo, wann, durch wen und wie wir ständig (fehl-)gesteuert werden, können wir jetzt damit beginnen, unsere häufigsten Reaktionsarten in bezug auf die Konfrontation mit einer sozialen Situation zu beobachten.

Nehmen Sie jetzt das **Arbeitsblatt Nr. 5 »Das Erkennen problematischer Situationen durch die Feststellung der Vermeidungsstrategien« aus der Anlage** zur Hand und arbeiten es durch.

4.2.2 Was unserem Verhalten vorausgeht

Manchmal denken, fühlen, reden und handeln wir, **weil** wir etwas Bestimmtes wollen. Dann überlegen wir uns vielleicht, welche Folgen unser Verhalten **nach** sich ziehen könnte.
Meistens jedoch **folgen wir** unseren Einfällen, reden, **wenn wir** gefragt werden, **reagieren** spontan oder einfach, um irgend etwas dazu zu sagen, und machen uns herzlich wenig Gedanken

darüber, daß auch den belanglosen Alltagsaktivitäten immer etwas vorausgeht, was mitbestimmt, daß wir hier und jetzt gerade das und nichts anderes unternehmen.
Selten sind wir in der Lage, den Gedanken, die uns durch den Kopf gehen, und den Gefühlen, die wir empfinden, auf Anhieb ein vorhergehendes Ereignis zuzuordnen. Und doch folgt nicht zufällig gerade dieser Gedanke einem anderen Gedanken, einem Gefühl oder einer Handlung nach. Was wir denken, tun oder empfinden, wird bedingt durch das, was wir unmittelbar zuvor wahrgenommen haben.
Ein trauriges Gefühl kann unmittelbar vorher durch
einen Gedanken (Erinnerung, Erwartung, Bewertung)
ein anderes Gefühl (Ablehnung oder Angst)
eine Handlung (ungeschickte Bemerkung) oder
ein Verhalten der anderen (Stirnrunzeln, Schweigen) bedingt sein.
Die Handlungsweise (etwa eine Bemerkung, ein Gesichtsausdruck, eine Arbeit) kann durch einen unmittelbar vorher gehegten Gedanken (etwa eine Absicht oder Fehlerwartung), durch ein Gefühl (etwa Angst, die zur Vermeidungshandlung führt), durch eine andere Handlung (wenn ich wegschaue und so tue, als ob ich nicht zuhöre, muß ich auf Befragen antworten, daß ich nicht zugehört habe) oder durch das Verhalten der anderen (ich werde gefragt und antworte) bedingt sein.
Das Verhalten der anderen wiederum kann durch das bedingt sein, was diese unmittelbar zuvor gedacht, gefühlt oder getan haben, oder durch mein eigenes Verhalten.
Jedem Verhalten geht ein anderes voraus. Die Folge von Verhaltensweisen ist nicht zufällig. Das, was vorausgeht, und das, was nachfolgt, ist nicht austauschbar.
Wenn etwas einem Verhalten vorausgeht, hat es eine andere Steuerungsfunktion, als wenn es dem Verhalten nachfolgt.
Allerdings wird in der sozialen Interaktion die Folge eines Verhaltens meist zum vorausgehenden Steuerungselement für den anderen.
Verhalten, das vorausgeht und nachfolgendes steuert, haben wir schon als Auslöser (siehe Kapitel Angstauslöser) und als Hinweiszeichen (siehe Kapitel Erziehungsmethoden, Sozialer Status, Rollenfunktion) kennengelernt.

Die Art der Beeinflussung von solchen vorhergehenden Bedingungen auf nachfolgendes Verhalten ist verschieden.
Wir kennen Reize, die fast zwangsläufig unmittelbar ein nachfolgendes Verhalten auslösen. Wir handeln automatisch, reflexhaft.
Wenn durch einen Schlag (etwa mit dem Hämmerchen des Nervenarztes) die Kniesehne gedehnt wird, **dann** schnellt der Unterschenkel in die Höhe; **wenn** wir hungrig sind und Essen wahrnehmen, **dann** läuft uns das Wasser im Munde zusammen.
Bei reflexhaften Reaktionen haben wir nur geringe Möglichkeiten, das Verhalten in der auslösenden Situation zu steuern.
Eine **andere Art von Auslösern** haben Sie im Kapitel über angeborenes versus erlerntes Verhalten schon kennengelernt:
Bestimmte Reaktionsweisen **liegen uns als Möglichkeit »instinktmäßig« nahe. Wenn** Gefahr droht, **dann** flüchten wir. Diese Reaktion ist aber nicht zwangsläufig. Wir können lernen, sie zu verändern: Wenn Gefahr droht, dann überlegen wir, was die Gefahr am besten abwendet. Wenn wir zum Resultat kommen, daß Behauptung und Widerstand positivere Aussichten für eine Gefahrabwendung haben könnten, dann verhalten wir uns gemäß diesem gedanklichen Hinweisreiz.
Unsere gelernten **Angstauslöser** bedingen die unmittelbare Reaktion: unangenehme Gefühle. Wir können aber lernen, diese Steuerungsfunktion zu unterbrechen und ganz kühl zu bleiben (etwa wenn wir für andere Verantwortung tragen oder etwas sehr Wichtiges in der Situation erreichen wollen).
Vieles, was vorausgeht, hat nur Hinweischarakter auf die möglichen Konsequenzen unseres Verhaltens.
Es signalisiert uns, ob wir gerade in dieser Situation Erfolg oder Mißerfolg mit dem einen oder anderen Verhalten erwarten dürfen.
Der Hinweisreiz hilft uns, Verhaltensweisen je nach den zu erwartenden Folgen zu praktizieren oder zu unterlassen. Er steuert das nachfolgende Verhalten unterscheidend oder »diskriminativ«.
So kann ein Stirnrunzeln vom Gegenüber für uns ein Hinweiszeichen sein, ihn jetzt nicht zu kritisieren. Ein Lächeln dagegen könnte für uns bedeuten, daß eine Kritik jetzt geäußert werden

darf. Das Stirnrunzeln würde die Konsequenz »Paß auf, ich werde dich ablehnen«, das Lächeln »Ich werde akzeptieren, was du sagst« voraussagen. Wir werden unsere Kritik gemäß dieser »unterscheidenden« Hinweisreize unterdrücken oder frei heraus äußern.

Sehr häufig sind die vorhergehenden Situationselemente noch lockerer mit dem nachfolgenden Verhalten verknüpft. Ihre steuernde Funktion ist schwächer.

Der Gedanke, das Gefühl, das eigene Tun oder das der anderen teilt uns etwas über den inhaltlichen und situativen Rahmen des Verhaltens mit. **Diese Zeichen oder Symbole sind Orientierungshilfen für die Richtung des Verhaltens und haben nur sehr losen Bezug zur konkreten Ausformung des nachfolgenden Verhaltens.**

4.2.2.1 *Hinweiszeichen und Orientierungssymbole als Quelle von Mißverständnissen und Mißerfolg im sozialen Kontakt*

Wir haben sowohl die Regeln, wie wir etwas tun, die direkten Verhaltensweisen, die wir dazu brauchen, als auch die **Hinweiszeichen,** wann und wo wir etwas tun, mehr oder weniger zweckmäßig zur zufriedenstellenden Gestaltung unseres Daseins erlernt. Wir erlernen diese Hinweiszeichen genauso wie unsere Muttersprache (Sprechverhalten) durch Nachahmung, Übung, Ermunterung, Lob und Strafe. Wir lernen unser Verhalten zu benennen. **Da das Sprechen unser wichtigstes Sozialverhalten darstellt,** können wir auch sagen, Verhalten wird über Sprache erlernt und äußert sich vorwiegend in Sprache. Worte sind Symbole für Gedachtes, Gemeintes und Gefühltes. Der Sprachinhalt liefert Hinweiszeichen, Auslöser und vermittelt Konsequenzen, die nicht immer mit der Verhaltensweise Sprechen im Einklang stehen.

Ähnlich wie bei unseren Kenntnissen in deutscher Sprache ist die Verständigungsmöglichkeit, der Anwendungsbereich unseres Verhaltens beschränkt. Es gibt im eigenen Land (eigener Bezugsrahmen) verschiedene Dialekte, Aussprachen, Wortbildun-

gen. Was dem schweigsamen Westfalen angemessen ist, wird für den Berliner oder Rheinländer schon als wortfaul angesehen.
Was in einer Gruppe von Jugendlichen als »in« gilt, wird von Älteren oft nicht verstanden. Worte wie Schuld und Anstand haben für Ältere eine andere Bedeutung als für Jüngere. Die Sprache der Arbeitgeber ist eine andere als die der Arbeitnehmer, für den Arbeiter zum Teil schwer verständlich und umgekehrt. Früher hat die herrschende Oberschicht sogar Fremdsprachen im eigenen Land benutzt, um andere von ihren Regeln auszuschließen.
Unsere (gelernten) Selbstverständlichkeiten tauchen schon in der Sprache unserer europäischen Nachbarn nicht mehr auf. Das Französische etwa kennt keinen entsprechenden Begriff für unser bundesdeutsches Zauberwort »die Leistung«. Tausende von Bundesbürgern mit »Leistungsängsten und Leistungsstörungen« könnten unter anderen (Sprach-)Regeln ihre Schwierigkeit also nicht einmal so benennen und würden sie vielleicht ganz anders empfinden.
Aber auch innerhalb eines Sprachraums, einer bestimmten Kultur, Gegend, in einem Milieu, in einer Alters- oder Einkommensklasse tauchen wesentliche Unterschiede in der Bedeutung von Worten auf. Je nach der persönlichen Lernerfahrung, je nach den Umständen, Situationen, je nachdem, wer etwas wie sagt, kann mich ein Wort kränken (krank machen), verängstigen, mit Schuldgefühl, mit Ärger oder auch mit Zuversicht erfüllen.
In den meisten zwischenmenschlichen Situationen kommt zu dem mehrdeutigen Sprachverhalten noch ein mehrdeutiges Ausdrucksverhalten hinzu. Wir reden nicht nur mit Worten. Mißbilligende Blicke, freudige Gesten, »beredtes« Schweigen ersetzen oder ergänzen die sprachliche Mitteilung. Solche nichtsprachlichen (non-verbalen) Zeichen aber lassen noch mehr Möglichkeiten sozialer Mißverständnisse zu als die Sprache. Sie können im krassen Gegensatz zur sprachlichen Mitteilung stehen und führen dann zwangsläufig zu sozialen Mißverständnissen. So kann der Satz: »Ich freue mich, daß du gekommen bist« genau das Gegenteil bedeuten, wenn er mit einem abweisenden Gesichtsausdruck gesagt wird.
Wir denken oft anders, als wir handeln.

- ▶ Wir zeigen oft das Gegenteil von dem, was wir möchten.
- ▶ Wir signalisieren anderen oft »Absichten«, die wir nicht haben.

Die vielfachen Möglichkeiten, als körperlich, psychisch oder sozial abweichend bewertet zu werden, beruhen oft auf von uns selbst unbemerkten Hinweiszeichen. Diese Quelle von Mißverständnissen und von Mißerfolg zu erkennen – und durch die Fähigkeit zur sprachlichen Problemklärung aus der Mehrdeutigkeit in die situative Eindeutigkeit zu überführen – gehört zur **sozialen Diagnose.**

Sie ist ohne systematisches Proben neuen Verhaltens, das heißt vor der Therapie, nur unzulänglich in eigener Beobachtung zu leisten.

Aber auch das Erdulden mehrdeutiger Zeichen von anderen schafft Probleme. Wer oft und über einen langen Zeitraum mit zwiespältigen Reaktionen von anderen zu tun hat, wird gar nicht mehr wissen, was »richtig« oder »falsch« ist. Totale Unsicherheit und Hilflosigkeit können die Folge sein.

Wenn eine Mutter zornig-vorwurfsvoll zu ihrem Sohn, der ausgehen will, sagt: »Geh schon! Geh!«, macht sie zwei sich widersprechende Mitteilungen. Ihr Tonfall und Gesichtsausdruck sagen, daß er bleiben soll, ihre Worte dagegen, daß er gehen soll. Außerdem könnte noch eine dritte Mitteilung in den Worten verborgen sein, nämlich die Drohung: »Du wirst schon sehen, was du damit erreichst.«

Diese Vielfalt sozialer Zeichen, die uns gleichzeitig signalisieren können, etwas zu tun und nicht zu tun, es jetzt und später, hier und woanders, auf die eine und die andere Art, bei dem und jenem zu machen, zu denken oder zu empfinden, ist eine der Ursachen für Verunsicherung, Hemmung, Angst und Vermeidung, für Ungeschicklichkeit, Vorurteile, Streit und Mißtrauen, für Selbstabwertung, Unzufriedenheit und das Gefühl der Wertlosigkeit und Hilflosigkeit.

4.2.2.1.1 Die Wechselwirkung von Fehldeutung und Fehlverhalten

Falsche Deutung sozialer Zeichen oder Hinweisreize führen wiederum dazu, **selber fehlerhaftes Verhalten auszusenden:** Ich fühle mich gekränkt und kränke andere;
Ich habe Angst, ein nettes Mädchen anzulächeln, und schaue weg – sie fühlt sich abgelehnt;
Ich habe Angst, etwas Falsches zu sagen, und schweige; die anderen glauben, ich sei uninteressant oder dumm.
Ich habe Angst, die Zuneigung von anderen zu verlieren, und erfülle deren Bitten auch dann, wenn ich etwas ganz anderes vorhatte – dann ärgere ich mich über mich selbst oder fühle mich ausgenutzt und nicht akzeptiert.
Ich habe Angst, einen Fehler zu machen, und kann mich zu keiner Entscheidung mehr durchringen – ich mache Fehler, weil ich keine Entscheidung treffe.
Ich bin zu »höflich«, etwas für mich Wichtiges zu fordern – ich werde gar nicht mehr um meine Meinung gefragt.

4.2.2.1.2 Die Fehldeutung und ihre Konsequenzen

Ich verarbeite meine Vermutungen ungeprüft:
Ich glaube, jemandem einen Gefallen zu tun, obwohl ich ihn nur bevormunde, bemitleide und hemme – der andere glaubt, er dürfe mich nicht kränken, und nimmt meine gütige Hilfe leidend hin, ohne das Mißverständnis aufklären zu können.
Ich fühle mich verunsichert, weil ich in Gegenwart anderer Menschen unangenehme Spannungs- und Beklemmungsgefühle entwickle, es ist mir peinlich, weil ich vermute, dies werde von anderen bemerkt, traue mich aber nicht, es nachzuprüfen.
Ich ziehe mich zurück, werde isoliert und immer ungeschickter im Umgang mit anderen:
Ich **deute dies** als mein Versagen und fühle mich depressiv – wertlos.
Ich glaube keinem Lob von anderen mehr und **bestätige mein Vorurteil,** daß ich doch nichts tauge.
Ich suche die Schuld für die Mißverständnisse bei anderen, ich

glaube, daß diese mich nicht mögen oder gar bösartig darauf aus sind, mir zu schaden,
ich werde übertrieben mißtrauisch, ich blockiere so jeden weiteren Kontakt, der das Mißverständnis beseitigen könnte.
Ich baue mir mein eigenes Wertsystem, eigene Regeln und Gewohnheiten. Mit meiner »Masche« oder »Show«, die ich abziehe, hoffe ich, die anderen jetzt bestrafen zu können. Ich denke, daß ich ihnen damit »zeige«, daß **ich »euch gar nicht brauche«** und »euch nicht akzeptiere«, da ich ja so völlig anders bin als sie.
Wenn die anderen auf dieses Spiel eingehen und den Kontakt weiter aufrechterhalten, wird dieses Fehlverhalten bekräftigt. Sie reagieren mit der Zeit nur noch auf dieses Verhalten. Ich muß mit der Zeit mehr und mehr mit dieser »Masche« leben, weil ich nicht mehr anders kann (so gesteuert werde, weil ich so steuere). Dies sind nur einige Beispiele für selbstunsicheres Verhalten und seine Folgen. Wir haben schon gesehen, daß es ganz vorwiegend erlernt wurde.
Soziales Verhalten kann schlecht, unzureichend, falsch oder für ein anderes Milieu als das, in dem man später lebt, erlernt worden sein. Was erlernt wurde, kann folglich auch wieder verlernt oder neu erlernt werden.
Wir haben gesehen, daß viele Ursachen von unsicherem Verhalten in Mißverständnissen liegen:
Wir sagen oder zeigen **nicht eindeutig,** was wir wollen und nicht wollen.
Wir prüfen nicht richtig, was andere mitteilen, sondern bilden Vorurteile oder Vermutungen. Unser Verhalten beeinflußt die Reaktionen der anderen, es dient als Hinweisreiz, etwas Bestimmtes zu tun und etwas anderes nicht. Ein falscher Hinweis führt zu falschen Reaktionen, so entstehen Ketten von Mißverständnissen.
Jeder Mensch ist aber auf positive Erlebnisse wie Aufmerksamkeiten, Beachtung, Anerkennung, Erfolg, Zuneigung, Liebe, Gebrauchtwerden für sein Wohlgefühl angewiesen. Diese »Bekräftigung« entsteht im Kontakt mit anderen.
Niemand kann sich leisten, mit Hinweisreizen oder Zeichen innerhalb seiner Umgebung so umzugehen, als würde er in einem fremden Sprachraum weiterhin die für andere unverständliche

›Muttersprache‹ sprechen. Die ewig vorwurfsvolle Miene etwa ist ein Hinweis dafür, daß wir die anderen ablehnen – sie bewirkt aber auch dann Ablehnung von den anderen, wenn wir einmal Kontakt suchen. Die ›Liebeserklärung‹ mit übermäßig forschem Zugriff oder unbewegtem Gesicht wird nicht unbedingt in der Sprache der anderen als der Hinweisreiz verstanden werden, als der er gemeint war. Ein gekränktes oder verletztes Abwenden wird als Hinweiszeichen eher bewirken, daß man in Ruhe gelassen wird, als die heimlich erhoffte Entschuldigung des anderen.

Soziale Hinweiszeichen müssen entschlüsselt werden können, um eine Situation richtig analysieren zu können.

Sie müssen als problematisch erkannt und geändert werden, soweit sie im eigenen Wertfilter, in eigenen Handlungen, Gewohnheiten und sozialen Funktionen zu Störungen im zwischenmenschlichen Verhalten führen.

4.2.2.2 Auslösende Situationselemente und unangenehme Reaktionen

Leichter als die Fehlsteuerung durch Hinweisreize können Sie durch Selbstbeobachtung die auslösenden Reize für Ihre unangenehmen Reaktionen ermitteln.

Sie haben im Abschnitt ›Angstauslöser‹ und ›Angsterscheinungen‹ ja schon viele solcher Situationen kennengelernt. Wenn die Vermeidungs- und Umgehungsstrategie überwunden wird, haben Sie in Ihren unangenehmen Gefühlen ein recht brauchbares Beobachtungskriterium.

Sie brauchen ›nur‹ diese unangenehmen Gefühle wahrnehmen und präzise definieren, **was** an anderen Gefühlen, Gedanken, Verhalten, in der Situation mit anderen diesem einen Gefühl vorausgeht. Sie schreiben dies dann so konkret und genau als möglich auf, wiederholen das einige Tage und finden dann leicht heraus, was regelmäßig vor diesem Verhalten erfolgt.

Nun sind soziale Situationen in der Regel recht komplex und enthalten sehr verschiedenartige Elemente, die ihre Schwierigkeit bedingen. Damit die genannten Reaktionen regelmäßig auftreten, müssen meistens ganz bestimmte situative Gegebenheiten wie: wer wann und wo etwas tut, hinzukommen. Natürlich sind nicht nur äußere Situationen, sondern auch unsere Vorstellungen, Erwartungen, unsere Gedanken **dann Auslöser** unserer Schwierigkeiten, **wenn regelmäßig ein unangenehmes Gefühl im Anschluß an** die Konfrontation oder an die Vorstellung auftritt.

Wir sprechen von einer Reaktion, weil sie regelmäßig durch etwas Vorangehendes ausgelöst wird. Wir erkennen ein kritisches Moment, einen Auslöser durch die unmittelbar nachfolgenden unangenehmen Gefühle oder körperlichen Zustände. Die Situationen sind für andere und für uns unter anderen Umständen in der Regel völlig harmlos. Irgendwann in meiner Lerngeschichte habe ich in diesen Situationen etwas Unangenehmes erlebt. Diese unangenehme Reaktion wird **jetzt** fast zwangsläufig durch Merkmale der sozialen Situation ausgelöst.

Das Aufsuchen oder auch nur »an die Situation denken« signalisiert mir jetzt: ich werde versagen, werde ausgelacht werden, werde rot werden, werde schwitzen, werde mich versprechen, werde jemanden kränken, werde abgelehnt werden. Alle wohlgemeinten Ratschläge der Umgebung, daß diese unangenehmen Gefühle unbegründet seien oder daß man sich doch zusammenreißen solle, sind wenig geeignet, eine solche gelernte Verknüpfung von auslösenden Situationen und unangenehmen Gefühlen zu beseitigen.

Diese steuernde **»immer wenn ... dann-Beziehung«** beschränkt sich natürlich nicht nur auf die Aufeinanderfolge eines Auslösers und einer Reaktion, sondern sie steuert **kettenförmig ganze Denk- und Gefühlsabläufe.**

Immer wenn ... mein Chef mir bei der Arbeit zuschaut – dann fühle ich mich gehemmt und verspannt – dann zittert meine Hand – dann mache ich Fehler – dann fühle ich mich ängstlich – dann werde ich verwirrt – dann bringe ich gar nichts mehr zustande – dann fühle ich mich als Versager.

Oder: Immer wenn ich bei Familie X eingeladen bin und Herr X zum Thema Y spricht, fällt mir nichts Gescheites ein – dann fühle ich mich unwissend, dann sage ich mir: du bist dumm, dann fühle ich mich unwohl und fehl am Platz, dann werde ich gereizt, dann mach ich bissige Bemerkungen, dann lehnen mich die anderen ab, dann fühle ich mich gekränkt, schließlich fühle ich mich tief traurig, wenn ich nach Hause komme.

In diesen Beispielen zeigt sich, daß jede Reaktion, alles Nachfolgende, alles »Ausgelöste« selbst wieder das Nachfolgende in Form einer »immer wenn ... dann-Beziehung« bestimmen kann. Die Reaktion wird zum Auslöser anderer Reaktionen.

Im Laufe der Therapie werden Sie in ganz kleinen konkreten Schritten diese Prinzipien so oft in ihrer Anwendung üben, daß Ihnen die – jetzt noch komplizierten – Analysen ganz geläufig werden.

Wichtig ist zunächst, daß Sie Ihre Schwierigkeiten, Ihr problematisches Verhalten und Ihre unangenehmen Gefühle in einem sich gegenseitig bedingenden Zusammenhang begreifen. Im Augenblick sollen die Ausführungen Sie nur zu **einer gezielteren Selbstbeobachtung** anregen. Sprechen Sie mit Ihrem Therapeuten Ihre Liste problematischer Verhaltensweisen und Vermeidungsreaktionen durch. Suchen Sie in Ihrem Alltagsleben Situationen auf, die Sie für kritisch halten, unterlassen Sie Vermeidungsreaktionen, und beobachten Sie dabei, wie Sie sich fühlen und verhalten. Bald werden Sie feststellen, was Sie dabei gestört hat, und Vorstellungen entwickeln, wie Sie die Situation besser lösen möchten. Sie lernen Ihre unmittelbaren Reaktionen auf kritische Situationen zu erkennen und in Abhängigkeit von der auslösenden Situation zu sehen. Sie besprechen Ihre Beobachtungen mit Ihrem Therapeuten, der Ihnen bei der differenzierten Bedingungsanalyse helfen wird.

Nehmen Sie jetzt das **Arbeitsblatt Nr. 6 »Die unangenehmen Gefühle beim Aufsuchen bislang vermiedener Situationen« aus der Anlage** zur Hand, füllen Sie es aus und besprechen Sie eventuelle Fragen mit Ihrem Therapeuten.

4.2.2.2.1 Beobachtungsaufgabe Protokollieren der eigenen Gedanken als Auslöser unangenehmer Gefühle

Sie wissen bereits, daß Vermeiden kritischer äußerer Situationen selten eine Problemlösung bietet. Sie erinnern sich an die Situation, Sie bewerten sie und erwarten in Gedanken weiterhin Unangenehmes. Das Denken an Unangenehmes führt zu unangenehmen Empfindungen. Die eigenen Gedanken sind sehr häufig als Auslöser unangenehmer Gefühle eine Hauptbedingung unserer Schwierigkeiten. Im letzten Arbeitsblatt hatten Sie äußere Situationsmerkmale, die Ihre unangenehmen »Zustände« bedingen, herausfinden wollen.

Sie konnten sich zu diesem Zweck einfach in die Situation begeben und Ihre ›ausgelösten‹ Gefühle aufschreiben.

Die eigenen Gedanken können aber nicht so sicher und schnell protokolliert werden. Um herauszufinden, welcher der vielen unterschiedlichen Gedanken regelmäßig unmittelbar vor einem unangenehmen Gefühl auftritt, gehen Sie diesmal von der Beobachtung Ihrer Gefühlszustände aus. Sehen Sie sich das letzte Arbeitsblatt noch einmal durch und schreiben Sie diejenigen Gefühle, die Sie besonders störend empfinden und am häufigsten erleiden, auf.

Immer dann, wenn Sie in den nächsten zwei Wochen jetzt ein solches Gefühl verspüren, notieren Sie den Wortlaut der Gedanken, die kurz vorher auftraten.

Es könnte sein, daß Sie öfter ›grundlos‹ traurig sind. Ihr Protokoll könnte ergeben:

1. **Situation:** am 2. 5. 19 Uhr trauriges Gefühl allein vor dem Fernseher, lustiger Film.
   Gedanken: Ich habe gedacht: »Ich muß schnell raus hier, sonst fällt mir die Decke auf den Kopf.« »Nicht mal einen lustigen Film kann ich mehr sehen.« »Mit mir wird es nie wieder besser.«
2. **Situation:** am 2. 5. 19,30 Uhr alleine auf der Straße, trauriges Gefühl nach kurzer Erleichterung (siehe Situation 1).
   Gedanken: Kurz vorher habe ich gedacht: »Wenn ich doch nur jemand hätte, der mich versteht.« »Ich muß aber doch allein mit mir klarkommen.« »Ich kann es aber nicht.« »Mit mir wird es nie wieder besser.«

Der Gedanke »Mit mir wird es nie wieder besser« ist zweimal unmittelbar vor dem traurigen Gefühl aufgetreten. Wenn sich diese Beobachtung weiter bestätigt, ist er als Auslöser für das störende Gefühl anzusehen. Oft werden es nicht immer wörtlich

dieselben Gedanken sein, die das gleiche unangenehme Gefühl auslösen, sondern Gedanken, die sich ähneln:
Erinnerung an früher, negative Selbstbewertungen, Erwartungen von Mißerfolg und Ablehnung.
Besprechen Sie Ihre Protokolle mit Ihrem Therapeuten. Beobachten Sie genau und formulieren Sie die unmittelbar vorangegangenen Gedanken aus. Schreiben Sie zwei Wochen lang täglich wichtige Beobachtungen zu **einem** störenden Gefühl auf.
Gedankliche Auslöser von problematischem Verhalten sind nur durch Ihre konsequente Selbstbeobachtung präzise zu erfassen. Sie müssen in Ihr Änderungsziel eingehen.

4.2.3 Was unserem Verhalten nachfolgt
Die Steuerung durch Konsequenzen

4.2.3.1 Die Arten von Konsequenzen

Im Abschnitt »Erziehungsmethoden« haben Sie bereits die Prinzipien der Verhaltenssteuerung durch unmittelbar Nachfolgendes kennengelernt.

▶ **Wenn**
Verhalten (Denken, Fühlen, Sagen, Handeln)
von positiven Folgen begleitet ist
(Angenehmes wird zugefügt: positive Bekräftigung.
Unangenehmes wird weggenommen oder hört auf: negative Bekräftigung)
dann
wird dieses Verhalten in Zukunft häufiger und intensiver auftreten
– es wird gesteigert oder neu erlernt

▶ **Wenn**
Verhalten (Denken, Fühlen, Sagen, Handeln)
von negativen Folgen begleitet ist

(Unangenehmes wird zugefügt, Angenehmes wird entzogen: »Strafe«
Angenehmes bleibt aus oder hört auf: »Löschung«):
dann
wird dieses Verhalten seltener gezeigt, abgeschwächt. Es wird unterdrückt (Strafe) oder verlernt (Löschung).

4.2.3.2 Zum Wirkungsprinzip von Konsequenzen

Sie haben auch bereits einige der Voraussetzungen für die Wirksamkeit dieser Steuerung kennengelernt:
Eine Konsequenz wirkt nur auf das **unmittelbar** zuvor gezeigte Verhalten, dem sie **nachfolgt,** ein.
Am günstigsten ist es, wenn für den Betreffenden ein **sinnvoller Zusammenhang** zwischen Verhalten und Konsequenz erkennbar ist.
Ein Lob sollte etwa das Verhalten, für das es erteilt wird, noch einmal hervorheben: »Ich mag dich deswegen ganz besonders.« Oder: »Ich fand gerade dieses (Verhalten) so gut, weil du damit . . .«
Um langfristig Ziele zu erreichen, können auch Verhaltensweisen, die unmittelbar unangenehme Konsequenzen hervorrufen, eine positive Bedeutung erlangen.

Wir wollen uns die zeitliche Funktion von Konsequenzen in der Verhaltenssteuerung noch einmal an Beispielen klarmachen.

1. Für Herrn M. ist Pünktlichkeit ein Problem.
Nehmen wir an, er kommt zu spät ins Büro und sein Chef sagt: »Aber das macht doch nichts, wohl im Verkehr steckengeblieben« – dann ist die unmittelbar nachfolgende Konsequenz für sein Zuspätkommen durch die wohlwollende Bemerkung und soziale Zuwendung positiv. Das Zuspät-Kommen wird also positiv bekräftigt.
2. Wenn M. zu spät ins Büro kommt, sich entschuldigt, und niemand nimmt davon Notiz:
dann ist die unmittelbare Konsequenz für seine Entschuldigung das Ausbleiben einer Reaktion. Das Entschuldigen müßte also

seltener werden, da es gelöscht wird. Das könnte der Fall sein, wenn M.s Chef zuvor immer jovial auf die Entschuldigungen reagiert hat. Das wird nicht der Fall sein, solange M. **glaubt,** daß die Entschuldigung Mißbilligung abwehrt – dann hätte das Verhalten »sich entschuldigen« für M. nämlich positive Konsequenzen durch negative Verstärkung und würde weiter beibehalten.

3. Wenn M. zu spät ins Büro kommt und der Chef sich seinen Ärger nicht anmerken lassen will, später, während der Arbeitszeit, jedoch barsch zu M. ist, dann wird die Arbeit bestraft. Das Zuspät-Kommen bleibt von der »verspäteten Strafe« unberührt.

4. Wenn M. mal wieder pünktlich zum Dienst kommt und der Chef ihn an diesem Tag mit einer freundlichen Bemerkung empfängt, dann ist das Verhalten »Pünktlichkeit« positiv bekräftigt worden und wird häufiger. Dies wird jedoch dann nicht der Fall sein, wenn die freundliche Begrüßung ständig auch an Tagen, an denen M. zu spät kommt, erfolgt. Dann nämlich hätte sie keinen ersichtlichen Zusammenhang mit dem vorangehenden Verhalten »pünktliches Erscheinen« und würde wegen ihrer Alltäglichkeit wohl auch nicht mehr als besonders positiv empfunden werden.

In der folgenden Aufgabe sollen Sie die Wirkungsprinzipien der Bekräftigung selbst herausfinden.

4.2.3.3 Lösungsaufgabe

Herr und Frau T. führten bis jetzt eine vorbildliche Ehe. In letzter Zeit muß Herr T. aber immer länger arbeiten und kommt deshalb spät nach Hause. Frau T. ist hierüber nicht sehr froh und fängt an zu nörgeln. Herr T. mag das nicht. Nach einem langen Arbeitstag will er seine Ruhe haben und einen angenehmen Abend verbringen. Er sagt seiner Frau barsch, daß sie aufhören soll. Nun aber wird Frau T. erst recht wütend. Sie schimpft und fühlt sich ganz elend. Herr T. verläßt die Szene und kommt mit einer Schachtel Pralinen zurück. Frau T., die sonst nie Geschenke von ihrem Mann bekommt, ist angenehm überrascht und nun freundlicher.

Frage 1: Wessen Verhalten ist hier verstärkt worden?
a) Das von Herrn T.?
b) Von Frau T.?
c) Von beiden?

Frage 2: Warum haben Sie a), b) oder c) gewählt?

Frage 3: Was war hier ein Verstärker?
a) Der Arbeitstag von Herrn T.?
b) Eine Schachtel Pralinen?
c) Die Beendigung der Vorwürfe?

Frage 4: Für welches Verhalten wurde Frau T. verstärkt?
a) Fürs Streiten?
b) Dafür, daß sie geduldig einen ganzen Tag auf ihren Mann gewartet hat?

Frage 5: Für welches Verhalten wurde Herr T. verstärkt?
a) Für seine Arbeit?
b) Dafür, daß er seine Frau barsch aufforderte, zu schweigen?
c) Für das Schenken einer Schachtel Pralinen?

Frage 6: Wie wird die Geschichte weitergehen?
a) Herr T. wird ab jetzt noch mehr arbeiten.
b) Frau T. wird jetzt geduldiger und keinen Streit mehr anfangen, wenn Herr T. zu spät nach Hause kommt.
c) Herr und Frau T. werden immer mehr streiten, weil Frau T. gelernt hat, daß Vorwürfe ihrerseits eine positive Folge haben (Pralinen).
   Herr T. wird jedesmal beim Streit seiner Frau etwas schenken, weil er gelernt hat, daß der Streit durch ein Geschenk aufhört.

Lösungen

Frage 1
c) ist richtig.
Beide Partner sind verstärkt worden.

Frage 2
Herr T. ist verstärkt worden, weil er durch das Kaufen einer Schachtel Pralinen einen für ihn unangenehmen Zustand (Vorwürfe, Streit) beenden konnte. Herr T. ist also für die Verhaltensweise »Schenken von Pralinen, wenn seine Frau ihm Vorwürfe macht« negativ verstärkt worden.
Frau T. ist ebenfalls verstärkt worden: sie bekam die Schachtel Pralinen, unmittelbar nachdem sie ihrem Mann Vorwürfe machte. Ihr Streitverhalten wurde also positiv verstärkt.
Da aber **beide** verstärkt wurden, ist nur
c) richtig.

Frage 3
b) und c) sind richtig.

Frage 4
a) ist richtig.
Da die Schachtel Pralinen **unmittelbar** auf das Streiten folgte, wurde hier **nur** das Streiten verstärkt und nicht das Warten während des Tages.

Frage 5
c) ist richtig.
Nur durch das Schenken der Pralinen konnte der unangenehme Zustand des Streites beendet werden. Weder das Arbeiten noch die barsche Aufforderung zu schweigen beendeten den unangenehmen Zustand.
Ein Verstärker besteht in einer positiven Konsequenz; in unserem Beispiel ist die positive Konsequenz das Aufhören des Streites (»negative Verstärkung«).

Frage 6
c) ist richtig.
In der Familie T. wird es jetzt häufiger Streit geben. Frau T. hat

gelernt, daß ihr Mann nur dann lieb zu ihr ist, wenn sie streitet. Nur dann bekommt sie ein kleines Geschenk.
Herr T. hat gelernt, daß seine Frau nur dann aufhört zu streiten, wenn er ihr zum Beispiel eine Schachtel Pralinen schenkt. Das Verhalten der beiden Ehepartner schaukelt sich allmählich auf. Frau T. macht mehr und mehr Vorwürfe, sie bekommt mehr und mehr geschenkt, sie wird dicker und bleibt trotz aller Mühen tagsüber allein. Herr T. wird etwas ärmer, kriegt noch mehr Abneigung gegen Vorwürfe, kommt noch später nach Hause und so weiter. Jeder kontrolliert den anderen, wir können sagen, daß beide Partner ihr Verhalten **gegenseitig steuern.**

4.2.3.4 *Die Verhaltensbeobachtung zur Ermittlung von »negativer Verstärkung«*

Was Sie selbst unangenehm und störend empfinden, haben Sie schon in konkrete Situationen übersetzt. Die Beendigung eines solchen negativen Zustandes oder Ereignisses ist Ihrer Beobachtung zugänglich.

Was dagegen an möglichen positiven Konsequenzen für mögliches Alternativverhalten eintreten kann, läßt sich zur Zeit erst vermuten.

Praktisch gehen Sie in der Feststellung verhaltenssteuernder Konsequenzen in Form einer Beendigung von unangenehmen Zuständen einfach so vor, daß Sie Ihre Arbeitsblätter zur Situationsbewertung noch einmal durchsehen und bei den Vermeidungsstrategien und gefühlsmäßigen Reaktionen überlegen, welche davon kurzfristig belohnend wirken (Negatives reduzieren) und wie die langfristigen Folgen sein könnten.

Wenn Sie zum Beispiel in der Situation »Eine nette Person lächelt Sie an« wegschauen, dann fühlen Sie sich vielleicht nicht mehr so verlegen; etwas Negatives hört auf – das Wegschauen wird bekräftigt und damit in Zukunft häufiger.

Die Person aber wird Sie in Zukunft weniger freundlich anschauen – ihre Konsequenz war das Erleiden von Negativem. Die Person hat Ablehnung verspürt. Auch wenn Ihr Wegschauen nicht direkt ablehnend (bestrafend) gewirkt hat, wird das Verhalten Ihres Gegenübers trotzdem seltener: Sie haben es »gelöscht«.

Sie haben bereits gesehen, daß sehr vieles von dem, was Sie täglich tun, ein zwangsläufiges Nichttun von anderen Tätigkeiten beinhaltet, die Sie vermeiden.

Diese Handlungsweisen haben also eine doppelte Funktion:

▶ In einer Situation, in der ein Hinweisreiz mich negative Konsequenzen erwarten läßt, erspare ich mir diese durch Nichttun. Ich werde durch Hinweisreize, die unmittelbar meiner beabsichtigten Handlung vorangehen (Anzeige von Mißbilligung, Mißerfolg, Strafe), so gesteuert, daß ich die Handlung dann einfach unterlasse oder etwas »anstatt« des Vermiedenen mache.

► Die anstelle der vermiedenen Handlung erfolgte Tätigkeit aber hat wiederum Konsequenzen, die mich entweder darin bestätigen, auch in Zukunft zu vermeiden, oder mir anzeigen, daß die »Anstatt-Reaktion« ziemlich sinnlos war.
Wenn ich das nette Mädchen nicht anspreche, den Vortrag nicht halte, mich nicht zu Wort melde und mich nicht unter Leute begebe, obwohl ich gerade das hätte tun wollen – so fühle ich mich unmittelbar nach diesem Entschluß wohler. Der unangenehme Gedanke an einen eventuellen Mißerfolg hört auf.
Wenn ich aus lauter Angst, mich anzustecken, mir sofort nach einem Händedruck die Hände wasche, wenn ich bei Spannungszuständen rauche, trinke oder Medikamente einnehme, folgt als unmittelbare Konsequenz ein angenehmes Gefühl. Ein unlustvoller Zustand hört auf oder wird schwächer.
So wird Vermeidungsverhalten auch dadurch zum Problem, daß es durch seinen sofortigen, kurzfristigen Belohnungseffekt (negative Verstärkung) immer wieder bekräftigt wird und in Zukunft öfter auftritt. So könnte ich meine Hände 50mal am Tag waschen, unmäßig rauchen und trinken, eine Freß- oder Medikamentensucht bekommen oder mich sozial völlig isolieren.
Die Techniken, mit denen ich unlustvolle Gefühle reduzieren kann, sind sehr vielfältig. Ein unerklärlicher Schmerz wird besser, wenn ich weiß, warum es mir weh tut – eine banale Erklärung oder eine »eingebildete« Diagnose, wie an einer Herzkrankheit oder den Wechseljahren zu leiden, kann zur fixen Idee werden, weil sie ständig durch negative Verstärkung bekräftigt wird.
Ein unerklärliches trauriges Gefühl kann schwächer werden, wenn ich mir eine Erklärung suche. Die Idee, etwa ein Trauerkloß oder häßlich zu sein, wird bekräftigt und immer häufiger.
Eine unerklärliche Angst und Panik wird erträglicher, wenn ich glaube, daß andere mich verfolgen und bedrohen. Die »Erklärung« wird bekräftigt und kann bis zur Unkorrigierbarkeit verfestigt werden. Es kann aber sein, daß ich meine »Anstatt-Reaktion«, obwohl sie unmittelbar unlustmindernd war, nachher als sinnlos oder negativ erlebe. Wenn ich etwa eine unangenehme Arbeit erledigen muß, könnte ich statt dessen einen Freund anrufen und ihn besuchen. Wenn ich am Abend aber wiederum vor der liegengebliebenen Arbeit sitze, könnte ich mich sehr darüber ärgern, wertvolle Stunden vergeudet zu haben.

Lernen durch negative Verstärkung hat jedoch auch eine wichtige Funktion in nichtproblematischen Situationen:
Vielfach müssen wir zur Erreichung langfristiger Ziele vorübergehend Unlust in Kauf nehmen. Die Mühe und Qual körperlicher Arbeit ist oft nur durch den unlustreduzierenden Gedanken an das Geld und die damit verbundenen Möglichkeiten erträglich, das hartnäckige Arbeiten an eigenen Fertigkeiten, die Vielzahl unendlicher Verzichte beim Lernen von Hausaufgaben, beim Schreiben von Büchern, beim Sparen für Reisen – all das wird durch die tatsächlich erlebte Abnahme von Spannung (negative Verstärkung) in der Annäherung an das Ziel und durch die Vorwegnahme des Erfolges in Gedanken (positive Verstärkung) ermöglicht.

4.2.3.5 Die Bewertung von Konsequenzen

Eine Konsequenz kann gleichzeitig verschiedene Bedeutungen oder Steuerungsfunktionen haben:
Sie kann für mich selbst kurzfristig angenehm und langfristig unangenehm sein (etwa Vermeidungsverhalten). Sie kann kurzfristig unangenehm und langfristig angenehm sein (etwa arbeiten, lernen).
Sie kann unmittelbar zwei verschiedene Funktionen haben. Ein unangenehmer Zustand wird beendet (positiv), eine Mißbilligung durch andere tritt ein (negativ).
Ein Erfolg wird erzielt (positiv), und gleichzeitig tritt Ablehnung durch Konkurrenten auf (negativ). Bei der Vorwegnahme in der Erwartung von Konsequenzen ergeben sich hier leicht handlungshemmende Annäherungs-/Vermeidungskonflikte. Zwei in einer Situation erreichbare (verfügbare) Bekräftiger können annähernd ähnlich positiv bewertet werden: bei der Wahl des zu zeigenden Verhaltens wird Unschlüssigkeit entstehen. Zwei oder mehrere in einer Situation zu erwartende negative Konsequenzen für verschiedene Verhaltensmöglichkeiten können als Vermeidungskonflikt totale Handlungs- und Entscheidungsunfähigkeit hervorrufen. Eine solche Möglichkeit liegt etwa bei sozialer Angst und gleichzeitigem hilflosen oder ungeschickten Sozialverhalten ziemlich nahe –

was immer versucht wird, es endet im Mißerfolg, das heißt, es führt zur Erwartung von Mißerfolg (Selbstbestrafung).
Schließlich haben Sie als mehrdeutige Funktion von nachfolgenden Konsequenzen auch schon die Wechselseitigkeit in der sozialen Interaktion kennengelernt: Was bei mir ein bestimmtes Verhalten bekräftigt (etwa meine Nachgiebigkeit oder meine Neigung, mich zu entschuldigen, wenn ich unangenehme Vorwürfe beende), kann gleichzeitig bei dem Partner ein anderes – oft gegenteiliges – Verhalten verstärken (etwa sein Vorwurfsverhalten, weil es die für ihn positive Konsequenz meiner Nachgiebigkeit hat).

Die Hauptprobleme bei der Analyse von nachfolgenden Konsequenzen sind also:
Die Bestimmung ihrer Wertigkeit
und des zeitlichen sowie inhaltlichen Bezuges zur Art vorher gezeigten oder beabsichtigten Verhaltens.

Es gibt Dinge, Tätigkeiten, Empfindungen, die unter bestimmten Umständen, in bestimmten Situationen und nach bestimmten Aktivitäten für fast alle Menschen belohnend wirken:
Wenn ich mich hungrig fühle, dann wirkt essen angenehm.
Wenn ich friere, erfreut mich ein warmes Zimmer.
Wenn ich hart arbeite, genieße ich eine Pause.
Nach langen Wintermonaten fahren Tausende sonnenhungrig in den Süden. Die Südländer jedoch meiden die Sonne bereits und suchen Kühle und Schatten, da sie schon genug Wärme und Licht hatten und dies nicht mehr belohnend empfinden. Belohner, wie die eben erwähnten, erfüllen wichtige primäre Bedürfnisse. Ihr Belohnungswert ist um so höher, je hungriger oder deprivierter wir sind.
Die meisten von mir als positiv empfundenen Konsequenzen wirken jedoch nicht mehr nur als Beendigung natürlicher Mangelzustände, sondern erhalten ihre Bedeutung durch meine spezifische Lerngeschichte. Sie wirken nicht automatisch und für jeden in der gleichen Situation »bekräftigend« auf das Verhalten ein. Ihre positive Bewertung wurde erlernt, weil sie unter meinen ganz speziellen Bedingungen erreichbar waren. Sie wurden an mein spezielles Verhalten gekoppelt. Sie werden durch meine

Selbstbewertung, durch meine Mitmenschen, durch meine Kultur mit ihren Regeln als positiv vermittelt.
Solche im sozialen Kontakt durch die Selbstbewertung oder die Bewertung des Verhaltens anderer mitbestimmten Konsequenzen müssen für die Änderung des Verhaltens verfügbar sein. Positive Konsequenzen müssen an neuzulernendes Verhalten gekoppelt werden. Die gezielte Nutzbarmachung von positiven Konsequenzen zur Änderung des Verhaltens setzt **als erstes** voraus, daß wir **erkennen** lernen, welche eigenen Verhaltensweisen oder **welche Reaktionen** von anderen für uns **überhaupt angenehm** sind.

Nehmen Sie jetzt die folgenden **Arbeitsblätter Nr. 7a und 7b aus der Anlage** zur Hand und füllen diese aus, bevor Sie weiterlesen!

Der **Übungsbogen zur Wertorientierung** kann Ihnen folgendes zeigen:

Wenn Sie das **erste Gebiet »Anerkennung und Lob«** bevorzugt gewählt haben, werden Sie die möglichen Lernhilfen durch positive Konsequenzen sehr gut nutzen können. Lob und Anerkennung sind leicht ›verfügbare‹ Bekräftiger in einer sozialen Gruppe. Sie sind bei Lernfortschritten und Lernanstrengungen die »angemessene« Konsequenz. Lob, Anerkennung und Erfolgserlebnisse werden sich automatisch für Ihr verbessertes Sozialverhalten einstellen. Sie zu akzeptieren, um so das Neugelernte zu bekräftigen, wird eine große Hilfe sein. Gleichzeitig jedoch könnten Lob und Anerkennung für extrem einseitiges Verhalten abnehmen, für manches inadäquate Verhalten sogar ganz aufhören.

Wenn Sie das **zweite Gebiet »Zuneigung und Hilfe«** bevorzugt positiv bewertet haben, können Probleme bei der Nutzung von positiven Folgen als Lernhilfe entstehen. Viele der dort angeführten Konsequenzen wie Mitleid, Schutz und Geborgenheit sind an ein hilfsbedürftiges Verhalten gekoppelt. Diese Hilfsbedürftigkeit jedoch wollen Sie verlieren. Die Gewohnheit,

schwierige Entscheidungen anderen zu überlassen oder gar das bisher bekräftigte Klagen über Beschwerden beizubehalten, all diese Verhaltensweisen werden bei Lernzielen wie Selbständigkeit, Selbstverantwortlichkeit und beschwerdefreie Umweltbewältigung sicher nicht mehr bekräftigt, sondern gelöscht werden müssen.
Wer ganz überwiegend Konsequenzen aus diesem Gebiet positiv bewertet, kann also kurzfristig in einer ATP-Lerngruppe in ein Minus positiver Konsequenzen geraten. Das Ausbleiben der ›gewohnten‹, erwarteten positiven Konsequenzen für das alte Fehlverhalten kann vorübergehend sogar zur kurzfristigen Steigerung des Fehlverhaltens führen. Ohne gründliche Vorbereitung und ohne Einsicht in die Dynamik sozialer Steuerungsprinzipien könnte sich ein solcher Teilnehmer bald von der Gruppe abgelehnt fühlen und damit seine Lernbedingungen noch verschlechtern.
Langfristig braucht er natürlich nicht auf dieses wesentliche Gebiet positiver Bekräftiger zu verzichten. Die Gruppenmitglieder wachsen meist zu einer Gemeinschaft von Lernenden mit gleichen Interessen heran, in der Verständnis und echte Hilfe für den anderen zur Regel werden. Die gelernten sozialen Fertigkeiten, Angstfreiheit und Selbstvertrauen, ermöglichen partnerschaftliche Lösungen, bei denen ein echter Austausch von Bekräftigern aus dem emotionalen Orientierungssektor erst möglich wird.

Bei der bevorzugten Bewertung von Werten des **dritten Sektors »Macht und Einfluß«** wird das Problem, andere kontrollieren zu wollen, gemeinsamem Lernen und kollektivem oder partnerschaftlichem Sozialverhalten im Wege stehen. Durchsetzung um jeden Preis wird negative Konsequenzen im Verhalten anderer hervorrufen. Das dazugehörige rücksichtslose und egoistische Verhalten kann zwar durch die erlebte Steigerung des Selbstwertgefühls bei der Machtausübung und durch die damit oft gepaarten materiellen Vorteile bekräftigt werden; wesentliche andere Quellen eines erfüllten Sozialverhaltens werden jedoch verschlossen bleiben. Dies wird um so kritischer, wenn ein einziger Orientierungsbereich einseitig und exzessiv beibehalten bleibt.

Der vierte Bereich »Aktivitäten und Unternehmungen« weist auf eine zusätzliche Quelle von Verstärkern hin: die in sich selbst bekräftigend wirkenden Tätigkeiten. Diese Bevorzugung von Aktivitäten kann mit der tatsächlichen Ausübung vieler Hobbys und sozialer Tätigkeiten in Beziehung stehen. **Häufig gezeigtes Verhalten kann selbst bekräftigende Funktion haben.** Es kann sinnvoll zum Neuerwerb von anfangs noch seltenem Verhalten genutzt werden, wenn es unmittelbar im **Anschluß** ausgeführt wird. Die etablierten sozialen Aktivitäten können durch häufiges Üben entsprechend wieder andere Aktiva aufbauen helfen.

Die **fünfte Orientierung »Ruhe und Entspannung«** birgt die Gefahr mangelnder Übungs- und Anwendungsfreudigkeit und zeigt bei Einseitigkeit Rückzugs- und Vermeidungsbevorzugung auf. In dieser extremen Einseitigkeit müßte ein Anstoß für soziale Aktivitäten erst einmal energisch erfolgen, weil Passivität häufig Folge fehlender aktiver Bekräftigungsmöglichkeit ist.

Das sechste Orientierungsgebiet »Zu meinen Prinzipien und Idealen stehen« zeigt als Vorteil eine stabile, nach innen orientierte Werthaltung und leichte Nutzbarmachung von selbstgelieferten Bekräftigungen. Es birgt jedoch die große Gefahr von programmierten Fehldeutungen, Fehlerwartungen und von einer »Inflation« der Verstärker durch überhöhte Ansprüche und Lobabwertung.
Eine solche starre Haltung würde alle Veränderungen nahezu unmöglich machen, da neues Verhalten automatisch unter Löschungsbedingungen gestellt würde.

Das siebte Gebiet »Kontakt und Geselligkeit« illustriert, daß von der möglichen Fülle positiver Folgen unseres sozialen Verhaltens bislang nur Bruchteile verwirklicht wurden, oft um einen hohen Preis an Schwierigkeiten. Dieses Gebiet wird beispielsweise bei Kontaktängstlichen ein zwar erstrebenswertes Ziel- und Wertgebiet, gleichzeitig jedoch ein aversiv, negativ bewertetes Feld tatsächlicher oder erwarteter Konsequenzen darstellen. Die angestrebte Verhaltensänderung würde für Verhaltensweisen in der täglichen sozialen Interaktion so viel

Bekräftigung liefern, daß das bisherige – hoch bekräftigte – Fehlverhalten leicht aufgegeben werden kann.

Das achte Orientierungsfeld »Hohes Einkommen und Besitz« zeigt wie die Erfolgs- und Machtorientierung die Gefahr von Einseitigkeit auf. Der Preis an Freizeiteinschränkung und Energie verhindert oftmals den Ausbau sozialer Aktivitäten und emotionaler Kontakte. Die »Bekräftigung« mit Konsumgütern führt über die verstärkte Kauftätigkeit zu Mehrarbeit und weniger Zeit zur »Konsumgüternutzung«. Viele solcher Wertorientierungen betrügen: Das Zielverhalten »Konsumieren« wird bekräftigt (etwa durch Statussymbole oder durch das Versprechen von Fröhlichkeit und Glück bei Kauf von ...), die Nutznießung des erstrebten Wertes aber ist erschwert durch das Mehr an Arbeit, das dafür geleistet werden muß.

Diese Beispiele lassen sich durch andere Wertorientierungen ergänzen. Überdenken Sie Zweck, dazugehöriges Verhalten und Entstehung solcher Orientierungen. Sozial kompetentes Handeln führt auch zu einem Mehr an Arbeitszufriedenheit, Erfolg und Anerkennung – aber ohne Einschränkungen anderer wesentlicher Quellen von Bekräftigung und ohne gefährliche Einseitigkeit.

Sie wissen jetzt bereits, **was die Bewertung** von Konsequenzen Ihres Verhaltens mitbestimmt und **wie die Bewertung Einfluß auf die verhaltenssteuernde Funktion der Konsequenzen nimmt.**

1. Die Methoden und Ziele unserer Erziehung legen bestimmte Orientierungsgebiete nahe, wie
   - Erfolg und Leistung
   - Liebe und Zuwendung
   - Innere Zufriedenheit oder äußere Beachtung
   - Pflicht und Gehorsam
   - Leichtsinn und Vergnügen
   - Verantwortung und planvolle Betätigung
   - Hilflosigkeit und Ablehnung.

2. Durch unsere langfristigen Ziele (als Lernprodukt) können wir unangenehme Handlungen als »Mittel zum Zweck« positiv umwerten (durch Selbstkontrolle).
3. Je »ausgehungerter« wir nach etwas Erstrebenswertem sind, um so mehr steigt dessen Belohnungswert an (Prinzip der Deprivation).
4. Aktivitäten, die wir sehr häufig freiwillig tun, können eine verstärkende Qualität haben und als Bekräftiger benutzt werden.
5. Aktivitäten, die wir zur Vermeidung von unangenehmen Empfindungen oder Konsequenzen ausführen, wirken verstärkend, weil sie uns Negatives ersparen. Diese »negative Verstärkung« wird ihre verhaltenssteuernde Funktion nach dem Ausmaß ersparter negativer Einflüsse entfalten. Je schwieriger eine Situation ist, um so hartnäckiger wird sie vermieden.
6. Je höher unsere erlernten Ansprüche sind, um so weniger positiv werden wir ein »objektiv« günstiges Ergebnis unseres Verhaltens bewerten, um so geringer wird seine Verstärkerfunktion.
7. Je niedriger unsere Fähigkeit zum Annehmen von Lob ausgeprägt ist, um so weniger werden wir positive Konsequenzen als solche wahrnehmen.
8. Je negativer unser Selbstwertgefühl ist, um so eher werden wir eine für die meisten »positive« Konsequenz durch Selbstbestrafung entwerten und ihr damit die verstärkende Funktion nehmen.
9. Je öfter bestimmte positive Konsequenzen für uns erreichbar waren, das heißt auf häufig von uns gezeigtes Verhalten folgten, um so eher erwarten wir ihr Wiederauftreten und um so leichter nehmen wir diese Verstärker wahr, jedenfalls so lange, bis wir »gesättigt« sind.
10. Wenn wir oft für ein bestimmtes Verhalten bestraft wurden, werden wir die Tendenz haben, dieses Verhalten zu unterdrücken. Dies kann auch dann der Fall sein, wenn der »Bestrafer« nicht mehr anwesend ist. Wir erwarten negative Konsequenzen und interpretieren sie manchmal in ganz neutrale Ereignisse hinein.
11. Wenn wir konsequent keine positiven Konsequenzen mit

einem bestimmten Verhalten erreichen und doch immer damit gerechnet haben, wird die Erwartung gelöscht. Wir rechnen nicht mehr mit dem Erfolg und nehmen positive Folgen nicht mehr wahr.

12. Je positiver oder wichtiger die Person für uns ist, die die Konsequenzen austeilt, um so positiver werden wir die Bestätigung empfinden.
13. Dinge, die uns nahestehenden oder wichtigen Personen angenehm sind, werden wir eher als positiv bewerten.

    Die Prinzipien des Modellernens beeinflussen die Wertigkeit und damit die verstärkende Funktion von Konsequenzen.

4.2.4 Die differenzierte Bedingungsanalyse des eigenen Verhaltens nach vorangehenden und nachfolgenden Steuerungselementen

Sie kennen jetzt

die Steuerungsregeln,
ihre zeitliche Funktion und
ihre Beeinflussungsprinzipien,
die modifizierenden Einflüsse Ihrer Lerngeschichte
und Ihres sozialen Bezuges
und konkrete Situationen, in denen sich Ihre zentralen Probleme und Schwierigkeiten zeigen.

Die folgende Darstellung soll Ihnen diese sich kettenförmig in der sozialen Interaktion fortsetzende Steuerung noch einmal verdeutlichen.

4.2.4.1 Zur Dynamik der funktionalen Verhaltenssteuerung in der sozialen Interaktion

Hinweisreiz (was vorausgeht und mir mögliche Folgen anzeigt)	**Modifizierender Prozeß** (eigene Bewertung und Empfindung)	**Beobachtbare Konsequenz** (das nachfolgende Handeln oder Ereignis)
Beispiel 1:		
1.1 Wenn ich immer nur »ja« sage, wenn andere mich um einen Gefallen bitten,	dann werden die anderen denken, »der macht das schon«, da sie für ihre Bitten positiv bekräftigt werden.	Die anderen wollen immer häufiger etwas von mir, bitten mich öfter und fragen nach immer größeren »Gefälligkeiten«.
1.2 Wenn die anderen immer nur etwas von mir wollen und um immer größere »Gefälligkeiten« bitten,	dann fühle ich mich ausgenutzt (bestraft). Ich möchte am liebsten nein sagen, aber . . .	ich antworte gar nichts.
1.3 Wenn ich am liebsten nein sagen möchte,	dann fürchte ich wieder die Ablehnung (Bestrafung) durch andere. Beide Male werden also unangenehme Konsequenzen angezeigt. Ich gerate in einen Konflikt, weil beide Reaktionsmöglichkeiten Bestrafung ankündigen. Wenn die Angst vor dem Nein-Sagen überwiegt, dann . . .	Ich komme dann der Bitte nur sehr zögernd und mürrisch nach.
1.4 Die anderen nehmen die Hilfe hin, sind aber kurz angebunden (ihre Erwartung auf positive Folgen der Bitte wurde diesmal nur teilweise [widerwillig] erfüllt),	dann ärgere ich mich nicht nur über meine Feigheit und Nachgiebigkeit, sondern auch noch über den Undank der anderen und nehme mir vor, die anderen meinen Ärger bei nächster Gelegenheit spüren zu lassen.	Ich verletze die anderen in einer ganz neutralen Situation durch aggressive, abwertende Bemerkungen und schlage ihnen auch ganz banale Bitten ab (sage etwa: »Kaufe dir doch eine Uhr«, wenn sie fragen, wie spät es ist).

Sie können diese Geschichte sicher selbst fortsetzen. Der modifizierende Prozeß, die eigene (Fehl-)Bewertung und die gelernten (Miß-)Empfindungen haben derart in einen Vorgang sozialer Steuerung eingegriffen, daß gerade dasjenige, was anfangs befürchtet wurde, die Ablehnung durch andere, zum Schluß fast zwangsläufig eintritt.

Hinweisreiz (was vorausgeht und mir mögliche Folgen anzeigt)	**Modifizierender Prozeß** (eigene Bewertung und Empfindung)	**Beobachtbare Konsequenz** (das nachfolgende Handeln, Denken und Fühlen)
Beispiel 2:		
2.1 Wenn andere lachen, während ich etwas erkläre,	dann beziehe ich dieses Lachen auf mich, und ich fühle mich ausgelacht (bestraft).	Ich rede in Zukunft weniger und schweige in Gesellschaften.
2.2 Wenn ich bei einem Gespräch schweige,	dann denken die anderen, der hat ja sowieso nichts zu sagen (sie erhalten keine Bekräftigung auf ihre Fragen).	Ich werde nicht mehr beachtet. Niemand fragt mich mehr nach meiner Meinung.
2.3 Wenn mich niemand mehr nach meiner Meinung fragt,	dann kommen mir Zweifel, ob ich tatsächlich so dumm bin oder ob mich die anderen nicht mögen. Ich fühle mich verunsichert und ängstlich.	– Dann mache ich leichter Fehler, wenn ich wirklich mal was sage. – Dann schlage ich Einladungen ab.

4.2.4.2 Das SB-EMI-Bewertungssystem zur differenzierten Erfassung der Steuerungsfunktionen problematischen Verhaltens

Eine auch zu Kontrollzwecken verwendbare, sehr genaue Erfassung aller wesentlichen steuernden Bedingungen ist mit Hilfe der Fragebögen SB und EMI in der Anlage möglich.
Sie wählen sich zur Beurteilung eine Ihrer schwierigsten Situationen im sozialen Kontakt oder ein schwieriges Problemgebiet, wie die tägliche Arbeit, das Zusammensein mit dem Chef, in Geselligkeit oder mit einem Partner, aus. Besprechen Sie die zur Beurteilung ausgewählten Situationen zuvor mit Ihrem Therapeuten. Oft wird dieser eine Kontrollsituation vorgeben, die für den späteren Therapieerfolg spezifischer ist.
Eine vergleichende Auswertung der Listen wird Ihr Therapeut vornehmen.

Nehmen Sie jetzt das **Arbeitsblatt Nr. 8 »Die Situationsbewertungsskala SB« und dann das Arbeitsblatt Nr. 9 »EMI (Emotionalitätsinventar)« aus der Anlage.**
Tragen Sie die gewählte Situation ein und beurteilen Sie diese in allen Aspekten.
Sie selbst gehen nach dem Ausfüllen die Fragebögen noch einmal sorgfältig durch. Sie informieren sich auf diese Weise, was an dieser Situation für Sie besonders schwierig ist und **was** Ihr Verhalten **wie** beeinflußt.
Händigen Sie dann die Fragebögen Ihrem Therapeuten aus.

4.3 Änderungsstrategien und Änderungsziele

4.3.1 Selbst- oder Fremdkontrolle

Im Abschnitt über die Lerngeschichte des einzelnen haben Sie bereits gelesen, daß die Erziehung nur ein Spezialfall von Fremdbeeinflussung darstellt. Auch nach Verlassen des ursprünglichen Erziehungsmilieus wirken die alten Einflüsse nach. Das »Selbst«, das jetzt die Verantwortung für sein Handeln übernimmt, ist ja das Ergebnis dieses Fremdbeeinflussungsprozesses. Was dieses »Selbst« für wichtig und unwichtig, für erstrebenswert oder unsinnig hält, entscheidet es mit fremden Kriterien. Dies sind zum Teil diejenigen der Erzieher, diejenigen einer späteren Bezugsgruppe und diejenigen gesellschaftlicher und kultureller Selbstverständlichkeiten. Zum Teil sind es solche Kriterien, die durch Erfahrung unterschiedlicher Konsequenzen erworben wurden, etwa die Bedeutung von Worten, Gesten, Taten, von Gefühlen und Gedanken.
Der Prozeß eigener Entscheidung oder die Selbststeuerung geschieht also mit fremdbestimmten Kriterien. Von daher ist eine Unterscheidung von Selbst- und Fremdsteuerung gar nicht so einfach.
Wir verhalten uns aber doch oft anders, als andere es wollen.
Die Entscheidung, was wir tun sollen, wenn mehrere Möglichkeiten, sich so oder so zu verhalten, nebeneinander stehen, nimmt uns niemand ab.
Die Konsequenzen unseres Verhaltens, wenn wir uns irren, treffen uns »selbst«.
»Ich« bin es doch, der leidet,
»ich« bin es doch, der meine Schwierigkeiten ändern will, und
»ich« bin mir gegenüber selbstverantwortlich, wenn ich mich nicht genügend dafür einsetze, mein Selbst zu ändern. Wer ist dieses Ich, das für sich selbst verantwortungsvoll handelt?
Dieses Ich könnten wir als das Produkt einer Lerngeschichte

auffassen. Die Unterschiede – aber auch die vielen Gemeinsamkeiten mit anderen – sind eben in den genannten Beeinflussungsgebieten: biologische Ausstattung, Erziehungs-Methoden, -Ziele, -Milieu und soziale Bedingungen der Umwelt gelegen. Das »Einzigartige« an den Menschen ist dabei nicht sosehr ihr »Anderssein«, sondern die Fähigkeit, ihre Wahl treffen zu können, wenn die Bedingungen der Steuerung keine bestimmte Verhaltensweise festlegen.
Das Anderssein zur Bestimmung unserer Individualität ist oft Ergebnis der spezifischen Bestimmungsmethode von »Identität«:

dem Prinzip eines »Ist-Soll«-Vergleiches

Wir sind diesem Prinzip schon bei der Abstempelung durch andere begegnet. Abweichung wurde hier zum Kriterium der Einordnung durch andere. Abweichung wird für den »Abgestempelten« aber auch zum Kriterium der Einordnung von sich selbst.
Der Unterschied, nicht die Gemeinsamkeit, bestimmt das Selbstverständnis als Individuum.
In dem Beispiel der Abstempelung durch andere wurde das »Wir«-Gefühl der anderen und das »Ich«-Gefühl des Abgestempelten durch einen Vergleichsvorgang bestimmt. Verglichen wurde das eigene »Ist« am Verhalten mit einer Erwartung der anderen, einem »Soll«, das wiederum aus ihrem »Ist«, ihren Verhaltensweisen, entstand.
Die Methode, etwas durch den Vergleich mit etwas anderem zu bestimmen, was wir kraft unseres Gedächtnisses bewahrt haben, ist eine der wichtigsten Orientierungshilfen überhaupt. Sie erspart uns, immer wieder neue Erfahrungen machen zu müssen – und sie verhindert oftmals notwendige Korrekturen unseres Verhaltens und den Erwerb dazu notwendiger neuer Erfahrungen. Sie bestimmt unser Selbstverständnis und Handeln im Sinne eines sich immer wieder im Kreislauf bekräftigenden Systems.
Wie bei einem Thermostaten an Ihrer Heizung wird der Ist-Wert (hier, was Sie tun, denken, fühlen) an dem Sollwert, den Sie vorgewählt haben (hier, was Sie erwarten, kennen, erfahren

haben) angeglichen. Die »Erwartung« wird damit von den »Tatsachen« bestätigt.

Vergleichsnormen oder Sollwerte haben wir in nahezu allen Erfahrungsbereichen gespeichert.

Wenn ich mich heute anders fühle als gestern, so trägt dieser zeitliche Unterschied etwas zu meinem Selbstverständnis über die Zeit hinweg, etwas für mein Gefühl zeitlicher Identität bei.

Wenn ich mich heute schlechter fühle (»Ist«), als ich es von mir gewohnt bin (»Soll«), werde ich manche Aktivitäten unterlassen, weil der Vergleichsprozeß die Wahrscheinlichkeit für heutige Mißerfolge größer erscheinen läßt. Wenn ich mich seit Jahren schlechter fühle als früher, könnte dieser Vergleichsprozeß dazu führen, daß ich den früheren Zustand erreichen möchte und mich nach einer Therapie umsehe.

Alle diese Vergleiche mit eigenen Erfahrungen beeinflussen nicht nur Ziele und Absichten, sie gehen auch in die Gefühle vom eigenen Ich in Form einer zeitlichen Dimension ein (die Entwicklung des Selbst).

Vergleiche mit den gelernten Wertvorstellungen und Normen haben Sie schon kennengelernt:

Wenn ich mich nicht so verhalte, wie »ich« es von mir erwarte, werde ich traurig, niedergeschlagen, unsicher, oder es spornt mich an, diese Erwartung durch »Wiedergutmachung« oder Mehrleistung möglichst schnell wieder zu erfüllen.

Wenn ich ein konkretes Ziel anstrebe, kann der Vergleich allein, auch ohne äußere Erfolgserlebnisse, jede Verhaltensweise, die in die gewünschte Richtung geht, als positiv erleben lassen, selbst wenn damit noch so viele »objektive« Entbehrungen oder »negative« Konsequenzen verbunden sind. Solche Vergleiche können sowohl in der Zeit (eigenen Erfahrungen), mit einer Norm (so muß man es machen) oder mit den Erfahrungen anderer (der hat's auch so geschafft) erfolgen. Die Annäherung vom »Ist«-Zustand zum »Soll«-Zustand wird innerlich bekräftigt. Hinzukommende zeitliche Vergleiche können eine weitere Bekräftigung durch Abnahme unangenehmer Zustände darstellen. Je näher ich meinem Ziel komme, um so mehr kann ich eine Abnahme der Unlust »voraussehen«.

Das »Voraussehen-Können« ist wiederum das Resultat eines Vergleichs einer jetzigen Handlungs-Zielverknüpfung mit frühe-

ren ähnlich gemachten Erfahrungen. Ich kann solche Erfahrungen selbst gemacht haben, sie können mir aber auch durch andere vermittelt worden sein.
In der Wissenschaft vom menschlichen Verhalten sind solche Denkprozesse bewußt lange Zeit außerhalb der Betrachtung geblieben: sie vollziehen sich innerlich und sind der objektiven Erfassung schwer zugänglich.
Die äußeren, beobachtbaren Verhaltensweisen, ihre erfaßbaren und von außen veränderbaren Auslöser und Konsequenzen sind als Steuerungsgrößen untersucht worden und haben in jahrzehntelanger Forschung die überall wirksamen Lernprinzipien und die Regeln der Steuerung aufgedeckt.
Einige Besonderheiten menschlichen Verhaltens, etwa die Fähigkeit, auch Verhaltensweisen mit negativen Konsequenzen lange Zeit aufrechtzuerhalten (etwa – um einen guten Beruf zu erlernen – die Schule durchzustehen, oder um genügend Geld zu verdienen – auch gesundheitsschädliche Arbeit zu verrichten), haben dann den Begründer der Wissenschaft vom Verhalten – *B. F. Skinner* – dazu geführt, für diese nicht unmittelbar beobachtbaren Vorgänge den Begriff der Selbstkontrolle einzuführen.
(Für sehr fortgeschrittene Leser – etwa nach Abschluß der Therapie – sei an dieser Stelle auf das grundlegende Werk, dem auch diese Therapie verpflichtet ist, verwiesen: *B. F. Skinner:* Wissenschaft und menschliches Verhalten, Kindler Verlag, München, 1973.)
Der Begriff der Selbstkontrolle ist inzwischen etwas überstrapaziert worden: die unbestrittene Tatsache, daß Menschen Erfahrungen sammeln können, sie vergleichend verwerten und manchmal logischen Schlüssen oder kreativen Einfällen folgen, sagt nichts über eine unverminderte Gültigkeit der hier und jetzt wirkenden Steuerungsprinzipien aus.
Die gegenwärtige Umwelt und das gegenwärtige Verhalten stehen in einer sich gegenseitig bedingenden Wechselbeziehung. Ich werde fortlaufend gesteuert – und steuere selbst.
Die eigene Beteiligung an diesem Prozeß wechselseitiger Kontrolle geschieht zwar ebenfalls mit übernommenen »fremden« Kriterien, beinhaltet aber auch individuelle Eigenleistungen, die in Selbstverantwortung erbracht werden.

Selbstkontrolle ist die Fortsetzung der Erziehung in eigener Verantwortung. Sie geschieht um so mehr »selbst«, je mehr die Steuerungsregeln bewußt und planmäßig eingesetzt werden können und je mehr ein kritisches Verständnis lebensgeschichtlich erworbener und in der Umwelt vorgefundener Bedingungen die Bereitschaft und den Willen zu Änderungen ermöglicht.

Dieses Wissen selbst zu erwerben und in der Praxis zu vertiefen ist Gegenstand dieser Therapie.

Die Darstellung der bisherigen Beeinflussung und Verhaltensformung soll Ihnen helfen, Problembereiche zu erkennen, um herauszufinden, was überhaupt änderungsbedürftig ist. Zur Selbstkontrolle gehört die Fähigkeit der Selbstbeobachtung. Zur Selbstbeobachtung gehört außer dem kritischen Verständnis der erlernten Beurteilungsmaßstäbe und der gelernten Möglichkeiten des Verhaltens die systematische Analyse von hier und jetzt steuernden Bedingungen. Die Kenntnis dieser Bedingungen erlaubt ein Änderungsmodell, eine eigene Therapie abzuleiten.

In unserem Fall liegt bereits eine systematisch entwickelte Therapie, das ATP, vor. Die Darstellung der Regeln bezieht sich also bereits eindeutig auf etwas Vorhandenes. Sie entwickeln hier keine eigene Therapieform, aber doch die Einsicht in notwendige Therapieschritte. Die eigenständige Durchführung dieser Therapie, ausschließlich in Selbstkontrolle, ist theoretisch denkbar, praktisch jedoch eine Überforderung und ein Verschleiß an Energie und Aufwand. Lernen in völlig eigener Regie erhöht die Fehlermöglichkeit, bedeutet einen Verzicht auf Lernhilfen, Anleitung und Korrekturen.

Lernen von etwas so Kompliziertem, wie es Sozialverhalten eben ist, wäre ohne Nutzung von Fremdhilfe, vom Aufwand her dem Versuch vergleichbar, nur durch Bücher die Steuerung von Raumfahrzeugen erlernen zu wollen.

Lernen von etwas, was sich mit anderen abspielt, ganz in Selbstkontrolle versuchen zu wollen, wäre dem Vorsatz vergleichbar, als sprachloses Tier im Wald Verständigung mit Menschen erlernen zu wollen. Die Änderung des Sozialverhaltens ist nur als gemeinschaftliches soziales Lernen denkbar. Sie ist optimal in einer Gruppe und unter Anleitung durchführbar.

Selbstbeobachtung, Selbstbewertung, Zielbildung, aktives Üben und Selbstbekräftigung von Zielverhalten mit Verzicht auf die weitere Bekräftigung von Störverhalten sind Ihr notwendiger Eigenbeitrag zur Therapie.

Anleitung und Beratung durch Experten, eine wissenschaftlich geprüfte und bedingungsanalytisch systematisch entwickelte Therapie mit Einsatz von Lernhilfen und die mit Ihnen lernenden Gruppenmitglieder ergänzen Ihre eigenen Anstrengungen in optimaler Weise.

Das Studium von Literatur und das Einüben in Selbstkontrolle ist ein immer notwendiger und hilfreicher Schritt zur Änderung – die Entwicklung eigener »Therapien« und ihre selbständige Durchführung ist fast immer eine Notlösung unter Verzicht auf qualifizierte Hilfe.

Mit dieser Einschränkung empfehlen wir dem interessierten Leser als Ergänzung zu den vorliegenden Ausführungen das Buch von:

Watson, D. und R. Tharp: »Einübung in Selbstkontrolle. Grundlagen und Methoden der Verhaltensänderung«.

Verlag J. Pfeiffer, Reihe Leben lernen Nr. 13, München 1975.

4.3.2 Die Änderung des Verhaltens mit Hilfe des Assertiveness-Training-Programms ATP

4.3.2.1 Die drei Therapieabschnitte und das Vorgehen

Das erste Buch zum ATP soll Ihnen Anregungen und Hinweise geben für:

- ▶ eine Einarbeitung in das therapeutische Konzept des ATP. Dies ist für Sie eine Hilfe bei der Entscheidung, ob Sie an einer solchen Therapie teilnehmen wollen,
- ▶ die Vorbereitung zur Therapie durch Selbstbeobachtung,
- ▶ eine Einführung in Verhaltens- und Problemanalyse,
- ▶ die Entwicklung eigener Therapieziele.

Im Laufe der Therapie nach Teil zwei und drei wird es nützlich sein, die Steuerungsprinzipien des Verhaltens und ihre dynamische Wechselwirkung in der sozialen Interaktion, die in diesem Buch beschrieben wurden, nochmals nachzulesen.
Der erste Band ersetzt nicht die notwendige Bedingungsanalyse individueller Schwierigkeiten durch den Therapeuten, kann sie jedoch vorbereiten und parallel zur praktischen Einübung der Regeln verfeinern. Im ersten Band geht es um das Verständnis Ihrer Schwierigkeiten und der möglichen Änderungen. Das Verständnis für die eigenen Schwierigkeiten und die daraus abgeleiteten Änderungsstrategien sind ein wesentlicher Bestandteil jeder Therapie. Der Klient braucht Erklärungen, warum er etwas nicht mehr tun und weshalb er bisherige Verhaltensweisen durch andere ersetzen soll.
Das Verstehen oder Erklären reicht aber nur selten zur Änderung eigenen Verhaltens und zur Beseitigung von Schwierigkeiten und Beschwerden aus.
So kann die Einsicht, daß es unangebracht ist, zu erröten, wenn man gerade gelobt wird, diese Reaktion keineswegs verhindern, das heißt, Lob anzunehmen muß systematisch wie aller Lernstoff in Schritten wachsender Schwierigkeit eingeübt und erprobt werden.
Die Teile zwei und drei des ATP enthalten den Hauptteil der Therapie: praktische Übungen von Sozialverhalten. Die beiden Bände des Übungsteiles bilden eine therapeutische Einheit. Die Schwierigkeit der Aufgaben steigt kontinuierlich vom Anfang des ersten Bandes bis zum Schluß des zweiten Bandes an.
Das trifft gleichermaßen für die vier Hauptsektoren sozialen Handelns zu:
1. das Kontaktverhalten, 2. sich der öffentlichen Beachtung aussetzen können, Fehler und Kritik tolerieren, 3. unberechtigte Bitten abschlagen (sich der emotionalen Kontrolle durch andere entziehen, Nein-sagen-Können), 4. berechtigte Forderungen selber durchsetzen zu lernen.
Es trifft auch zu für die zunehmende Komplexität der sozialen Situationen, die Zahl und Art steuernder Bedingungen und die verschiedenen Ebenen der sozialen Interaktion.
Von den verschiedenen Möglichkeiten der Therapiedurchführung her erscheint uns die sehr intensive Durcharbeitung

des zweiten Teiles – etwa innerhalb von zwei bis drei Monaten, bei anfangs zwei Sitzungen pro Woche – mit unmittelbarem Anschluß des dritten Teiles am geeignetsten. Im letzten Therapieabschnitt können die Sitzungen in wöchentlichem bis 14tägigem Abstand über vier Monate verteilt werden.
Im zweiten Teil des Programms – die Einübung selbstsicheren Verhaltens (Grundkurs) – werden Sie die Lernprinzipien durch deren **Anwendung** besser verstehen lernen. Dieser Teil der Therapie soll Sie zunächst angstfreier und handlungsfähiger machen. Er befaßt sich mit »einfachen« sozialen Situationen im Bereich von Kontakten mit fremden Personen.
Dabei sind soziale Situationen immer nur so »einfach« wie die an ihnen erklärten Steuerungsprinzipien.
Es hat sich immer wieder gezeigt, daß das Einfachste schon schwierig genug sein kann und große Sprünge zu anspruchsvolleren Situationen auch Personen ohne erlebte Schwierigkeiten im Sozialbereich (etwa bei Ausbildungskursen) überfordert haben.
Greifen Sie deshalb nicht vor.
Der Kurs ist sehr arbeitsintensiv und erfordert Ihren ganzen Einsatz. **Um überhaupt erst mal das neu zu lernende Verhalten zu praktizieren und es schrittweise auszubauen, müssen Sie Ihr Vermeidungsverhalten, also die Tendenz, einer angstbetonten Situation aus dem Wege zu gehen, durchbrechen.** Die Übungen mit der Gruppe erfordern hohen Einsatz an Zeit und Kooperation. Hausaufgaben mit der ständigen und systematischen Erprobung des Gelernten in Ihrem Alltag sollen das neue Verhalten zur Selbstverständlichkeit werden lassen.
Erst dann ist die Übertragung des Gelernten in Form von Strategien auch auf neue Situationen wahrscheinlich.
Die Aufteilung in zwei Übungsbände (Teil II und III) erlaubt es etwa Kliniken, die Durcharbeitung des ersten Übungsteils stationär durchzuführen, hingegen die auf den Sozialbereich »Arbeit und Familie« entfallenden Probleme des zweiten Übungsteiles (Teil III) in ambulante Behandlung zu delegieren.
Als gelegentlich sinnvolle Variation des Vorgehens empfehlen wir, nicht Grundkurs oder Aufbaukurs alternativ durchzuführen, sondern auf die Teilnehmer abgestimmt, mehr Übungen in Hausaufgaben umzuwandeln oder auch einmal einzelne Sozial-

bereiche, wie Fehlschlag- und Kontaktangst, über beide Teile hinweg getrennt von den anderen Hierarchien durchzuarbeiten. Die Vor- und Nachteile der verschiedenen Vorgehensweisen werden in dem Buch »Handanleitung für Therapeuten« diskutiert.
Die Inhalts- und Therapieschwerpunkte des Übungsprogramms lassen sich nach dem Anwendungsbereich in die Bände »Grundkurs« und »Differenzierende Anwendung« aufgliedern.
Der dritte Therapieabschnitt »Selbstsicheres Verhalten – differenzierende Anwendung im Freundeskreis, am Arbeitsplatz, in der Familie« setzt die praktische Erarbeitung des neuen Verhaltens lückenlos fort. Er baut auf dem Grundkurs auf. In den genannten Anwendungsgebieten herrschen aber Abhängigkeitsbeziehungen vor, die selten einseitige Lösungen erlauben. Sie lernen weiter, negative Gefühle systematisch abzubauen und unberechtigte Kontrolle und Manipulation zurückzuweisen. Sie lernen aber auch komplexe Situationen zu analysieren, verschiedene Lösungsmöglichkeiten wahlweise einzusetzen, Ihr neues Verhalten auf berechtigte Interessen und Gefühle Ihrer Mitmenschen abzustimmen.
Sie lernen im dritten Teil Freiheit von der subtilen Manipulation durch Nahestehende, die zweiseitige Problemlösung, Regeln der Kommunikation und die Analyse von Grenzsituationen für individuelle Lösungsmöglichkeiten.
Sie lernen, wann, wo und bei wem welche Ihrer neu erworbenen Verhaltensalternativen sinnvoll eingesetzt werden können. Sie erwerben eine Haltung, Problemen nicht mehr aus dem Wege zu gehen, sondern sie in Zukunft als Aufforderung zur selbständigen Bedingungsanalyse und flexiblen Lösung auf der Basis des Gelernten anzusehen.

4.3.2.2 Das Konstruktionsprinzip des ATP

4.3.2.2.1 Die systematische Änderung der Steuerungsbedingungen

Sie haben Ihre Schwierigkeiten und Probleme in konkretes Verhalten übersetzt.
Sie haben gelernt, wie dieses Verhalten in einer Situation durch Vorhergehendes und Nachfolgendes gesteuert wird: Wie Sie sich

verhalten, was Sie fühlen, denken, sagen und tun, wird also durch diese Situationselemente mitbedingt. Eine Änderung des Verhaltens kann durch eine Änderung der bedingenden Steuerungselemente erreicht werden. Im sozialen Umfeld sind die dazu nötigen »Eingriffe« meist nicht ausreichend durchführbar. In der Therapie jedoch können die vorangehenden und die nachfolgenden Bedingungen systematisch verändert werden. Das alte störende Verhalten wird aus seinen Bedingungen gelöst und neues, zweckmäßiges Verhalten stabil aufgebaut. Da die Beeinflussung zwischen den steuernden Situationselementen und dem Verhalten wechselseitig ist, wird ein in der Therapie neu erlerntes Verhalten in der Folgezeit andersartige Konsequenzen hervorrufen und sich an veränderten Hinweisreizen orientieren. Mit diesem neu gezeigten Verhalten nehmen Sie dann auch Einfluß auf Ihr soziales Umfeld: Andere werden sich Ihnen gegenüber anders als bisher verhalten. Sie werden mit zweckmäßigen Verhaltensweisen mehr Anerkennung, Verständnis, Zuwendung und Achtung erringen. Dies wird wiederum Ihr Selbstwertgefühl verbessern. Die anfangs mühsam geübten Verhaltensweisen werden durch die zunehmend positiven Konsequenzen bekräftigt und häufiger. Sie treten anstelle des bislang meist durch die Vermeidung von Angst und Ablehnung bekräftigten Problemverhaltens. Die Häufigkeit von problematischem Verhalten nimmt ab, die Häufigkeit von effizientem Verhalten nimmt zu. Trotzdem wird das Ausmaß an Bekräftigung nicht vermindert, die »Gesamtbilanz« wird nicht gestört — weil die positiven Konsequenzen lediglich umgruppiert werden. Man wird sogar mehr Bekräftigung erhalten. Die »Gesamtbilanz« wird sich gegenüber dem jetzigen Zustand bessern, weil die unangenehmen Gefühle und die negativen Konsequenzen im Umgang mit anderen und in der eigenen Bewertung abnehmen.
Wie nun kann diese systematische Änderung der Steuerungsbedingungen erreicht werden?

4.3.2.2.2 Die kombinierten Mehrfachhierarchien Die Schwierigkeitsmatrix des ATP

Wir haben anfangs schon das grundlegende Konstruktionsprinzip des ATP angedeutet. Jede Situation kann durch die

Handlung, durch das Vorhergehende und das Nachfolgende exakt in ihrer Schwierigkeit festgelegt werden.

Bei sozialem Verhalten wird das **vorhergehende Situationselement,** das meine unangenehmen Gefühle steuert, zumeist durch **die Art, Menge, Bekanntheit, Abhängigkeit und die Nähe meiner Handlungspartner** bestimmt.

Für die Handlung: »Vor anderen reden«, könnte eine Abstufung der schwierigkeitsbestimmenden Partnervariable dann etwa so aussehen (siehe Abb. 1).

Ich stelle mir also vor, welche Situation des »vor anderen zu reden« im Hinblick auf die Zuhörer die für mich schwierigste wäre, und trage diese unter 9 in die Partnerstufenleiter (Hierarchie) ein. Dann überlege ich, unter welchen Bedingungen mir dieselbe Handlung keine oder nur sehr geringe Schwierigkeit bereiten würde. In unserem Beispiel wären bei eins die Steuerungsbedingungen von Angst und Schwierigkeit von seiten der Zuhörer ganz ausgeschaltet. In einer solchen Situation könnte ich erst mal ohne Angst meine Fertigkeiten im Reden üben. Diese Partnerrangfolgen sind innerhalb der wesentlichsten sozialen Handlungsbereiche, etwa den vier Grundhierarchien im ATP, meist ziemlich ähnlich.

Die Angst vor Blamage, Fehlern, Kritik und Mißerfolg steigt mit der Zahl und Wichtigkeit der Zuschauer oder Zuhörer an.

Die Schwierigkeit, etwas zu fordern und durchzusetzen, wächst mit der sozialen Funktion und dem Status des Partners (seiner Verfügungsgewalt über Verstärker, meiner Abhängigkeit von ihm). Es fällt leichter, von Mitarbeitern etwas zu erbitten als vom Chef.

Die Schwierigkeit beim Ablehnen ungerechtfertigter und beeinträchtigender Bitten oder »Ansinnen« wächst mit der gefühlsmäßigen Nähe des Partners und der Dauer der Bekanntschaft. Die emotionale Abhängigkeit bestimmt meine Ablehnungsangst. Es fällt leichter, einem Fremden etwas abzuschlagen als dem besten Freund, der Mutter oder dem Partner.

Die Schwierigkeit, Kontakt aufzunehmen, steigt mit der »Attraktivität«, dem Geschlecht, Aussehen und dem Alter des anderen. Auch der Handlungsrahmen, in dem Kontakt angeknüpft und vertieft wird (Ort der Handlung), ist hier eine wesentliche schwierigkeitsbedingende Variable. Es fällt leichter, eine gleich-

Abbildung 1: Schwierigkeitsabstufung »Bezugsperson/Partner« bei der Handlung: »Vor anderen reden«

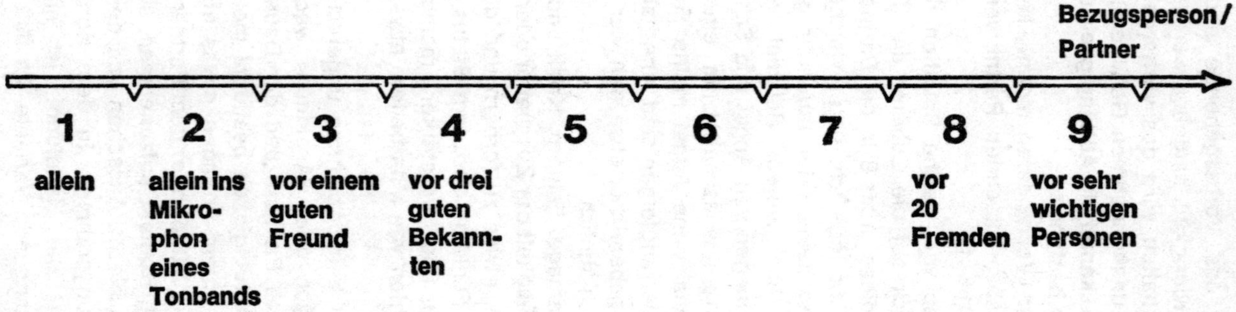

geschlechtliche Person in der Arbeit anzusprechen als eine gegengeschlechtliche in einem Café. Solche Zusatzvariablen, wie der Ort der Handlung sowie Alter und Geschlecht der Person, haben je nach dem Handlungsgebiet einen relativ gleichartigen Hinweiswert für die dadurch bedingte Schwierigkeitssteigerung.
Im ATP haben wir diese erste Stufenleiter ansteigender Schwierigkeit, die Hierarchie nach dem Situationselement »Bezugsperson der Handlung« oder »Partner«, nach dem durchschnittlichen Schwierigkeitszuwachs für jeden der vier Handlungsbereiche festgelegt.

Die **erste** in den **Abbildungen 1 bis 3** waagrecht dargestellte **Stufenleiter oder Hierarchie nach den Personkriterien** stellt eine systematische Abstufung der **vor** einer Handlung liegenden Steuerungsbedingung dar.

Die **Handlung** selbst ist je **nach Dauer, Kompliziertheit** und **Wichtigkeit** ebenfalls mitbestimmend für die Bedeutung der vorangehenden Steuerungselemente (beim sozialen Verhalten: der Partner). Die Handlung, dasjenige was wir sagen oder tun, ist außerdem aber auch in sich **schwierigkeitsbestimmend,** weil sie ein **unterschiedliches Maß** an Können, das heißt an **sozialen Fertigkeiten,** verlangt.
Auch die Verhaltensweise oder Handlung wurde in eine Stufenleiter ansteigender Schwierigkeit gebracht.

Die **zweite Hierarchie,** die **nach der Handlung,** berücksichtigt nicht nur Aspekte steigender Schwierigkeit der Situation selbst, sondern auch die zunehmende Komplexität der notwendigen Lösungsstrategien.
Der zweite Schritt zur Abstufung und systematischen Veränderung der Steuerungsbedingungen im Handlungsbereich könnte für unser Beispiel so aussehen:
Senkrecht zur ersten Hierarchie, derjenigen nach der Person, stellen wir eine zweite Schwierigkeitsachse, die nach dem Verhalten, dar. Wir gehen jetzt so vor wie bei der ersten Hierarchie und legen die schwierigste Verhaltensweise, die wir erlernen möchten, mit der Stufe 9 fest. Dann suchen wir eine Handlungs-

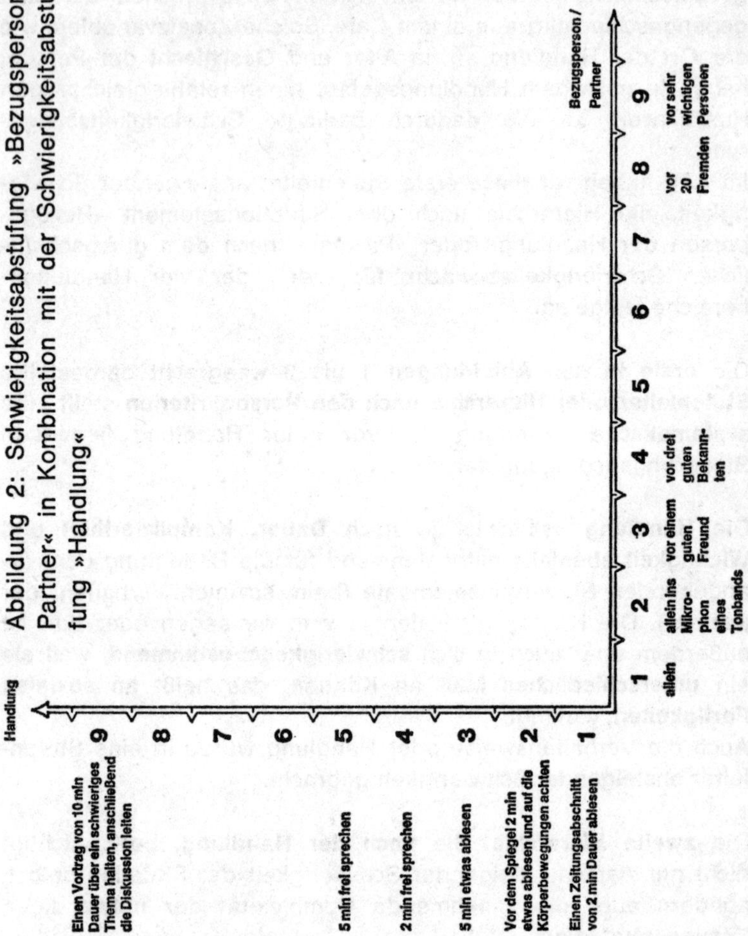

Abbildung 2: Schwierigkeitsabstufung »Bezugsperson/Partner« in Kombination mit der Schwierigkeitsabstufung »Handlung«

weise, die noch sehr einfach ist, aber zum Zielverhalten führt, und tragen sie auf der Abstufung 1 ein.

In **Abbildung 2** ist das Koordinatensystem der ersten beiden Hierarchien für die Handlung »Vor anderen reden« dargestellt.

Jetzt ziehen wir jeweils die Achsen von der waagrechten »Partnerhierarchie« auf die senkrechte »Handlungshierarchie«

und können uns durch diese Kombination »passende Situationen« basteln, die schon in zwei Steuerungsbedingungen festgelegt sind.
Um die schwierigste Situation 9.9. – »Ein freier Vortrag vor sehr wichtigen Leuten mit anschließender Diskussionsleitung« – ohne Angst und mit gutem Erfolg zu meistern, sollten wir am besten damit beginnen, alleine einen Text von zwei Minuten Dauer abzulesen. Daraufhin könnten wir diese Schwierigkeit abwechselnd in bezug auf die Handlung (fünf Minuten ablesen, zwei Minuten frei sprechen und so weiter) und in bezug auf die vorangehende Steuerungsgröße, die Partner (gute Freunde, Bekannte, Fremde, wichtige Leute und so weiter) steigern.

Das **dritte verhaltenssteuernde Situationselement,** das dem Verhalten nachfolgende, **die Konsequenzen** also – wird in Form einer dritten Stufenleiter im ATP modifiziert. Es wird leichter sein, etwas zu erlernen, wenn positive Konsequenzen unmittelbar und frühzeitig eintreten, als wenn diese erst nach Widerständen oder längeren Handlungsstrategien zu erzielen sind. Die Schwierigkeit von sozialen Situationen läßt sich so präzise in einem dreidimensionalen Achsensystem orten. Die allerschwierigste Situation würde durch die Stufe 9 der Handlungshierarchie, durch die Stufe 9 der Partnerhierarchie und durch die Stufe 9 der Reaktionshierarchie, etwa ausgepfiffen zu werden, definiert sein. Die leichteste Situation aus diesem Verhaltensgebiet (vor anderen reden) würde durch die Kombination 1.1.1. definiert sein. Da negative Reaktionen der anderen gerade dasjenige sind, was soziale Ängste hervorruft, und ein Neulernen unter Strafbedingungen fragwürdig ist, sind die festgelegten Reaktionen bei den Übungen immer positiv. Die dritte Hierarchie wird meist nur bis zur Variable drei, »verzögerte Zustimmung«, gesteigert.
Erst wenn angstfreies und erfolgreiches Verhalten unter diesen Bedingungen erlernt wurde, lassen sich auch Alltagssituationen mit gelegentlichen Mißerfolgen angstfrei verkraften.
In unserem Beispiel könnte die vollständige Festlegung der Übungssituation durch die drei Hierarchien dann so aussehen:

Abbildung 3: Schwierigkeitsabstufung »Bezugsperson/Partner« kombiniert mit Schwierigkeitsabstufung »Handlung« in Kombination gebracht mit: Schwierigkeitsabstufung »Konsequenz (Reaktion der Bezugsperson/Partner)«

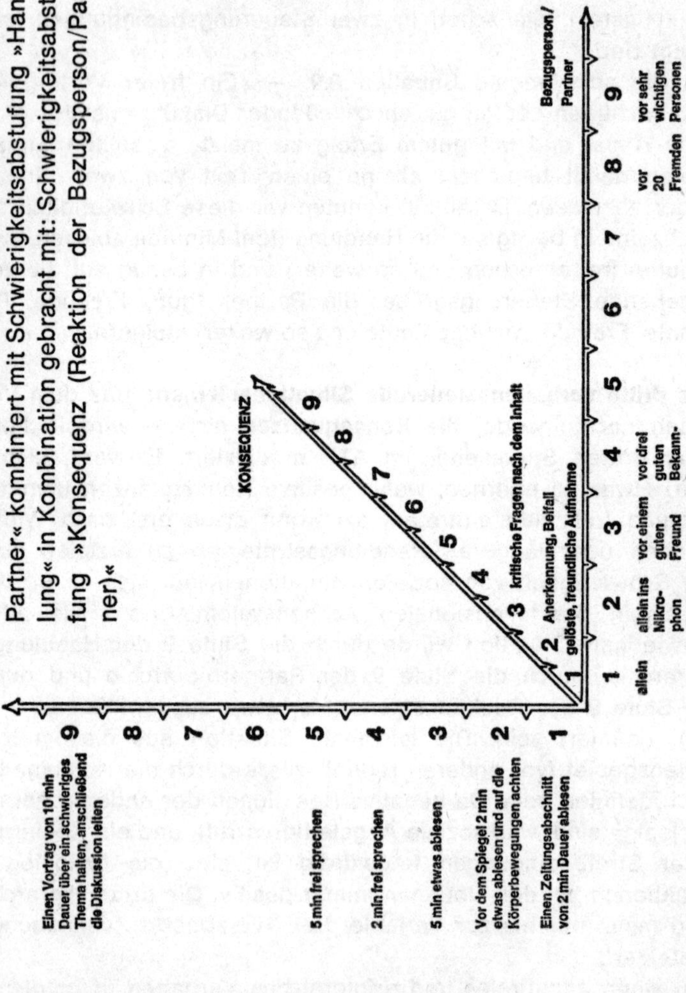

Die schwierigste Situation 9.9 könnte durch die dritte Hierarchie so abgestuft werden, daß die Zuhörer erst in gelöster Stimmung freundlich zuhören (9.9.1), später einfach aufmerksam zuhören, Beifall spenden (9.9.2) und sich schließlich mit kritischen Sachfragen beteiligen, aber im Prinzip mit sachlichem Interesse das Verhalten bekräftigen (9.9.3).

4.3.2.2.3 Das dreidimensionale Bausteinsystem des ATP

Das Konstruktionsprinzip des ATP erlaubt es, die Feinabstufung sozialen Handelns in den vier Übungsgebieten: »Fordern«, »Nein-Sagen«, »Kontakt« und »Sich Fehler erlauben und öffentliche Beachtung ertragen«, durch entsprechende Kombinationen mit zahlreichen Situationen festzulegen.
Das ATP enthält aus dieser komplizierten Schwierigkeitsmatrix eine Auswahl von jenen Situationen, die für die Lernziele am zweckmäßigsten und für praktische Übungen am brauchbarsten sind. Die therapeutische Erprobung dieser Situationen hat gezeigt, daß sie im allgemeinen für die Lernziele ausreichend sind. Jede Übungssituation ist also durch die drei Situationselemente: Partner, Handlung und Partnerreaktion in ihrer Schwierigkeit festgelegt. Jede Übungssituation bereitet eine andere, schwierigere vor. Jede Übungssituation stellt also einen Baustein auf dem Weg zur Bewältigung sehr schwieriger und komplexer Probleme dar. Dieses Bausteinsystem ist in **Abbildung 4** dargestellt.
Der Baustein 1.1.1 aus unserem Beispiel einer der Hierarchien des ATP (Allein – einen Zeitungsabschnitt von zwei Minuten Dauer ablesen – und sich anschließend etwas Gutes tun – etwa entspannen) bereitet etwa die Übung 3.5.1 vor. Der Baustein 3.5.1 (Vor einem guten Freund – fünf Minuten frei sprechen – der einfach freundlich zuhört) hilft in der angstfreien Bewältigung von Baustein 6.6.2, der Baustein 6.6.2 wieder bereitet die nächsten Übungen vor, bis schließlich das gewünschte Zielverhalten in 9.9.3 problemlos möglich wird. Die erfolgreiche Bewältigung von Übungsbausteinen in der Therapie führt zu Sicherheit und Geschick im geübten Verhalten, sie vermindert so das Risiko negativer Reaktionen von anderen und führt zu einer größeren Toleranz gegenüber Fehlern und Kritik.
Die Überprüfung des ATP hat gezeigt, daß die gewählten Abstufungen der Schwierigkeit sowohl in der stationären als auch ambulanten Anwendung ausreichend fein sind. Das bedeutet: niemand wird überfordert. Für ganz gezielte Anwendungsbedingungen können nach diesem Prinzip der Mehrfachkombination von Hierarchien mühelos beliebig viele Zwischenstufen eingefügt werden oder auch neue Hierarchien erstellt werden.

Abbildung 4:
»Das dreidimensionale Bausteinsystem des ATP«

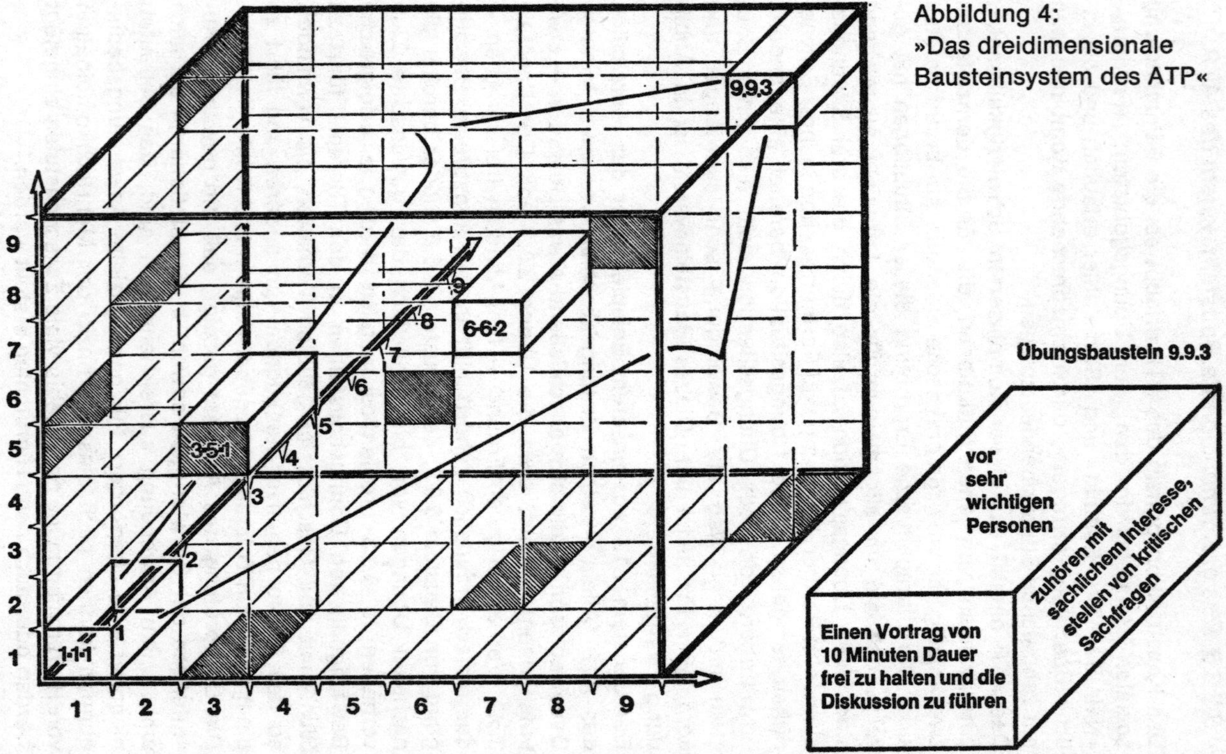

Bei Gruppen mit gleichermaßen günstigen Lernvoraussetzungen kann in einzelnen Anwendungsgebieten die eine oder andere Übung aus der systematischen Erprobung in der Gruppe herausgenommen werden und gleich in Form von Hausaufgaben geübt werden. Ein Verzicht auf das Vorgehen in Lernschritten ist jedoch nicht mit dem Ziel einer systematischen und konsequenten Änderung des Verhaltens vereinbar. Wenn Sie Ihr »drückendstes« Problem – etwa das Verhältnis zu Kollegen, zum Chef, den fehlenden Kontakt überhaupt, die familiären Probleme – sofort und unmittelbar lösen wollen, ohne die Mühen eines Lernprozesses auf sich zu nehmen, werden Sie von dieser Therapie wenig profitieren. Sie können vielleicht durch eine, auf das »drückendste« Problem beschränkte, stufenweise Übung eine akute Lösung finden (etwa die Prüfung bestehen), geraten aber sehr leicht bei ähnlichen Bedingungen erneut in Schwierigkeiten. Solche Improvisations»lösungen« sind langfristig aufwendiger und meist weniger erfolgreich als ein systematisches Neulernen sozialen Verhaltens. Die Fehlbewertungsmuster, die mangelnde Fähigkeit in sozialer Diagnose und Bedingungsanalyse, die Defizite im sozialen Handeln und Angst in anderen Gebieten der Interaktion können fortbestehen. Vermeidungsstrategien bleiben parat und werden bei den geringsten neuen Schwierigkeiten wieder eingesetzt. Eine »Umpolung« der Verstärker zum Zwecke einer dauerhaften »Entkräftigung« des störenden Verhaltens hin zur dauerhaften Stabilisierung eines befriedigenden Alternativverhaltens geschieht mit isolierten Therapieansätzen im Sozialverhalten nur selten.

4.3.2.3 Die therapeutische Anwendung der Steuerungsregeln im ATP

4.3.2.3.1 Das erste Prinzip Konfrontation statt Vermeidung

Eine Änderung unserer Probleme und Schwierigkeiten kann nicht durch unsere Wünsche und Gedanken erreicht werden. Alles Spekulieren in der Phantasie, »wie es wäre, wenn . . .«, kann Ihnen keine richtige Antwort geben, weil Sie die Reaktionen der

anderen auf Ihr neues Verhalten gar nicht kennenlernen werden.
Problematische Situationen müssen angegangen, in ihren Bedingungen analysiert und mit den aus der Problemanalyse abgeleiteten Strategien bewältigt werden. Wir suchen die Konfrontation mit unseren Schwierigkeiten und geben das nutzlose und schädliche Vermeidungsverhalten auf.
Wir haben die Problematik unseres Vermeidungsverhaltens ja schon kennengelernt.

Das **Vermeiden sozialer Situationen steht** einer Änderung meiner Schwierigkeiten auf vielfältige Weise **im Wege:**
Vermeiden

- ▶ behindert das Erkennen der eigentlichen Bedingungen meiner Schwierigkeiten,

- ▶ kann kurzfristig durch die Beendigung unlustvoller Zustände angenehme Gefühle vermitteln und wird damit immer häufiger auftreten,

- ▶ führt zu langfristig negativen Konsequenzen,

- ▶ erhält langfristig soziale Ängste oder führt zu einer Verschleierung dieser Ängste durch Vorurteile,

- ▶ führt dazu, daß ich aus Mangel an Übung gar nicht mehr weiß, wie die entsprechende Situation zu lösen wäre,

- ▶ sozialer Situationen kann unmittelbar verhindern, daß ich meine Wünsche, berechtigten Forderungen und Ansprüche durchsetze. Auch echte materielle Nachteile können sich einstellen.

- ▶ Das Gefühl, einer erwarteten Reaktion nicht nachgekommen zu sein, berührt in der Regel auch das Selbstwertgefühl und kann über ständige Selbstbestrafung und Selbstabwertung wiederum in Vermeidung jeglicher Anforderungen einmünden.

Das Prinzip der abgestuften Konfrontation mit kritischen sozialen Situationen ist zunächst zur **systematischen Erweiterung**

meiner Verhaltensbeobachtung notwendig. Da ich bislang in vielen sozialen Situationen Vermeidungsstrategien angewendet habe, kann ich diese nicht auf Anhieb sein lassen. Ich kann nicht plötzlich die Konfrontation mit all diesen kritischen Situationen suchen, ohne zu wissen, welches Verhalten ich anstatt meiner bisherigen Vermeidung ausführen soll. Erst wenn ich schrittweise wieder mit einem systematisch aufgebauten zwischenmenschlichen Verhalten beginne, wird allmählich eine ausreichende Beobachtungsfläche für die Bedingungsanalyse meines Vermeidungsverhaltens geschaffen.
Da das Vermeidungsverhalten unmittelbar von der Schwierigkeit der Situation abhängt, wird die systematische Abschwächung des Einflusses der Steuerungsbedingungen eine schrittweise Aufgabe des Vermeidungsverhaltens erleichtern.
Das Prinzip, unangenehme Gefühle und Vermeidungsverhalten durch eine schrittweise Konfrontation zu überwinden, ist als die verhaltenstherapeutische Methode der graduierten Annäherung bekannt. Wenn die Lernschritte fein genug gewählt werden und die Verhaltensprobe in einer gelösten, entspannten und angstfreien Atmosphäre geschieht, entspricht dies der verhaltenstherapeutischen Methode der systematischen Desensibilisierung. Wenn man sich lange und oft genug mit einer bislang vermiedenen Situation konfrontiert (übt), so macht man sich das therapeutische Prinzip der Gewöhnung (Habituation) zunutze. Dort, wo die Auslöser für unangenehme Gefühle und für Vermeidungsverhalten immer wiederkehrende eigene Gedanken sind, wird im ATP die verhaltenstherapeutische Technik des Gedankenstops eingesetzt. Eine Analyse solcher gedanklichen Auslöser haben Sie bereits vorgenommen. Sie haben konkrete, ausformulierte Gedanken, die unmittelbar einem unangenehmen Gefühl vorausgehen, beobachtet und notiert. Die gedanklichen Auslöser werden durch Unterbrechungssätze oder durch eine Umformulierung aus ihrer engen Verbindung mit den nachfolgenden unangenehmen Gefühlen gelöst. Das Verfahren ist im zweiten Teil des ATP näher geschildert. Im Assertiveness-Training-Programm werden all die genannten therapeutischen Vorgehensweisen eingesetzt.
Das erste therapeutische Prinzip:
Das Verlernen von Angst und unangenehmen Gefühlen durch

Konfrontation erfordert von Ihnen die sorgfältige Beachtung folgender Regeln:

1. Unlustgefühle in sozialen Situationen sind ein Signal für eine notwendige Klärung der bedingenden Schwierigkeit und sollten als Hinweis für eine Bewältigung anstelle von Vermeidung bewertet werden.
2. Da Vermeidung nicht nur einem Neulernen im Wege steht, sondern die zu überwindenden Schwierigkeiten immer wieder hervorruft, muß es unterlassen werden. Dies wird zumeist in Form einer schriftlichen Verpflichtung festgehalten (Vertrag).
3. Da eine zu plötzliche Erhöhung der Schwierigkeit bereits überwundene Ängste und Vermeidungsreaktionen wieder hervorrufen kann, ist es unbedingt notwendig, die vom Therapeuten festgelegten Schritte nacheinander zu vollziehen und nicht eigenmächtig vorzugreifen.
4. Da nur die häufige Anwendung des erprobten Verhaltens zur Gewöhnung führt, ist eine gewissenhafte und wiederholte Durchführung der Übungen in »Hausaufgaben« für den Lernerfolg mit entscheidend.
5. Da Sie in der Regel gemeinsam mit anderen lernen, ist es notwendig, alles zu unterlassen, was die Gruppenatmosphäre beeinträchtigt und den anderen durch Kritik oder Unaufmerksamkeit schadet.

Wenn die Verstärker nicht schrittweise von dem akuten, störenden auf neues wünschenswertes Verhalten umgruppiert werden, wird die »Gesamtbilanz« von früher erhältlicher Bekräftigung (meist durch negative Verstärkung) und potentiell neuen Verstärkern aus der verbesserten sozialen Interaktion (positive Bekräftigung) gestört. Altes, früher bekräftigtes Verhalten würde darüber hinaus in Ermangelung von Alternativen bei kritischen Situationen immer wieder ausprobiert werden. Deshalb ist es notwendig, **gleichzeitig mit dem Verlernen von Angst und Vermeidung, neues, geschicktes und zweckmäßiges Problemlöseverhalten zu erlernen.**

4.3.2.3.2 Das zweite Prinzip Der Aufbau sozialer Fertigkeiten zur Steigerung positiver Konsequenzen des Verhaltens

Zur therapeutischen Vermittlung dieses Prinzips wird die systematische Änderung der Steuerungsbedingungen wie folgt genutzt: Die Übungen steigen schrittweise nach den erforderlichen Fertigkeiten an. Geht es zunächst noch um das einfache Zeigen angstfreier Äußerungen, so werden später freundliche, bestimmte, geschickte Verhaltensweisen in den Situationen erforderlich, dann deren unterscheidende Anwendung und zum Schluß die selbständige Lösung komplizierter sozialer Probleme. Nicht nur die erforderlichen Fertigkeiten, auch die Komplexität der Situationen wächst von einfachen, flüchtigen Kontakten (zweiter Teil) zu langfristigen, wechselseitigen Abhängigkeitsverhältnissen (dritter Teil) an. Die systematische Variation der Steuerungsbedingungen benutzt dabei die Prinzipien des Lernens durch positive Konsequenzen (»operantes Lernen«, Lernen am Erfolg) und des Modellernens.

Der Therapeut und die Übungspartner loben das Verhalten. Dieses »loben« geschieht nach Regeln, wonach nicht ständig ein und dasselbe Verhalten immer und massiv bekräftigt wird. Dies würde das Lob nur entkräften. Die Therapiegruppe lernt, Verhalten in einer bestimmten Zielrichtung unterscheidend und hervorhebend zu bekräftigen. Die Übungen selbst enthalten eine Abstufung nach der Art der Zustimmung mit einem Verzögerungseffekt.

In den Hausaufgaben des zweiten Teiles wird die Fertigkeit zur Selbstverstärkung über ein Punkte-Kategoriensystem geschult.

Das Einüben neuer Fertigkeiten geschieht dadurch, daß man sie in einer therapeutischen Situation erprobt, in der man sich ruhig »Fehler« erlauben kann. Die Möglichkeit, »Fehler« überhaupt zu machen, wird jedoch durch das schrittweise Vorgehen von ganz einfachen zu schwierigen Übungen und durch den Einsatz des Modellernens eingeschränkt. Der Therapeut und die Gruppenmitglieder spielen den Verhaltensablauf in der geübten Situation vor. Durch Nachahmung werden diese Verhaltensketten übernommen. Rückmeldungen über ein Bildbandgerät bei der Erprobung von Ausdrucksfertigkeiten geben vor der Anwendung in der Realität ebenso Auskunft über die eventuellen Konsequenzen wie der »Rollentausch« in der Verhaltensprobe. (Man übt selbst und spielt anschließend den Übungspartner für den anderen.) In gleicher Weise, indem neues Verhalten aufgebaut wird, kommt das störende Verhalten durch Nichtbeachtung (Löschung) und aktive Unterlassung unter Erlernbedingungen.

Sie sehen, daß die Regeln der Verhaltenssteuerung – die früher bei Ihrer Erziehung wirksam waren und Ihre gegenwärtigen Probleme beeinflussen – gleichzeitig die Vermittlungsprinzipien zur Änderung Ihres Verhaltens darstellen.

Die Regeln der Verhaltenssteuerung sind wertfrei und immer gültig. Sie können zum Guten oder Schlechten genutzt werden, zur Manipulation oder aktiven Mitbestimmung, zur Problementstehung oder zur Problemlösung führen.

Den besten Beweis für die Wirksamkeit dieser Regeln haben Sie selbst zur Genüge erfahren. Obwohl manche Ihrer erlernten Handlungen, Gefühle und Denkweisen sehr störend sind, haben Sie diese bisher durch Willensanstrengung nicht ändern oder unterlassen können. Der eigene Vorsatz oder die Ermahnung durch andere, »Reiß dich doch zusammen«, hilft nicht weiter, wenn er gegen »anders« steuernde Bedingungen oder ohne deren gezielte Berücksichtigung in die Tat umgesetzt werden soll.

Zur therapeutischen Nutzung des zweiten Prinzips im ATP, der besseren Verfügbarkeit über Verstärker durch das Neulernen sozialer Handlungsstrategien, sollten Sie beachten: Wenn Sie Ihre Ängste verlieren, Ihre Probleme bewältigen und Ihre Konflikte lösen wollen, wird es notwendig sein, einen Teil des bisherigen Verhaltens aufzugeben:

zu verlernen,

und neue Verhaltensweisen systematisch aufzubauen:

zu erlernen.

Das neue Verhalten soll Ihnen positive Konsequenzen ohne den Preis von Angst, Vermeidung, Isolation und Selbstabwertung garantieren. Es soll Ihnen ermöglichen, das alte Problemverhalten aufzugeben, ohne insgesamt weniger Bekräftigung (angenehme Konsequenzen) zu erhalten. Statt Mitleid für Ihre Hilflosigkeit oder Ihre Beschwerden könnten Sie echte Zuneigung

für Ihre freundliche Zuwendung erzielen, statt Rücksicht für Ihr vermeintliches Nichtkönnen würde ein Mehr an Anerkennung und Achtung Ihre Selbstwertbilanz aufbessern.
Sie erleiden keinen Nachteil, wenn Sie auf die sowieso nur kurzfristige Erleichterung durch Vermeidungsverhalten verzichten. Das neu zu lernende Verhalten wird nicht durch die Vermeidung von Unlust, sondern durch das Erzielen von positiven Folgen bekräftigt.
Es wird durch Lob erlernt und durch positive Konsequenzen aus Ihrer Umgebung oder Ihrem neuen Wertsystem erhalten und verfestigt.
Die Vielzahl möglicher positiver Konsequenzen wird vorwiegend durch andere Menschen vermittelt. Die tägliche Bestätigung erhalte ich durch eine Vielzahl kleiner ›Belohner‹ im Umgang mit anderen.
Im Augenblick wird noch vieles Angst einflößen, was später angenehm – weil angstfrei – erlebt wird. Vieles, was jetzt noch belohnend wirkt, wird später nicht mehr so empfunden – etwa weil keine Angst mehr durch Vermeidung reduziert wird.

Zu jeder Form positiver Konsequenzen gehört eine spezielle Denk- und Handlungsweise.
Wenn wir unser Verhalten ändern, so ändern sich auch die Art und Zahl positiver Bekräftigung.
Wenn wir starr an einer Form unseres erlernten Wertsystems festhalten, wird nur das Verhalten positiv bekräftigt, das zu diesen Folgen führt:
Ein Neulernen ist unmöglich.
Betrachten wir uns diese gelernten Verstärker etwas genauer:
Wer viel und oft für Leistungen bekräftigt wurde, wird erfolgreicher sein als andere (er wird häufiger Leistungsverhalten zeigen).
Bei einem solchen Verhaltensstil wird Anerkennung – Erfolg – zu den wichtigsten Belohnern gehören.
Wer immer für seine Gebrechlichkeit, seine Hilflosigkeit und Ungeschicklichkeit Liebe, Verständnis, Mitleid, Rücksichtnahme, Entlastung von Verantwortung, Trost empfangen hat, der wird vor allem mit rührender Hilflosigkeit oder leidend handeln. Ge-

borgenheit und Verständnis werden die Hauptbelohnerqualitäten.
Als Adressat von Anerkennung und Lob kommt dieses Verhalten nicht in Frage, effektives, sicheres und verantwortungsvolles Handeln wird nie aufgebaut.
Belohner können dann problematisch werden, wenn sie störendes Verhalten fixieren.
Sie müssen dann auf ein neuzulernendes Verhalten umgruppiert werden. Dies gelingt nicht immer sofort:
Wenn Sie gemeinsam mit anderen neuzulernendes Verhalten positiv bekräftigen wollen, wird das oft nur durch Lob und Anerkennung unmittelbar auf die gezeigten Ansätze hin möglich sein. Gleichzeitig müßte jede Form von positiven Konsequenzen von den problematischen Verhaltensweisen weggenommen werden. Schimpfen und Weinen, Spott und resignative Äußerungen müßten unmittelbar ohne die bisher wichtigen Mitleids- und Zuwendungsreaktionen bleiben. Zuwendung wird aber gerade auch durch das bewußtere Helfen ausgedrückt. Dies zu erkennen und zu nutzen ist gerade am Anfang der Therapie wichtig.
Später, wenn Ihre Wahlmöglichkeiten durch ein größeres Verhaltensrepertoire gewachsen sind, werden Sie leichter die Quellen von Bekräftigung finden und gewinnen, die sich ohne Nachteile und Beschränkungen an Ihr neues Verhalten koppeln.
Selbstsicheres Verhalten erhöht die Wahrscheinlichkeit von Anerkennung, Lob und Erfolg, von Kontakt, Zuneigung und Liebe, von Verständnis, Verstehen und Erkennen von Zufriedenheit, Selbstachtung und Erfüllung.
Es muß jedoch in Schritten geübt und zunächst mit einfacheren positiven Konsequenzen bekräftigt werden, bis es so oft und gut gezeigt wird, daß die Bilanz der Belohner die bisherigen Vermeidungswerte überwiegt.

4.3.2.3.3 Aufgabe zur Zielbildung Die Ver- und Erlernliste

Im ATP wird zusätzlich zu den Übungsstunden in regelmäßigen Abständen auch die Bedingungsanalyse von Spezialproblemen des einzelnen vorgenommen. Diese »Problemstunden« dienen

der gezielten und individuellen Anwendung des lerntheoretischen Verfahrens der Verhaltensformung (Fachbegriff »Shaping«). Die für den einzelnen besonders störenden Verhaltensweisen werden in kleine Bausteine zerlegt, auf die keinerlei Bekräftigung mehr erfolgen darf, gleichzeitig wird das Alternativverhalten in »Bausteinen« ganz gezielt und hervorhebend bekräftigt. Die Verhaltensbausteine werden in regelmäßigen Abständen auf ihren Lernfortschritt geprüft, daraufhin wird ein etwas schwieriger oder noch nicht bewältigter Abschnitt hinzugefügt. Dieser Teil der Therapie muß schon hier vorbereitet werden, da das gemeinsame Besprechen der Verhaltensformung am Anfang der Therapie steht. In der durchgehenden Verhaltensformung entfaltet sich die Gruppe gemeinsam Lernender zu einer echten Therapiegruppe, in der jeder jedem nach hochwirksamen Methoden bei der von ihm gewünschten Verhaltensänderung helfen kann.
Damit die anderen Gruppenmitglieder und Ihr Therapeut Ihnen optimal beim Verlernen und Neulernen helfen können, müssen Sie ihnen mitteilen, welche Ihrer Verhaltensweisen Sie am meisten stören und welche Ihnen erstrebenswert erscheinen.
Haben Sie jedoch keine Angst davor, daß Sie vor anderen alle Ihre persönlichen Schwierigkeiten ausbreiten müssen. Es geht nur um Ihr Verhalten in sozialen Interaktionen. Alle Mitglieder der Gruppe haben ähnliche Beeinträchtigungen, nur die Schwerpunkte der sozialen Schwierigkeiten unterscheiden sich etwas. Was Sie den anderen über Ihr Problemverhalten mitteilen, sollte möglichst konkret beobachtbares Verhalten sein, da sonst keine gezielte Hilfe durch die anderen mittels dieser Methode der Verhaltensformung möglich ist.
Sie gehen in diesem Therapieabschnitt so vor, daß Sie sich ein Blatt Papier nehmen, und ziehen in der Mitte einen Strich von oben nach unten. Auf die linke Seite schreiben Sie »Verlernen« und auf die rechte Seite »Erlernen«.
Nehmen Sie nun die linke Seite und überlegen, welche Schwierigkeiten Sie am meisten behindern. Das kann so aussehen, daß Sie zunächst alles Unangenehme verlernen wollen – etwa Angst, Schüchternheit, Mißerfolg, Unsicherheit. Auf die rechte Seite könnten Sie ebenfalls zunächst allgemeine Ziele wie Kontakt, Freundschaft, Anerkennung, Sicherheit schreiben. Dann überlegen Sie, wie diese allgemeinen Vorstellungen bei

Ihrer konkreten Bedingungsanalyse in Erscheinung getreten sind. Wenn Sie sich sehr unsicher und gehemmt fühlen und im Kontakt mit anderen am liebsten in den Boden versinken möchten, könnte die konkrete beobachtbare Handlung so auf der Liste formuliert werden:

Verlernen	**Erlernen**
1. Im Kontakt mit anderen sich gehemmt fühlen: Im Gespräch nicht mehr	1. Frei und unbefangen im Gespräch mit anderen zu sein und hierbei:
1.1. den Kopf abzuwenden	1.1. den Kopf zuzuwenden
1.2. zu Boden zu schauen	1.2. Blickkontakt herzustellen
1.3. vor dem anderen zurückweichen	1.3. näher heranzutreten
1.4. die Hände zu verstecken	1.4. die Arme und Hände gelöst zu bewegen
1.5. ein starres und verkampftes Gesicht zu zeigen	1.5. freundlich zu lächeln
1.6. kaum hörbar zu flüstern	1.6. klar und deutlich zu sprechen

Es ist am Anfang gar nicht so leicht, konkretes Verhalten zu finden, das für Ihre allgemeinen Ziele bedeutsam ist.
Aber darüber brauchen Sie sich nicht jetzt den Kopf zu zerbrechen, manches wird Ihnen erst in der praktischen Übung klarwerden, manches werden erst die anderen Mitglieder Ihrer Gruppe bemerken. Diese werden Ihnen dann mit Vorschlägen dabei helfen, Ihre Liste zu verändern, so wie Sie Ihrerseits den anderen helfen werden. Wichtig für den Anfang ist es, eine solche Liste überhaupt erst einmal aufzustellen, um so eine Grundlage für die erste Besprechung zu haben. Danach wird die Liste im Laufe der Therapie und mit Hilfe des Therapeuten systematisch verändert. Die Listen werden von allen Teilnehmern ausgetauscht, damit jeder von jedem weiß, wo er ihm am besten nützlich sein kann und damit niemand aus Unkenntnis den anderen gerade da bekräftigt, wo er eigentlich ein zu verlernendes Problemverhalten zeigt.
Heben Sie die Ver- und Erlernliste gut auf oder händigen Sie diese gleich Ihrem Therapeuten aus. Wenn die Wartezeit bis zum Übungsbeginn lang ist, lohnt sich die Mühe, eine neue Liste kurz vor Therapiebeginn zu erstellen.

4.3.2.3.4 Das dritte Prinzip
Der positive Ausgleich in der Gesamtbilanz von Verhalten und Bewertung

Änderung und Änderungsfolgen

Das dritte Prinzip, nach der Angst-Vermeidungsbewältigung und dem Erlernen sozialer Fertigkeiten, ist der Aufbau eines **besseren Selbstwertgefühls, einer größeren Zufriedenheit** mit sich selbst und ein **besseres Akzeptiertwerden** im Umgang mit anderen.

Was Sie unterlassen müßten, um dieses Ziel zu erreichen, haben Sie bereits selber erkannt: die Selbstbestrafung, die Abwehr von Fremdlob, die Orientierung an zu hohen oder unrealistischen Ansprüchen und die Vorwegnahme von Mißerfolg oder Ablehnung in Gedanken. Was aber Zufriedenheit bedeutet und wie diese aussehen soll, wenn sich so viel ändert – ob Ihnen diese Mühe den erhofften Erfolg bringen kann, welche neuen Probleme in Ihrer Umwelt auftauchen könnten, wenn Sie sich geändert haben –, all das ist vor Beginn einer Therapie meist eine reine Frage von »Treu und Glauben«.

Sie kennen jetzt die Erscheinungsformen, die Bedingungen und die Änderungsstrategien für Ihre Probleme. Sie müssen gewohntes Verhalten aufgeben und Neues tun, noch dazu in kleinen Schritten, die Sie nur langsam an die großen, Sie bedrängenden Probleme heranführen. Wird mit dem Störenden nicht auch Positives aufgegeben, mit dem Positiven nicht auch Negatives sich einstellen? Was könnte sich konkret im Umgang mit anderen, in der Arbeit, bei Freunden, in der Familie ändern – wenn Sie Ihr Verhalten ändern? Wir wollen »Zufriedenheit« einmal in unser hier benutztes Bedingungsmodell übersetzen: Zufriedenheit läßt sich dann als der Gefühlszustand bezeichnen, der sich bei einem Überwiegen positiver Konsequenzen unseres Verhaltens einstellt. Dies kann dann eintreten, wenn bislang wirksame negative Konsequenzen seltener werden und positive Konsequenzen unserem neu erlernten Verhalten vermehrt folgen. Wenn wir abschätzen wollen, durch welche möglichen Veränderungen die Therapie auf unser Leben und unsere Zufriedenheit einwirken kann, so sollten wir uns überlegen, welche Handlungen wir häufig ausführen oder ausführen müssen.

Das, was wir konkret in unserem Alltag oft tun – der Weg zur Arbeit, die Gespräche mit Vorgesetzten und Kollegen, mit Freunden, Bekannten und Verwandten, unsere »Hobbys« und unser »Nichtstun«, die Erholungs- und Abschalttätigkeiten, all das stellt die Quellen für mögliche Verstärker dar. Tätigkeiten, die oft und mit ausschließlich positiven Konsequenzen erfolgen, garantieren uns eine befriedigende Haltung zur Umwelt und zu uns selbst. Tätigkeiten, die wir oft tun müssen, obwohl sie ganz oder langfristig negative Konsequenzen liefern, stellen die Quellen für Störungen unserer Zufriedenheit dar. Natürlich geht in eine solche Verstärkerbilanz Ihre eigene Wertorientierung (siehe Arbeitsblätter Nr. 7a und 7b) ein.

Die im ersten Schritt erfaßten Wertorientierungsbereiche und Zielvorstellungen können sich auf die erstrebten Änderungen auswirken.

Die tatsächliche Änderung Ihrer Situation setzt ja an konkreten und systematischen Verhaltensweisen an. Die Verhaltensweisen, Ihre Gewohnheiten, Fertigkeiten und gestörten Handlungsvollzüge werden durch die Wertvorstellung mitbedingt:

Die erwartete Konsequenz läßt Verhalten häufiger oder seltener in einer bestimmten Situation auftreten. **Umgekehrt wurde und wird diese Werterwartung und Zielorientierung aber gerade durch das, was wir tun, sagen oder zeigen, durch die Art, wie wir uns verhalten und wann, wie oft und zu wem wir das Verhalten zeigen, bedingt.**

Das Verhalten in einer konkreten Situation ist mit bestimmten Konsequenzen verknüpft.

Der zweite Schritt in der Ermittlung des Veränderungswertes positiver Konsequenzen ist, diese in bezug zu den konkreten Verhaltensweisen zu sehen.

Bitte nehmen Sie jetzt das **Arbeitsblatt Nr. 10 »Aktivitätsliste – Verstärkerbilanz« aus der Anlage** und füllen es aus.

Nach der Wertigkeits- und Häufigkeitseinschätzung Ihrer Aktivitäten lesen Sie sich jetzt jede einzelne Verhaltensweise und die Ereignisse in der Liste noch einmal durch und überlegen, ob diese Aktivität nach der erstrebten Änderung Ihres Verhaltens noch dieselbe Wertigkeit oder Häufigkeit behalten kann wie bisher. Eindeutig aus Vermeidung bestehende Aktivitäten werden entfallen. Damit entfallen aber auch die durch sie bedingten Konsequenzen – sowohl im Negativen als auch im Positiven.

Was wird an die Stelle dieses Verhaltens treten? Welche Konsequenzen und Aktivitäten werden es ersetzen? Werde ich etwa den Freund, der meine Nachgiebigkeit ständig ausnutzt, verlieren, werde ich sein Verhalten ändern können oder neue Freunde finden, deren Freundschaft mich nicht belastet? Wird mein Partner mich noch umsorgen, wenn ich ein weniger hilfloses Verhalten zeige? Wahrscheinlich nicht. Wird er mich weniger mögen, wenn ich ihm gleichberechtigt, partnerschaftlich begegne? Wahrscheinlich nicht. Müßte auch er sein Verhalten ändern, um mein neues Verhalten zu unterstützen, um mich nicht mehr durch einseitige Kontrolle im früheren Fehlverhalten zu fixieren und um selber ohne Verunsicherung die mögliche Veränderung in seiner »Verstärkerbilanz« zu verkraften? Wahrscheinlich ja. Diese Überlegungen anhand der Wertorientierungsliste und der Aktivitätsliste erlauben eine ungefähre Einschätzung des Veränderungswertes der Therapie für Ihre soziale Gesamtsituation. Sie erlaubt auch eine Abschätzung darüber, wann ein Fehlverhalten großer Häufigkeit ganz aufgegeben werden kann, ohne daß der Verlust an Bekräftigung zu einer Instabilität der Gesamtbilanz führt. Diese zeitliche Abwägung würde die Wertigkeit und Häufigkeit der neuen Aktivitäten berücksichtigen und die Wegnahme von Bekräftigung für Problemverhalten von der bereits erreichten Zufügung von Bekräftigung für neues Verhalten abhängig machen. Sie sollten im Laufe der Therapie und beim Abschluß des ATP diese Listen neu ausfüllen, um solche Verschiebungen in der Verstärkerbilanz in Ihrer Aktivitätsplanung berücksichtigen zu können.

Besprechen Sie die Listen mit Ihrem Therapeuten und händigen Sie sie ihm aus. Er wird Sie am besten über solche Verstärkerverschiebungen und die sich daraus ableitenden Umfeld- und Aktivitätsveränderungen beraten.

Dieses dritte Prinzip des ATP kann als **dynamisches Bilanzmodell** aufgefaßt werden.

Störfreiheit ist dabei die ausgeglichene Bilanz von erlebter Belohnung und Verhalten in bezug zu den gezeigten Aktivitäten, den Wertigkeiten, den Zielen, den sozialen Möglichkeiten und den aversiven Umwelteinflüssen.

Von den bislang beschriebenen Steuerungsregeln des Verhaltens sind für die Verschiebung und das Erhalten der Verstärkerbilanz besonders wichtig:

- ▶ Handlungsweisen ohne positive Konsequenzen nehmen an Häufigkeit und Intensität ab (Prinzip der »Löschung«).
- ▶ Die positiven Konsequenzen können sich auf ein unmittelbar gezeigtes Verhalten oder auf ein langfristiges Ziel beziehen. Das heißt: die handelnde Person vermag Ziele anzustreben und kurzfristige Belohnungen aufzuschieben.
- ▶ Das in der Lerngeschichte erworbene Wertsystem des Individuums ist dafür entscheidend, ob ein Ereignis als belohnend erkannt wird.
- ▶ Dieser individuelle Bewertungsfilter wird durch die akuten Bedingungen der Sättigung und der Deprivation beeinflußt.
- ▶ Soziales Handeln unterliegt kultur- und gesellschaftspolitisch spezifischen Normen. Akzeptierte Handlungen erfahren oft positive Konsequenzen durch viele andere.
- ▶ Die Akzeptierbarkeit von sozialem Verhalten hängt von der jeweiligen Situation ab, da die gesellschaftlichen Regeln den Ort und Zeitpunkt festlegen, wann das Verhalten »erwartet« wird und gleichzeitig ein anderes als unpassend nicht akzeptiert wird (unterscheidender Reiz oder diskriminierender Stimulus).
- ▶ Die angenehmen Konsequenzen werden unmittelbar durch die vermiedenen aversiven Konsequenzen bei der Ausführung einer Handlung positiv bestimmt (negative Verstärkung).
- ▶ Eine Abnahme der positiven Konsequenzen eigenen Verhaltens bei gleichbleibender Anstrengung führt dazu, daß die Handlung und mit ihr die Situation aversiv wird, führt zur Vermeidung, zu Alternativverhalten oder Selbstabwertung.

- Dies löst dann neue Benennungsprozesse aus, die durch die Abgrenzung und Erklärung der Abweichungen (Ist-Soll-Vergleich von Erwartung und Ziel) und durch die negative Bilanz der Konsequenzen zur Selbstabwertung oder gar einer »Entsozialisierung« des Wertsystems führt (subjektive, Privatwelt).
- Eine Zunahme aversiver Konsequenzen führt zur Einstellung von Handlungen.
- Die zunehmende Einstellung von Handlungen führt zu Inaktivität.
- Inaktivität ist ein Zustand verminderter Bekräftigung, nicht nur weil die sozialen Verstärker nicht mehr erhältlich sind, sondern auch weil der damit verbundene körperliche Zustand keine positive Rückmeldung erlaubt.
  Aktivität, Energie und Kraft sind positive Erlebniswerte mit eigenstimulierender Wirkung.

Der unmittelbare Niederschlag dieser Bilanz von Verhalten und Konsequenzen ist unsere erlebte Befindlichkeit. Zur Therapiekontrolle wollen wir diese jetzt nach einem schon bekannten Vorgehen einschätzen.
Nehmen Sie bitte das **Arbeitsblatt Nr. 11 »Das Emotionalitätsinventar EMI als Befindlichkeitsmaß« aus der Anlage** zur Hand, schätzen Sie Ihr Befinden ein und händigen Sie die Liste wie die anderen Arbeitsblätter Ihrem Therapeuten aus.

Die Wechselwirkung von Verhalten, von Konsequenzen des Verhaltens und Selbstwertgefühl sind sehr vielfältig und kompliziert.
Sie lassen jedoch Voraussagen über die Beeinträchtigung oder die Verbesserung des Gesamtsystems zu, wenn auf einem überschaubaren und der aktiven Veränderung zugänglichen Gebiet – dem eigenen Verhalten – systematisch und schrittweise Änderungen erarbeitet werden.

4.3.3 Bewältigung durch Lernen

Keiner von uns hat sich seine Entwicklung und Lerngeschichte selber aussuchen können:
Was immer wir nicht sagen, denken oder machen konnten und wollten, war eine Folge der Verhältnisse, in die wir hineingeboren oder geraten sind. Solche Denk- und Verhaltensweisen sind kaum jemals angeboren, sondern erworben oder erlernt worden. Unser Denken, Fühlen und Handeln wurde durch äußere Umstände geformt. Dies war und ist kein Akt freier Willensbildung, weil wir uns unsere Umgebung nicht wählen konnten.
Was immer wir getan haben und tun können, ist von anderen mitbestimmt.
Es gibt Regeln des Zusammenlebens von unterschiedlicher Gültigkeit – weil wir in unterschiedlichen Abhängigkeiten leben.
Doch wir werden nicht nur von anderen beeinflußt, auch wir selber beeinflussen die anderen.
Was immer wir tun, steuert das Verhalten der anderen. Es gibt kein soziales Nichts-Tun oder absolutes Vermeiden zwischenmenschlicher Situationen – weil wir miteinander leben müssen.
Was immer wir tun und was uns angetan wird, bestimmt unser Empfinden, Werten und Denken, das heißt unsere Beschwerden, unsere Unzufriedenheit, unsere unerfüllten Wünsche und verkannten Meinungen. Das können wir beeinflussen und ändern:

► **Wenn wir aufhören:**
unser »Schicksal« zu betrauern,
uns als Versager abzuwerten,
die früheren Erzieher, die früheren wirtschaftlichen und sozialen Bedingungen zu beklagen,
uns Entschuldigungen für ein vermeintliches Nicht-Können auszusuchen,
ein Nicht-anders-Wollen vorzuschieben, uns zurückzuziehen oder zu betäuben.

► **Wenn wir beginnen:**
aktiv die Fehler unserer Lerngeschichte zu korrigieren,
die gegenwärtigen Bedingungen unserer Schwierigkeiten zu erkennen,

uns aktiv an der Veränderung dieser Bedingungen zu beteiligen, und
den ersten Schritt bei und mit uns selbst unternehmen zu wollen.

► **Indem wir lernen:**
die Wechselwirkung von Handeln, Fühlen und Denken zu erkennen,
die Wechselwirkung von eigenem Verhalten und dem Verhalten der anderen zu beobachten und gezielt zu beachten und dabei
die Abhängigkeit unseres Verhaltens von der Funktion des anderen stärker zu berücksichtigen,
die Funktion des anderen als Ausdruck bestimmter Interessen- und Machtverhältnisse zu begreifen,
die Gestaltung sozialer Prozesse (Aktivitäten in Arbeit, Schule, Freizeit und Familie) als Ausdruck gesellschaftlich so oder so gelagerter Machtverhältnisse zu erkennen,
den eigenen Spielraum, die Folgen übergroßer Begrenzung und Einengung besser zu verstehen, besser zu nutzen, die Änderungsmöglichkeiten zu erweitern.

► **Indem wir systematisch üben:**
1. Schwierigkeiten nicht mehr aus dem Weg zu gehen,
2. systematisch und konsequent Verhaltensalternativen auszuprobieren,
3. schon »kleine« Vorwärtsschritte als erstrebenswert anzusehen und nicht an einer unrealistischen Alles-oder-Nichts-Ideologie zu scheitern,
4. das neue Verhalten oft anzuwenden und in Übereinstimmung mit den situativen Bedingungen zu zeigen,
5. dabei negative Bewertungen zu verändern und blockierende Hemmungen abzubauen,
6. selbstsicheres Verhalten zu erwerben und zu zeigen und selbstsicheres Verhalten von anderen zu fördern,
7. mit anderen partnerschaftliche Lösungen dort zu erarbeiten, wo sie möglich sind,
8. und uns aus einseitiger Kontrolle und Manipulation dort zu befreien, wo es notwendig wird.

Die Autoren

RITA ULLRICH DE MUYNCK, Dr. phil., Dipl.-Psych., geb. 1945, hat an der Rijksuniversität in Gent (Belgien) Psychologie, Pädagogik und Kommunikationswissenschaften studiert. Nach ihrem Examen arbeitete sie in der Erziehungsberatung, beim belgischen Rundfunk und als Dozentin für Sozialpsychologie. 1968 kam sie nach Deutschland, wo sie am Max-Planck-Institut für Psychiatrie in München und an verschiedenen Forschungseinrichtungen an der Entwicklung neuer Therapieformen und Meßmethoden gearbeitet hat.
Sie ist Leiterin des Instituts für Sozial Training (IST) in München, erste Vorsitzende der Gesellschaft für verhaltenstherapeutisches Gruppentraining sozialer Interaktion (GVG) e. V. und Lehrbeauftragte für Verhaltenstherapie.
Schwerpunkt ihrer Arbeit ist die Entwicklung von Verfahren zur Verbesserung sozialer Interaktion, zusammen mit Rüdiger Ullrich, der seit 1970 ihr Ehemann ist.

RÜDIGER ULLRICH, Dr. med., Dipl.-Psych., Facharzt für Psychiatrie und Neurologie, geb. 1939 in Berlin, hat sich während des Studiums der Medizin und der Psychologie mit den gängigen Methoden der Psychotherapie vertraut gemacht. Nach Abschluß seiner Ausbildung hat er sich in der praktischen Arbeit eine breitgefächerte Erfahrung mit Verfahren der traditionellen Psychotherapie in verschiedenen psychiatrisch-psychotherapeutischen Einrichtungen, Fachpraxen, Landesnervenkliniken und Kreiskrankenhäusern aneignen können. 1969 hat er zur Verhaltenstherapie gefunden und war seitdem am Max-Planck-Institut für Psychiatrie in München auf den Gebieten experimenteller Therapiekontrolle und klinischer Therapieforschung tätig.
Zusammen mit seiner Frau Rita hat er die Behandlung von depressiven und phobischen Störungen weiterentwickelt.
Seit 1975 sind beide Autoren in München selbständig als Psychotherapeuten, besonders auf dem Gebiet des sozialen Trainings, in der Forschung und in der Ausbildung von Therapeuten tätig.